本书获河南省社会科学院青年学者学术著作出版资助

新型城镇化的综合测度与协调推进

Comprehensive Measure and Coordinated Promotion of New-Type Urbanization

王玲杰 著

经济管理出版社
ECONOMY & MANAGEMENT PUBLISHING HOUSE

图书在版编目（CIP）数据

新型城镇化的综合测度与协调推进/王玲杰著. —北京：经济管理出版社，2014.10
ISBN 978-7-5096-3461-5

Ⅰ.①新… Ⅱ.①王… Ⅲ.①城市化—研究—中国 Ⅳ.①F299.21

中国版本图书馆 CIP 数据核字（2014）第 247800 号

组稿编辑：侯春霞
责任编辑：申桂萍　侯春霞
责任印制：黄章平
责任校对：赵天宇

出版发行：经济管理出版社
（北京市海淀区北蜂窝 8 号中雅大厦 A 座 11 层　100038）
网　　址：www. E-mp. com. cn
电　　话：（010）51915602
印　　刷：北京晨旭印刷厂
经　　销：新华书店
开　　本：720mm×1000mm/16
印　　张：17.25
字　　数：298 千字
版　　次：2014 年 10 月第 1 版　　2014 年 10 月第 1 次印刷
书　　号：ISBN 978-7-5096-3461-5
定　　价：58.00 元

前　言

城镇化是人类文明进步的重要标志，也是现代化建设的核心内容。进入新的历史时期，推进城镇化发展也面临新的问题和挑战。如何正视并解决传统发展模式下城镇化发展所面临的内在冲突和矛盾，如何推进城镇化转型升级，如何实现城镇化提质增效，都是关系着探索有中国特色新型城镇化道路的关键性难题，也是社会主义现代化建设理论创新和实践创新的主攻方向。显然，城镇化问题作为一个大战略、大问题，涉及经济社会各个领域，也关系着我们每个人的生活和发展。

作为社会科学领域的一名研究者，城镇化也是笔者在工作学习中常常接触到的一个问题。这本书的思路萌芽应该回溯到 2011 年笔者中标的一个河南省软科学研究计划项目，当时申报的主题就是“中原经济区新型城镇化综合测度与协调推进研究”。在申报书中笔者写道：“新型城镇化对于中原经济区建设与发展而言，既是经济社会协调发展的增长极和动力引擎，又是实现城乡统筹的主渠道和动力源，还是资金、技术、人才和产业的聚集高地，是推进中原经济区新型工业化、新型城镇化和农业现代化协调科学发展的重要引领者。尤其是目前中原经济区已经进入建设与发展的关键时期，在人口多、底子薄、基础弱、发展不平衡的情况下，围绕加快推进新型城镇化进程这一战略目标，综合测度新型城镇化的层次与水平，为确定合适的推进战略、选择合理的工作重点和政策建议提供科学支撑，并在此基础上建立新型城镇化协调推进的体制机制和相应的保障措施，同时提出有针对性和可操作性的政策建议，是中原经济区推进现代化建设进程中必须处理好的重大战略问题。”此后，经过两年的时间，这个课题顺利结项，也为本书的撰写提供了基础。

对此书产生莫大影响的还有近年来河南省社会科学院的几次重大科研活动。2012 年，河南省社会科学院组织研究团队，从“中原经济区科学发展之路”相关研究切入，在《人民日报》、《光明日报》、《经济日报》和《河南日报》等发表了一系列重大理论文章，出版了《中国特色社会主义道路河南实践》丛书，参加了河南省委省政府组织的新型城镇化相关问题研究课题组，笔者参与了其中以新型城镇化和“三化”协调发展为主题的课题研究、实地调研和报告撰写工作。2013年，笔者又参与了《新型城镇化辅导读本》的编撰工作。这些科研活动的共同特点不仅是以新型城镇化为主题，更重要的是在这些团队合作研创过程中，在多次讨论碰撞、推翻重写中，在多次查阅资料、苦苦思索中，自己所得到的学习和提高，进而助力笔者构思框架并完成书稿撰写。

城镇化是一个复杂的系统工程。从本书的主题确定到框架设置，都面临着全面性与针对性、系统性与协调性等的处理问题。总体上，全书主要包括三大部分内容。第一部分，用了四章、较大的篇幅分别围绕城镇化、新型城镇化、新型城镇化测度、新型城镇化推进这四个方面内容进行研究综述，希望为接下来的研究打好基础。第二部分，以新型城镇化为主体，把城镇化发展水平综合评价和新型城镇化与新型工业化、信息化、农业现代化协调发展评价相结合，对新型城镇化进行量化测度和实证分析。第三部分，以人的城镇化、城乡一体化发展、“四化同步”发展和农业转移人口市民化等为重点，尝试提出新型城镇化健康发展和协调推进的路径选择和政策建议。本书力图通过这几方面内容，对新型城镇化进行定性与定量、理论与实证相结合的系统研究，但由于水平所限，书中不足甚至错漏之处在所难免，恳请大家批评指正。

王玲杰

2014年10月8日

目　录

第一章 城镇化研究进展及辨析

城镇化是现代化的必由之路和重要标志。城镇化的演进历程，影响着经济、社会、政治、文化等方方面面。中国是一个发展中国家，又是人口大国和农业大国。从60多年来城镇化的发展演进来看，中国走过的是一条既体现着规律性特征，又具有中国特色的城镇化道路。对于中国城镇化发展演进的相关研究，一直是经济、社会等多个领域的关注热点。本章重点从相关概念辨析、演进特点分析和面临的问题分析出发，对城镇化有关研究做一个概括的介绍和梳理。

第一节 城镇化的内涵辨析

"城镇化"首次较为系统地出现在我国国家层面的政策文件中，是在《国民经济和社会发展第十个五年计划纲要》里，并单独用了一章的篇幅对我国的城镇化战略进行了系统阐述，指出"提高城镇化水平，转移农村人口，有利于农民增收致富，可以为经济发展提供广阔的市场和持久的动力，是优化城乡经济结构，促进国民经济良性循环和社会协调发展的重大措施"。伴随着城镇化进程的加快推进，对于城镇化的理论研究和实践探索都在进一步深入，新的认识和新的观点不断出现。

一、城镇化与城市化

（一）词源分析

无论是"城镇化"，或者是"城市化"、"都市化"，都源自英文"urbanization"。出于对内涵或特征等的不同理解认识，也相应地出现了不同的译法。从词源来看，"urbanization"的意思是指使……具有"urban"的属性。在英文中，urban 是 rural（农村）的反义词，指农村以外的城市区域。有学者指出，从国外城市的发展演进过程来看，现代城市是由 hamlet（小村庄、部落）—village（乡村）—town（镇）—city（城市）—metropolis（都市、都会），一步步演变而来的，而城市区域包括了镇及镇以上的各级居住区。在《牛津高级英汉双解词典》中，"urban" 不仅包含 city（城市），也包含 town（镇）。还有研究指出，世界上不少国家的城市、镇的人口规模都比较小，还有的国家没有镇的建制，例如，美国对于城市的定义就是人口超过 2500 人的居住区。从中国国情来看，国内镇一级的人口规模大多已经达到甚至超过了上述美国城市的人口规模，镇在中国农村人口转移和集聚的过程中发挥着极为重要的作用。在我国的《城市规划基本术语标准》中，规定了城市是"以非农业和非农业人口聚集为主要特征的居民点。包括按国家行政建制设立的市和镇"。因此，将 "urbanization" 翻译为"城镇化"，意思更为全面、客观。

（二）对城镇化与城市化的几种认识

从全球发展进程来看，"城镇化"或者"城市化"首发于英国，关于这一问题的研究最早也是始于国外。从国内来看，"城镇化"一词的出现要晚于"城市化"，而各界对于到底是"城市化"抑或是"城镇化"的用词论争由来已久。目前，在官方层面使用频率相对更高的是"城镇化"而非"城市化"，尽管如此，关于两者的认识差异和争论一直存在，主要有如下几种观点：

1."城镇化"是"城市化"的一个阶段

持这种观点的人认为"城镇化"与"城市化"分别体现着发展的阶段性要求与特征，各自适应于同一进程中的不同阶段。其中，城镇化是城市化的一个过程层次，对应着城市化进程的起始阶段，也是城市化体系当中的一个底层组成部分。当城镇化发展到一定程度后，其集聚效应、规模效应、带动效应都难以持续提升，同时城镇发展过程中普遍存在的功能不完善、粗放扩张等带来的外部不经济性不断积累并凸显，必须向下一个阶段即城市化转变。城镇成为大、中、小城市形成和发展的起点或基础，并会进一步发展成为城市群或城市带。

同时相关研究指出，从城镇化、城市化到现代城市化，这几个层次的发展并不是直线的，有时会呈现扁平的发展结构，即不同层次不同阶段的发展会在不同区域不同范围同时存在，城市重点发挥辐射带动作用，而城镇是城市向农村、镇或周边区域发挥扩散效应的重要传导节点，同时也是农业产业化和农村富余劳动力向二三产业转移的重要吸纳地。大中城市的兴起和发展离不开城镇的基础和支撑作用，而城镇也替代不了城市的极化和带动作用。各种层次范围的城与镇相互联系、相互影响、相互带动，低层次的发展存在着向高层次发展的态势，共同形成一个不断演进的现代城市体系。

2. "城市化"而非"城镇化"

持这种观点的人认为应该用"城市化"而不应该用"城镇化"。有相关研究指出，"城镇化"中的"城"指的是城市，"城镇化"中的"镇"指的是乡镇，由此得出"城镇化"的基本结构也就是"城镇化=城市化+乡镇化"，其中的"镇"则是指依然没有摆脱掉农村性质的"镇"。[①] 这类观点大多质疑城镇化不能从根本上解决农村问题，认为走城镇化道路也就是将人口从较为分散的农村转移到了人口较为稠密的农村，即使可以在短时期内缓解大量农村富余劳动力亟待转移的现实难题，但是这部分人口在"离土不离乡"的"农村化"导向下，城乡分割问题依然没有解决，只是把原来的城乡二元结构变成了城镇二元结构，把原来的城乡差别变成了城镇差别，农村人口依然没有享受到城市文明，没有达到城市化的目的，却延误了城市化的时机，同时还带来了资源配置的浪费、现代化进程的延缓等严峻问题。因此，从相应的效率和质量比较的角度上看，这一观点认为"城镇化"不如"城市化"，也反对使用"城镇化"这一称呼。

3. "城镇化"而非"城市化"

持这种观点的人认为应该用"城镇化"而不应该用"城市化"。对于"城市"的理解，从狭义上看是只含"市"不含"镇"，从广义上看不仅包含市又包含镇。对于"城镇"的理解，从狭义上看，包含市和建制镇；从广义上看，包含了市、建制镇和集镇。[②] 从中可以看出，对城市的广义理解与城镇的狭义理解是相同的。按照中国现行的城市行政建制，建制市也就是通常意义上的城市，分为县级市、地级市、副省级市和省级市四个行政级别，建制镇也就是通常意义上的城镇，只有乡一个行政级别。在我国的《城市规划法》中，城市包含了国家按行政建制设立的直辖市和市、镇，这一规定明确体现着对城市的广义理解。同时，在对城市发展水平进行量化评价时，也是以城市加上建制镇的人口统计作为基数的。由此

① 俞宪忠. 是"城市化"还是"城镇化"——一个新型城市化道路的战略发展框架 [J]. 中国人口·资源与环境，2004 (5).

② 朱杰堂，席雪红. 城镇化战略与城市化战略取向研究 [J]. 郑州航空工业管理学院学报，2005 (4).

看来，城镇化相对于城市化更符合我国发展实际。学术界在城镇化研究中也出现了大量成果，最早在1983年，我国著名社会学家费孝通先生提出“小城镇、大问题”之后，城镇化发展思路成为理论界和政策层的主流思想。1991年，辜胜阻在《非农化与城镇化研究》中使用并拓展了“城镇化”的概念。而且，在认同“城镇化”而非“城市化”的观点中，也大多认同要从中国国情出发，充分发挥城镇在中国城市化进程中的作用，坚持大中小城市和城镇统筹协调发展，进而解决6亿农村人口的转移问题，而不能全然模仿国外城市化道路，因为仅仅依靠农民进城不仅城市承载能力难以承受，随之而来的城市病以及转移人口社会融入、身份转变、职业转变和权益保障等现实难题都将不断积累凸显。

4. 两者可以混用

前述分别简要介绍了对于“城镇化”和“城市化”的几种认识，除了从过程论角度提出城镇化只是城市化的一个发展阶段，或是只认同城镇化与城市化之中的某一个称谓之外，也存在一种观点认为“城镇化”与“城市化”含义相同，两者只是对于“urbanization”的不同译法，同样是指农村人口不断向城镇迁移的发展演进过程，作为同义词可以混用。

（三）具有中国特色的“城镇化”

各界对于城市化与城镇化定义上的不同认知也相应地影响了对于城市化的具体内涵、战略制定、道路选择等的不同认识。实际上，从根本动力或根本目的来看，无论是城镇化还是城市化，其核心所在都应该是为了缩小城乡差距、提高居民尤其是农村居民的收入和生活水平、更有效地推动经济社会发展。再结合中国作为人口大国，同时又是农村人口大国的基本国情，大中城市的承载能力及其提高速度远远滞后于城市化发展需求，仅仅依靠城市不可能实现如此大规模的农村人口转移。显然，从这一角度分析，城镇化这一表述更能体现人口的多元转移路径、“三农”问题的有效解决、现代城镇体系的发展完善、城镇综合承载能力的提升等关键内容。坚持走中国特色城镇化道路，就要促进大中小城市和小城镇协调发展，着力提高城镇综合承载能力，发挥城市对农村的辐射带动作用。总体上应该说，城镇化比城市化内涵更丰富，也更符合中国国情，体现了具有中国特色的发展道路和模式，是一个具有中国特色的概念。因此，在本书研究中主要采用了城镇化来进行相关分析和论述。

二、城镇化的分学科认识

由于城镇化发生发展的过程涉及经济、社会生活的方方面面，也成为了人口学、社会学、经济学、地理学等多学科共同关注、共同研究的课题。

从人口学角度出发，它所指的城镇化是以人口转变为核心内容的城镇化，也就是说，城镇化是一个把农村人口转化为城市人口的过程。威尔逊（Christopher Wilson）在其主编的《人口学辞典》中所做的解释就是，“人口城市化即指居住在城市地区的人口比重上升的现象”。影响城市人口规模变化的主要因素有两个：一个是城市内部人口数量的自然增长；另一个是人口的迁移流动。而人口学理论研究的城镇化，重点应该是从农村人口向城市转移的角度出发来展开分析。

从社会学角度出发，对于城镇化进程更加关注其所带来的社会结构的转型与变迁，认为城镇化的发展演进中，不仅包括农村人口向城镇人口的转变，还包括农村社会向城市社会的转变，农村土地变成了城市土地，农民变成了市民，也就是农业生产方式和农村生活方式向城市生产和生活方式的变迁，这一变迁对农村人口的价值观念、生活方式、文化氛围、社会活动等方方面面都将产生深刻影响，是我国在社会转型期从传统到现代、从二元到一体的社会变迁中的重要组成部分。

从经济学角度出发，城镇化是一个以人口经济活动从农村转向城市为特征的，从农村自然经济向社会化大生产、从农业社会向工业社会转变的过程，其中，农业生产力的迅速发展是城镇兴起和成长的第一前提，农村劳动力的剩余是城镇兴起和成长的第二前提。① 工业化和城镇化往往相伴而生，互为促进。工业化的迅速发展为农村富余劳动力提供了大量就业岗位，农村向城市的人口、资源等要素流动也为工业化发展提供了基础支撑，这一农村人口和资源向城市不断流动的过程，也推动着城镇化迅速发展。

从地理学角度出发，对于城镇化的定义更关注相应的地理空间结构的发展变化。地理学理论认为城镇化是一个把农村空间转变为城镇空间的过程，由于社会生产力的发展引起人类生产方式、生活方式和居住方式也随之发生改变。具体来看，也就是随着城镇化进程不断推进，城镇人口不断集聚、增加，城镇地域不断

① 于洪俊，宁越敏. 城市地理概论［M］. 合肥：安徽科学技术出版社，1983.

扩张，人们的生活方式、物质面貌不断向城市特征靠拢，进而使得经济布局的空间区位实现再分布的过程。

总的来看，不同学科都根据自己的学科特点从不同侧面揭示了城镇化的发展演进及其本质特征，各有侧重点及其片面性，但也各有合理性，也有益于更加深入、更加全面地认识和研究城镇化。

三、城镇化的分特征解析

从要素聚集的特征来看，首先，人口的不断集聚和增长是城镇化发生发展的基础和根本表现。随着城镇二三产业的不断壮大，吸纳能力不断增加，农村人口不断向城镇地区集中，城市数量和规模也随之不断扩张。其次，人口的集聚不仅推动城镇规模扩大，随着城镇发展环境和基础设施不断完善，产业集群化不断发展，城镇对资金、技术等要素的吸引、集聚能力也不断增强。最后，城镇的要素集聚效应和规模效应也助推城镇加速发展，城镇化的过程也就是人口、资源、资金、技术等要素向城镇集聚的过程，由此使得城镇的技术经济优势不断积累，也助推了城镇化加快发展。

从发展演进的阶段性特征来看，纵观世界各国城镇化演进历程，表现出明显的阶段性特征：当城镇人口占总人口的比例不足 10%时，城镇发展非常缓慢；当城镇人口占总人口的比例超过 10%以后，城镇化进程开始，城镇的发展速度也明显加快；当城镇人口占总人口的比例超过 30%后，城镇化进入加速发展阶段；这一阶段持续到城镇化水平达到 70%后，就进入成熟城镇化发展阶段，城镇化发展速度明显降低，开始平缓增长。

从城镇化、工业化协调发展的特征来看，在工业化初期阶段，人均生产总值在 600 美元左右，相应的城镇化水平不足 10%；进入工业化中期阶段，人均生产总值超过 1000 美元，城镇化率增长至 30%；当人均生产总值在 1000~3000 美元时，城镇化率在 30%~70%，工业化与城镇化都进入加速增长阶段；随着工业化进入后期阶段，到全面实现工业化，城镇化也相应进入平缓发展阶段。[①]

从结构变迁的特征来看，城镇化的过程包括了人口结构的变迁，也就是农村人口不断向城镇转移，城镇人口占总人口比重不断增加的过程；包括了经济结构

① 霍利斯·钱纳里，莫伊思·赛尔昆. 发展的型式 1950~1970［M］. 北京：经济科学出版社，1988.

的变迁，也就是农业活动逐步向非农业活动转化，二三产业快速发展，城镇经济总量不断提高和产业结构升级的过程；包括了社会结构的变迁，也就是城市文化观念、生活方式、价值观念和社会组织关系不断向农村扩散，推动农业、农村文明和文化向工业、城市文明和文化的变迁；包括了空间结构的变迁，也就是各种生产要素和生产活动向城镇地区聚集的同时，农村人居空间向城镇地域转化，城镇空间形态扩大，城镇规模和数量增多，从而带来了地域性质和景观结构的变迁。

四、城镇化的基本内涵

城镇化是经济社会发展的必然趋势，也是工业化、现代化的重要标志。不同的研究者从不同的角度出发，提出了许多既有共性又有个性的城镇化定义。总体而言，城镇化是指农业人口转化为非农业人口，并向城镇转移和聚集，从而使城镇规模扩大、数量增加、功能完善、产业结构转型升级，同时使农业和农村生产生活方式向城市现代生产生活方式转变的过程。

第二节 城镇化的发展特征

城镇化的发展主要表现为城镇人口不断增多，城镇数量、规模不断增大，城镇化设施、功能不断完善的过程。改革开放以后，伴随着中国经济的腾飞，中国城镇化也在飞速发展。大批农村富余劳动力进入城市，加速了城镇二三产业的发展，一大批大中小城镇快速兴起。作为一个发展中的农业大国和人口大国，中国在城镇化发展演进中，形成了一些富有特色的类型及特征。

一、城镇化的发展路径

城镇化进程是一个多因素、多环节的复杂过程，推进城镇化的路径多种多样，发展模式也各不相同。城镇化的发展演进从推进机制、发展动力、演进类型、空间结构、主导产业和人口转移类型等不同角度可以划分为多种不同类型。

从推进机制来划分，城镇化发展路径包括拉力型城镇化和推力型城镇化；内生型城镇化与外生型城镇化；自上而下型城镇化、自下而上型城镇化和外力推动型城镇化，其中自上而下型包括行政指向型、重点项目带动型、大城市扩散型，自下而上型包括乡镇企业带动型、个体工商业带动型、劳务输出型，外力推动型包括外资带动型、边贸激发型、旅游促动型。①从发展动力来划分，城镇化发展模式包括基于乡镇工业的城镇化模式和基于城市产业集群的城镇化模式，前者是通过发展乡镇企业，在较短的时间内，利用较少的资本，将农村剩余劳动力较快地转移出来，并实现原始积累；后者是遵循现代产业发展模式，充分发挥集聚效应和规模效应，通过要素集聚、人口集中、产业集群，推动城镇化进程。②从城镇演进类型来划分，城镇化发展模式包括由小城镇、中小城市扩展为大城市以至特大城市的由小到大的城镇化发展模式，大城市超先发展进而辐射带动中小城市发展的由大到小的城镇化发展模式，大中小城市和小城镇并举、多元协调发展的城镇化模式。从城镇空间结构来划分，城镇化发展模式包括同心圆辐射模式、扇形扩展模式、多核心板块对接模式、带状联结模式等。③从主导产业类型来划分，城镇化发展模式包括工业主导型、商贸流通型、旅游开发型、交通枢纽型等。④从人口转移类型来划分，城镇化发展模式包括就地就近转移型城镇化、大城市集中转移型城镇化和大中小城市分散转移型城镇化。

二、城镇化的演进特征

总的来看，我国城镇化的发展演进及其类型特征主要表现为以下几个方面：第一，人多地少，大量农村富余劳动力亟待转移是中国城镇化发展演进的最核心驱动力；第二，打破城乡二元结构，减小城乡差距，尤其是广大农村人口提高收入水平和生活水平的现实需求，是农村人口脱离农业生产，进入二三产业实现职业转变的最根本动力；第三，改革开放为此后中国城镇化加速发展，尤其是区域先行先试和模式创新提供了优良的政策环境；第四，改革开放以后中国城镇化进入突破发展和加速发展阶段，虽然不同区域走出了不同特色的城镇化发展道路，但大多都是以乡镇企业为产业支撑，以小城镇为城镇化的发展起始，基于我国的基本国情、发展基础和阶段性特征，这一模式选择显然有其必然性和合理性，现

① 顾朝林，柴彦威，蔡建明等. 中国城市地理［M］. 北京：商务印书馆，1999.

② 冯云廷. 从城镇化到城市化：农村城镇化模式的转换［J］. 中国农村经济，2006（4）.

③ 徐昆鹏，张雯，何鑫. 城镇化模式选择与城乡协调发展——区域发展与新农村建设的探讨［J］. 学理论，2010（4）.

④ 朱杰堂，席雪红. 城镇化战略与城市化战略取向研究［J］. 郑州航空工业管理学院学报，2005（4）.

实成效也证明了这种发展模式的可行性；第五，改革开放为中国民营经济、乡镇企业的发展提供了沃土，推动了城乡之间资源的流动和重新配置，以加工业为主的乡镇企业迅速成长、收益不断增加的同时，城镇规模扩大、实力提升，不仅为农村产业化和富余劳动力向二三产业转移提供了载体平台，而且在城市基础设施建设和发展环境完善等方面发挥了重要作用；第六，随着我国城镇化与工业化都进入加速发展阶段，城镇化在走过了由小城镇为主的发展阶段后，在发展方式转变的主线下，苏南模式、温州模式、晋江模式、珠江模式等早期的成功典型模式都面临着转型发展的严峻挑战，其中，既有城镇化发展动力的转型，也有城镇化发展模式的转型，涉及经济、社会、生态、文化等方方面面，这也是目前中国城镇化发展进程中所共同面临的现实难题所在。可喜的是，苏州、温州、晋江等城镇化先发地区都已经针对各自的发展定位、战略谋划和主要难题提出了许多新方案、新举措，进入了城镇化发展模式转型的新阶段。

三、城镇化的发展转型

回顾中国城镇化演进历程，在经历了改革开放之后 30 多年的快速发展和城市面貌的巨大变化后，从类型、模式到特征，城镇化发展也面临着几个势在必行的重大转变。

（一）从城镇化滞后发展向城镇化引领发展转变

在不同的发展阶段，工业化和城镇化具有不同的作用关系。在工业化初期阶段，主要表现为工业化对城镇化的带动作用，而进入工业化中后期阶段，城镇化对工业化的推动作用更为突出。从中国城镇化发展演进轨迹来看，新中国成立后在计划经济体制下，在二元结构发展导向下严格控制城乡人口流动，以及重工轻农、农业农村支持工业城市发展等一系列政策下，导致城镇化发展滞后于工业化和经济发展水平。改革开放初期，尽管城镇化发展随之恢复并加快发展，但是一直到 20 世纪 90 年代，计划经济下的二元发展模式依然未能打破，制约城乡之间生产要素自由流动的制度性壁垒依然没有消除，小城镇和乡镇企业发展引导下的“离土不离乡、进厂不进城”的农村劳动力转移模式成为主要特征，城镇化发展水平和发展质量都明显落后于经济社会发展，成为制约中国持续发展的一大症结。到 20 世纪 90 年代中后期，中国人均 GDP 超过 4000 美元，城镇化水平超过了 40%，工业化和城镇化都进入了加快发展阶段，也进入了城镇化与工业化以及经济社会发展协调共进的重要战略机遇期。中国提出以大中小城镇协调发展战略替代小城镇优先发展战略，积极构建现代城镇体系，以城镇化发展模式转型来全面提升城镇化发展质量，进而推动传统工业化向新型工业化的转型，为转方式、扩内需、调结构提供动力和支撑，城镇化发展已经由滞后走向引领，进入又一个新的发展阶段。

（二）从以中小城镇为主向大中小城镇协调发展转变

改革开放前，中国城镇化进程波动起伏，总体水平很低，速度缓慢。改革开放后，中国城镇化发展逐渐走向健康良性发展道路。改革初期也是城镇化发展的早期阶段，在 1978 年召开的第三次全国城市会议上就提出了要“控制大城市规模，多搞小城镇”的城市发展方针。1983 年，著名社会学家费孝通提出了“小城镇，大战略”，也就是要以小城镇为主，大中小城市为辅，通过加强小城镇建设来解决农村剩余劳动力问题。此后，一直到 20 世纪 90 年代，中国城镇化道路一直是以发展小城镇为重点，1978~1988 年的十年，全国已经有大城市 58 个，中型城市 17 个，而小型城镇则已经达到了 11873 个。随着中国城镇化发展进入中期阶段，发展速度加快，对发展质量效益的要求也日益突出。小城镇在发展初期阶段支撑乡镇企业发展、吸纳农村劳动力、推动工业化和城镇化进程的作用已经明显弱化，而小城镇在基础设施、资源利用、环境污染、社会服务等方面的弱势则不断增强。2002 年，党的十六大提出了“要逐步提高城镇化水平，坚持大中小城市和小城镇协调发展，走中国特色的城镇化道路”。此后，中国城镇化发展开始走上了由以小城镇为主向大中小城镇协调发展，构建多元化、多层次的现代城镇体系转变的道路。

（三）从二元分割向城乡一体转变

新中国成立后，为保证城市工业尤其是重工业优先发展战略的顺利实施，我国执行的是农业支持工业、农村支持城市的工业优先发展战略，国家依靠高度的计划经济体制推动国家建设和产业发展，通过户籍制度、就业制度、粮油供应制度、社会保障制度以及统购统派制度等形成了城乡二元分割的发展模式。在重工轻农的发展思路指导下，通过工农业产品价格“剪刀差”将农业剩余资本源源不断地转变成工业化建设资金，由此逐渐造成了城乡发展的失衡，也是导致改革开放前中国城镇化道路波折反复的重要原因之一。改革开放以后，中国逐渐由计划经济体制向市场经济体制转变，从城乡二元分割向城乡统筹、城乡一体转变，从

20世纪90年代开始，一些地方已经在户籍制度改革方面进行有益尝试，为大批农村富余劳动力向城镇二三产业转移，并真正融入城市奠定了一定的基础。2003年，中央在提出要加快城镇化进程的同时，强调了“五个统筹”，也就是统筹城乡发展、统筹区域发展、统筹经济社会发展、统筹人与自然和谐发展、统筹国内发展和对外开放。近年来，走有中国特色的城镇化道路，也把统筹城乡发展、消除二元结构作为了一个重要目标，城乡一体化发展已经成为中国城镇化道路的重要方向。

（四）从以政府推动为主向多元推动转变

回顾我国城镇化发展演进走过的道路，既是中国现代化进程的重要组成部分，也是我国立足国情特色进行的持续探索。中国城镇化发展有了目前的局面和成就，也是以国家大的发展战略、政策体制为背景，不可能脱离中国特定的体制机制和发展环境。早期中国的城镇化进程是在计划经济体制下推进的，政府的政策导向和具体措施是城镇化发展的主要推动力量。虽然政府一元调控具有相应的弊端和不足，但是在当时中国的发展基础、资源状况下，政府作为投资主体、组织主体，在城镇化的起步和初期阶段能更快更好地发挥引导、配置作用。改革开放后，市场经济体制逐渐建立起来，城镇化也取得了明显成就，进入加快发展阶段，此时，政府调控职能缺位或不足等问题造成的负面影响开始显现。市场机制在资源优化配置方面发挥越来越重要的作用，城镇化投资主体不断扩大，政府的调控作用向规划引导、空间布局等方向集中，中国城镇化也由一元主体推动向政府、市场多元主体推动转变。

（五）从粗放发展向集约发展转变

纵观世界城镇化发展演进历程，不论是英美发达国家、日韩新兴国家，还是众多发展中国家，城镇化的发展演进都经历了一个从粗放型增长到集约型增长的转变过程。通常早期和中期的城镇化推进，是以对土地资源的大量占用、能源的高消耗和对生态环境的破坏为代价的。随着城镇化进程进入中后期阶段，城市发展形态和发展模式都向着以可持续发展为导向、集约节约利用资源、加强生态环境保护的方向转变。从中国城镇化的发展演进规律来看，虽然中国城镇化是在相对较短的时间内就从起步阶段进入到加快发展阶段，但是中国城镇化进程也面临着如何从粗放发展向集约发展转型的问题。早期的小城镇优先发展模式存在着小城镇规模效益和聚集效益低、资源利用效率和土地利用效率低等突出问题。十七大报告中明确提出了要“按照统筹城乡、布局合理、节约土地、功能完善、以大带小的原则，促进大中小城市和小城镇协调发展”，要“以增强综合承载能力为重点，以特大城市为依托，形成辐射作用大的城市群，培育新的经济增长极”，着力建设集约紧凑、功能复合的新型城镇体系，促进人口集聚和土地集约高效利用，向集约节约、生态宜居的内涵式城镇化发展道路转变。

第三节　城镇化演进面临的主要问题

新中国成立60余年来，城镇化进程也历经了波动、曲折和反复。2011年，中国城镇化率实现历史性突破，城市人口第一次超过了农村人口。与其他国家或地区相比，我国在人口众多、资源缺乏、基础薄弱的情况下，在相对较短的时间内，实现了城镇化水平的快速增长和经济社会的持续发展。但是同时，城镇化发展演进也面临着一些突出的矛盾和问题。

一、“三农”问题

农业、农村和农民问题，是关系党和国家前途与命运的具有全局性的根本问题。在新型城镇化进程中，面临的一个首要难题就是“三农”问题。农业稳定发展和农民持续增收难度增大，统筹城乡发展任务繁重；城镇化水平较低，中心城市的辐射带动能力不强，农村富余劳动力转移和城镇就业压力较大；地区发展不平衡，革命老区、民族地区、贫困地区发展相对滞后，扶贫开发任务艰巨。农业不稳、农村不活、农民不富，全面建成小康社会的目标就难以实现。如何推进城乡一体，逐步改变城乡二元结构；如何统筹城乡发展，站在经济社会发展全局的高度研究和解决“三农”问题；如何在加快城镇发展的同时，加大对农业和农村发展的支持力度，以城市繁荣带动农村繁荣；如何发挥新型城镇化的引领作用，以城带乡、以工促农，实现城乡互动、协调发展；如何不以牺牲农业和粮食、生态和环境为代价，发挥新型城镇化的引领作用，强化新型农业现代化基础作用，通过新型城镇化的带动，有效地减少农民，发展农业，改善农村生产生活水平，推动“三农”难题破解，这些都是我们实现科学发展、协调发展所要解决的紧迫问题。

二、城镇化与工业化协调推进的问题

城镇化与工业化互动协调发展是实现现代化的根本要求。工业化为城镇化提供了经济基础，城镇化为工业化提供了市场和平台。在不同的发展阶段，城镇化与工业化呈现不同的演进关系。在城镇化和工业化初期阶段，工业化影响和推动城镇化；进入中期阶段后，两者的互动互促关系更为显著，城镇化的引导、支撑作用逐渐凸显。1978 年，中国的工业化率和城镇化率都很低，分别为 29.5%和 17.9%。改革开放后，中国走的是一条“离土不离乡、进厂不进城”的“非城镇化”工业化道路，随着工业化加速发展，到 1995 年，工业化率比改革开放前提高了 18.3 个百分点，而同期虽然城镇化率提高了 11.1 个百分点，但城镇化发展依然明显落后于工业化发展。此后虽然城镇化进程提速，但到 2005 年，城镇化率与工业化率差距依然达到了 10 个百分点。2011 年，我国城镇化率实现了历史性的突破，达到 51.27%，城镇人口第一次超过了农村人口，但无论是与非农产业占 GDP 的比重来比较，还是与非农产业就业人口数比较，城镇化发展的滞后性依然非常突出。因此，城镇化与工业化协调推进的问题是我国城镇化进程中面临的一个最现实的问题。

三、城镇体系构建的问题

改革开放后，关于中国城镇化道路的争议一直没有停止，其中，对于优先发展大城市还是发展小城镇这一问题更是各界关注的焦点。从 1980 年《全国城市规划工作会议纪要》提出要“控制大城市规模，合理发展中等城市，积极发展小城市”，到 1984 年国务院颁布《城市规划条例》，确认了“控制大城市规模，合理发展中等城市，积极发展小城市”的方针，在重点发展小城镇的战略指导下，城镇规模数量都迅速提高，1978~1988 年，全国已经拥有 11873 个小型城镇。小城镇对中国城镇化和工业化进程起到了巨大的推动作用，成为产业培育发展、吸纳人口就业的重要支撑。但是随着中国城镇化和工业化进程都进入中期阶段，小城镇在资源集约利用、发挥规模效应等方面的弊端日益凸显。中国是人口大国和农业大国，一方面发展小城镇依然是推进城镇化进程的必要选择，另一方面单独依靠大城市发展来解决中国农村人口转移问题显然也不符合客观规律与实际要求。立足中国国情，遵循发展规律，如何构建由大中小城市和小城镇构成的、能够协调发展的现代城镇体系成为城镇化进程健康、持续推进所面临的重要问题。

四、农村迁移人口融入城市的问题

世界城市发展经验表明，城镇化率超过30%后，城镇化就进入快速发展阶段。现在全球人口超过1亿的只有11个国家，而21世纪头十年，中国城镇化率提高了超过11个百分点，城镇人口增加了近2亿。大批农村富余劳动力进入城市，是对城市的就业、医疗、教育、卫生、生态环境的巨大考验。2011年，我国城镇化率达到51.27%，成为标志性历史突破，但是距离成熟城镇化70%的目标还有较大差距。即使保持近年来不小于1个百分点的增速，每年也有超过1000万人口涌入城市，给城市本就薄弱的配套设施建设和公共服务水平带来巨大压力，因此农村劳动力亟待转移与城镇承载能力不足是城镇化发展面临的最突出矛盾。另外，农村人口进入城市后，在现行的户籍政策、社会保障政策等二元制政策下，虽然能够实现职业转换和地域转换，但是身份转换成为难以突破的障碍。农村人口进城务工，经济上参与、社会上隔离，成为“两栖型”、“候鸟式”群体，也成为城镇化发展面临的最现实难题。这一问题，不仅导致了“民工潮”、“民工荒”，而且在社会稳定、文化融合等方面都显现或是隐含着诸多负面影响，因此农民工市民化问题亟待解决。

五、城镇化内涵式发展的问题

城镇化的发展演进，城镇化率的从小到大，并不仅仅代表了城镇的数量增多、规模扩大，更重要的是保障发展质量与效益，确保资源集约利用、功能集合构建、生态有效保护、环境不断优化。早期我国城镇化发展是重点发展小城镇，虽然取得了不少成效，但是分散化、低密度、粗放型的城镇发展模式成为主流，人地矛盾突出，城镇结构失衡。目前在我国，交通拥堵、资源紧张、污染严重等“城市病”已经不仅仅出现在一线城市，二三线城市也普遍被这些问题困扰。《中国城市“十二五”核心问题研究报告》指出，“十二五”时期将是“城市病”的多发期和爆发期。而我国总体生态承载力原本已比较脆弱，在经济多年来保持高速发展，同时在传统城镇化和传统工业化发展模式下，高速度产生高消耗，低水平又造成高排放，资源耗竭、环境破坏、生态污染等一系列问题已经成为制约城镇可持续发展的主要“瓶颈”。从小城镇遍地开花到大城市粗放扩张，“从城市病”到资源荒，种种现实问题集中表现为城镇化发展如何走上内涵式、可持续发展道路的问题。

第四节　述评

从传统城镇化到新型城镇化，意味着发展思路的转变和发展路径的跃迁。但是不论之后怎么转，怎么实践“新型”，之前在城镇化道路上的探索和积累，都是城镇化在进入新时期新阶段后持续健康发展的基础和支撑，无论对学术研究还是对实际发展，都是如此。正是出于这种考虑，本书希望从辨析城镇化理论内涵、回顾城镇化发展演进、剖析城镇化发展问题出发，为接下来展开新型城镇化相关阐述打下基础。

不同于“新型城镇化”一词被较为广泛地使用和认可，不论是学术界还是政府文件精神，“传统城镇化”或是“传统城市化”都是出现频率较低的词，通常在用于剖析城镇化转型发展的新特征新要求时，才会用传统城镇化与新型城镇化进行相对比较分析。本章以城镇化作为综述和辨析的主题，在空间范围上，重点分析中国城镇化发展的演进历程，没有进行国外城镇化的发展分析及借鉴总结；在时间尺度上，重点分析改革开放起步到21世纪初中国城镇化发展演进的模式特征，并将“十一五”之后的发展演进放在第二章新型城镇化的相关分析中去重点论述。

对于是“城镇化”还是“城市化”，学术界依然存在争议。从人口迁移、产业发展与城市协同融合发展的角度分析，主张“城市化”的学者认为“城镇化”不符合这一概念的内涵和本质要求。但是从探索走中国特色的新型城镇化道路来分析，结合发展中人口大国的基本国情，以及目前大中城市的承载能力和发展速度滞后于人口乡城转移的发展需求等突出矛盾，城镇化这一表述将镇作为现代城镇体系建设的组成部分和联结城与乡之间的重要过渡，体现了大中小城市和城镇协调联动发展的理念，拓宽了人口多元转移路径，更符合中国国情，体现了具有中国特色的城镇化发展道路和模式。

从城镇化发展演进的类型特征来看，不同的学者从不同的角度进行了分析和总结，如从发展动力、空间结构、产业发展和人口发展等不同角度进行的类型划分。在发展模式方面，以苏南模式、温州模式、珠江模式等为代表的一些典型城镇化发展模式，都是抓住改革开放重大历史机遇、立足特色优势率先突破发展的代表性区域发展模式。当然，这些典型模式既具有显著发展成效，也具有突出的时代特征。进入经济社会全面转型发展新阶段后，城镇化演进中的诸多突出矛盾和问题日益凸显，如“三农”问题、城镇体系发展问题、城镇化与工业化协调问题、人口转移和城市融入问题等，因此，如何提高城镇化发展质量和水平，开展新型城镇化道路探索成为战略路径和必然选择。

第二章　新型城镇化研究进展及辨析

城镇化一头连着工业化，一头连着农业现代化，是经济社会发展过程中备受关注与重视的重点难点问题。中国改革开放 30 多年来，随着市场经济快速发展、对外开放不断扩大、综合国力不断增强，城镇化也得到迅猛发展，最突出的表现就是城镇空间规模迅速扩大、大中小城镇数量不断增多，城镇已经成为集聚人口、集聚要素、集聚产业的核心区域。但是同时，我国城镇化以粗放型为主要特征的发展模式已经暴露出诸多矛盾和问题，加快城镇化发展方式转变已经成为从政府到社会、民众的共识。在探索中国特色城镇化道路过程中，与传统城镇化相对应，新型城镇化成为新时期新阶段下推进城镇化的核心导向，无论是在理论研究还是在实践探索层面，都对新型城镇化展开了日益深入的研究、思考和探索，尤其是从 2010 年以来，以新型城镇化为篇名或关键词的学术期刊论文、研究生毕业论文数量猛增，从不同视角、不同层面对新型城镇化展开分析、讨论。本章尝试对大量涌现的相关研究成果进行梳理，结合本书探讨的主要问题和核心内容，对新型城镇化的相关研究进展情况进行综述和讨论。

第一节　新型城镇化研究综述

对于新型城镇化的内涵、特征等的阐释，是理解和认识新型城镇化的基础，也是开展新型城镇化相关研究的必然要求。其中，不仅需要分析总结新型城镇化的含义与特点，还需要通过对城镇化与新型城镇化、传统城镇化与新型城镇化的对比分析，对新型城镇化有更深层次的理解和把握。

一、新型城镇化的内涵与特征

（一）新型城镇化的内涵

随着新型城镇化的相关研究成果大量涌现，对于新型城镇化的内涵分析，不同的学者从不同的视角提出了各种论述或解析。综合来看，虽然各种内涵分析中对于以人为本、城乡统筹、集约智能等都有较高的认同度，但是目前还没有一个为政府、学界所公认的对于新型城镇化的内涵界定。吴江（2010）认为，对于新型城镇化具体内涵的理解，主要代表观点可以分为多元论、协调论、创新论、转型论、结构论、两型论。从诸多研究者提出的新型城镇化的定义或内涵来看，大体上有以下五种类型：

第一种是从综合提炼的视角界定新型城镇化的内涵。如张占斌（2013）认为，要走以人为本、四化同步、城乡互动、科学布局、绿色低碳、传承文化、体制创新的新型城镇化道路。张占仓（2010）指出，新型城镇化是相对于传统城镇化而言的，是指资源节约、环境友好、经济高效、文化繁荣、社会和谐、城乡互促共进、大中小城市和小城镇协调发展、个性鲜明的城镇化。宋林飞（2014）认为，中国特色新型城镇化道路的基本内涵是以人为本、公平共享、四化同步、多元形态、功能完善、集约低碳、绿色智慧、城乡协调。沈超（2014）认为，新型城镇化指的是大中小城市、小城镇、新型农村社区协调发展、互促共进的城镇化，它以城乡统筹、城乡一体、产城互动、节约集约、生态宜居、和谐发展为基本特征。新型城镇化不以牺牲农业和粮食、生态和环境为代价，而是着眼农民，涵盖农村，推动城乡基础设施一体化和公共服务均等化，进而促进经济社会发展，在全社会实现共同富裕。

第二种是从路径分析的视角界定新型城镇化的内涵。如胡际权（2005）认为，新型城镇化是以发展集约型经济与构建和谐社会为目标，以市场机制为主导，大中小城市规模适度、布局合理、结构协调、网络体系完善，与新型工业化、信息化和农业现代化互动，产业支撑力强，就业机会充分，生态环境优美，城乡一体的城镇化发展道路。倪鹏飞（2013）认为，新型城镇化是以科学发展观为指导方针，以人口城镇化为核心内容，以信息化、农业产业化和新型工业化为动力，以“内涵增长”为发展方式，以“政府引导、市场运作”为机制保障，走可持续发展道路，建设城乡一体的城市中国。吴江等（2009）认为，新型城镇化是指以科学发展观为统领，以城乡统筹为主线，以全面协调为标准，以可持续发展为目标，以信息化等新型产业为推动力，追求人口、资源、社会、生态协调发展的城乡一体化的城镇化发展道路。詹运洲等（2014）将新型城镇化定义为，坚持以人为本，以新型工业化为动力，以城乡统筹为原则，以科学发展来统领区域协调发展和城镇规划建设，全面提升城镇化的质量和水平，其主导方向是把生态文明的理念和原则融入城镇化全过程，走集约、智能、绿色、低碳的道路，并在户籍制度和土地政策两大领域改革创新。杨重光（2009）则认为，新型城镇化是在科学发展观指导下，以新型工业化和现代服务业为产业基础，以现代交通通信网络为物质技术手段，形成大中小城市和城镇合理的结构和空间体系，充分发挥各自的特点和功能，并以城乡和谐发展为目的，城市带领农村发展，从而形成国民经济全面、和谐和可持续发展的城市化道路。

第三种是从系统构成的视角界定新型城镇化的内涵。如刘进辉等（2014）从人口的城镇化、空间的城镇化、经济的城镇化、产业的城镇化、生活质量的城镇化五个方面分析了我国新型城镇化的内涵。马永欢等（2013）从在经济上实现集约发展、在社会上实现和谐发展、在环境上实现友好发展、在制度上实现一体化管理、在空间结构上实现区域经济一体化等方面分析了对新型城镇化的理解。李晓燕（2013）则认为，对新型城镇化可以主要从经济城镇化、社会城镇化、生态城镇化这三个层次进行理解。

第四种是从转型或转变的视角界定新型城镇化的内涵。如仇保兴（2013）指出，新型城镇化要重点解决六个方面的突破：从城市优先发展的城镇化转向城乡互补协调发展的城镇化、从高能耗的城镇化转向低能耗的城镇化、从数量增长型的城镇化转向质量提高型的城镇化、从高环境冲击型的城镇化转向低环境冲击型的城镇化、从放任式机动化的城镇化转向集约式机动化的城镇化、从少数人先富的城镇化转向社会和谐的城镇化。李程骅（2013）认为，城市转型发展要和我国整体推进的转变经济发展方式的战略行动步调一致，即从传统的外延式、速度型向未来的内涵式、质量型转变；从大城市、中心城市“恐龙型”增长方式，向带动区域联动发展，和中小城市、小城镇形成有机化的都市圈、城市群空间扩张方式转变；从注重单一功能的转型突破，向低碳、绿色、智慧、生态宜居的方向发展。詹运洲等（2014）认为，新型城镇化的发展内涵主要强调三个转变，即从偏重土地的城镇化向重视人的城镇化转变，从城乡二元向城乡统筹转变，从粗放扩张向集约低碳转变。

第五种是从协调的视角界定新型城镇化的内涵。如张占斌（2013）认为新型城镇化包括：一是“四化”协调互动，推动产城融合，实现城乡统筹发展和农村文明延续的城镇化；二是人口、经济、资源和环境相协调，倡导集约、智能、绿色、低碳的城镇化；三是构建与区域经济发展和产业布局紧密衔接的城市格局，推进大中小城市与小城镇协调发展的城镇化；四是实现人的全面发展，建设包容性、和谐式的城镇化。

（二）新型城镇化的特征

对于新型城镇化的特征的理解实际上与内涵分析互联互通，所以有的研究是分别分析了新型城镇化的内涵及其特征，有的研究则把内涵和特征放在一起进行阐释。其中，胡际权（2005）主要是从协调的视角对新型城镇化总结了七大基本特征，包括城镇规模协调、城镇布局协调、城镇功能协调、城镇产业协调、城镇环境协调、城镇社会协调、区域发展协调。牛文元（2009）认为，城镇发展的“动力”、城镇发展的“质量”、城镇发展的“公平”这三大元素是新型城镇化发展的重要表征。魏后凯等（2014）将中国特色新型城镇化道路的基本特征归纳为多元、渐进、集约、和谐和可持续，进而对这五个特征进行了深度解析，包括：从国情出发，因地制宜走多元的城镇化道路；从本地的实际情况出发，科学把握城镇化推进的速度和节奏；走紧凑节地、高效节约的集约型城镇化道路，提高城镇资源配置效率；妥善处理好各方面的关系，走平等、包容、安全的和谐型城镇化之路；促进城镇经济发展与生态环境保护深度融合，走绿色、低碳、环保、宜居的可持续城镇化之路。

二、新型城镇化与传统城镇化

新型城镇化是相对应传统城镇化而言的，因此，对于新型城镇化的解析，离不开与传统城镇化的对比分析。总的来看，新型城镇化与传统城镇化既相互联系，又存在明显差异。

从相互联系的角度来看，新型城镇化与传统城镇化都是城镇化进程中的一个阶段，从国内外城镇化演进历程分析，无论是欧美等发达国家和日韩等新兴发达国家的城镇化进程，还是拉美、印度等发展中国家的城镇化进程，大体上都表现出从粗放向集约、从低效向高效演进的总体趋势，相对应的也就是从传统城镇化向新型城镇化演进的趋势。"拉美陷阱"暴露出传统城镇化发展模式的诸多弊端和不可持续性，加上调控政策措施不力，导致巴西、印度等国在由传统城镇化向新型城镇化转型的关键阶段未能实现跨越，反而导致倒退。这一方面说明新型城镇化意味着对传统城镇化的改革、创新与扬弃，另一方面也说明新型城镇化意味着对传统城镇化的优化与升级。

从差异对比的角度来看，不少学者在发表的相关研究成果中都对传统城镇化和新型城镇化的不同之处进行了分析和总结。综合多位研究者不同视角、不同侧重点的对比分析观点，对两者的差异可以从以下方面进行梳理：一是发展理念不同，传统城镇化的总体理念是以外延式、速度型为主，重物轻人，而新型城镇化更注重内涵式、质量型发展，以人为核心，力争实现城镇化速度与质量、效益的统一；二是发展目标不同，传统城镇化的测度指标往往聚焦在人口城镇化率以及城镇空间扩张、数量增长等方面，而新型城镇化的测度指标则涵盖了人口、经济、社会、文化、生态、资源和环境等各相关层面的指标；三是发展模式不同，传统城镇化以自上而下为主、自下而上为辅，而新型城镇化以自下而上为主、自上而下为辅；四是城乡关系不同，传统城镇化是城乡分割、二元式发展，而新型城镇化是城乡统筹、城乡一体化发展；五是"四化"关系不同，传统城镇化是以重城轻乡、重工轻农为主，而新型城镇化是要推动新型工业化、城镇化、农业现代化和信息化"四化"同步发展；六是与生态资源环境的关系不同，传统城镇化的突出特征之一就是资源粗放利用、环境明显恶化、生态保护失效，而新型城镇化是以集约、智能、绿色、低碳为导向，坚持资源节约、环境友好、生态保护；七是推进机制不同，传统城镇化的发展背景是由计划经济向市场经济的过渡和演进阶段，计划经济的显性影响导致在城镇化过程中主要是以行政手段为主来配置资源，而新型城镇化重在发挥市场在配置资源中的决定性作用；八是推进主体不同，传统城镇化的推进主体是以政府为主，而新型城镇化则包括了政府、企业、民众等多元主体；九是推进方式不同，传统城镇化强调大城市为主或是以发展小城镇为主，新型城镇化主张大中小城市与小城镇协调发展。表 2-1 是对新型城镇化与传统城镇化差异的汇总分析。

表 2-1　新型城镇化与传统城镇化的差异分析

	传统城镇化	新型城镇化
发展理念	外延式、速度型，重物轻人	内涵式、质量型，以人为核心
发展目标	人口城镇化率为主	包含人口、经济、社会、文化、生态环境等
发展模式	自上而下为主、自下而上为辅	自下而上为主、自上而下为辅
城乡关系	城乡分割、城乡二元式发展	城乡统筹、城乡一体化发展
“四化”关系	以重城轻乡、重工轻农为主	新型工业化、城镇化、农业现代化和信息化“四化”同步发展
生态资源环境关系	资源粗放利用、环境明显恶化、生态保护失效	以集约、智能、绿色、低碳为导向，坚持资源节约、环境友好、生态保护
推进机制	以行政手段为主来配置资源	发挥市场在配置资源中的决定性作用
推进主体	以政府为主	政府、企业、民众等多元主体
推进方式	强调大城市为主或是以发展小城镇为主	大中小城市与小城镇协调发展

资料来源：作者根据相关文献资料整理。

三、推进新型城镇化的战略意义

城镇化是我国现代化建设的历史任务，也是内需的最大潜力所在。推进城镇化，关键是提高城镇化质量，走集约、智能、绿色、低碳的新型城镇化道路。当前和今后相当长一段时间，要把推进新型城镇化作为关系现代化建设全局的重大战略，把破除城乡二元结构、统筹城乡发展作为激发经济社会发展活力的重要引擎。加快推进新型城镇化，对调整优化城乡和区域结构，扩大消费和投资需求，促进经济社会长期平稳较快发展具有重大战略意义。

1. 推进新型城镇化是经济社会发展的客观趋势

城镇化是社会进步的标志，也是经济社会发展的必然趋势。研究探索城镇化问题，应放在人类发展的大格局、经济社会发展的大趋势中去思考。纵观全球各经济体的发展历程，很多国家和地区在成为中等收入国家之后都面临着“中等收入陷阱”的困扰，即成为中等收入国家后会伴随经济增长乏力、人均收入水平难以提高的现象，这一现象首先于拉美地区出现，继而在一些亚洲国家开始出现。经过 30 多年的高速增长，中国已经成长为世界第二大经济体和世界制造业中心，人均国内生产总值已超过 5000 美元，按照世界银行的划分，已经进入中等收入国家行列。与此同时，也出现了一系列的结构性问题，例如，三次产业结构的不协调、收入分配差距的拉大、区域发展的不均衡和需求结构的不合理等。从国际经验来看，这个阶段既有继续发展的有利条件，也处于发展转型的关键时期和各种矛盾集中爆发时期，如果不能有效实现经济发展方式的转变，经济增长有可能停滞，进而陷入“中等收入陷阱”。要打破“中等收入陷阱”，就要立足正处于发展的重要战略机遇期的阶段性特征，抓住城乡结构、消费结构和产业结构调整升级的重大机遇，把推进新型城镇化作为突破口和着力点。特别是在我们这样人口众多、资源相对匮乏的国家，推进新型城镇化是解决经济社会发展中诸多矛盾和问题的一个综合性条件，也是实现经济社会又好又快发展的战略举措。

2. 推进新型城镇化是关系现代化建设全局的重大战略

现代化是一个由传统社会向现代社会多层面、全方位转变的过程，城镇化是现代化的应有之义和基本之策。从工业革命以来的世界发展史看，一国要成功实现现代化，在推进工业化的同时，必须同步推进城市化。一些国际组织常用人均国内生产总值、工业化率、三次产业结构、城市化率等指标衡量一国的发展水平。走中国特色社会主义道路，实现社会主义现代化目标是一个长期探索和实践的过程，也是人类发展史上最有意义、最具挑战的大问题。像我们这样一个有十几亿人口的大国要实现现代化，没有先例可循，更何况我们要继续以占世界不到9%的耕地养活占世界20%左右的人口，这更是人类现代化史上前所未有的。改革开放以来，我国城镇化稳步发展，但总的来看，我国城镇化水平与工业化水平相比，仍明显滞后，不仅远低于发达国家，而且也低于世界平均水平。据统计，发达国家城市化率一般已接近或高于80%，人均收入与我国相近的马来西亚、菲律宾等周边国家，城市化率也在60%以上。城镇化发展水平偏低，制约着我国国内需求的扩大，影响着产业结构的升级，也是区域经济发展不协调的重要原因。我们要从我国国情出发，研究探索新时期新阶段推进新型城镇化的发展战略、发展目标和实现途径。

加快新型城镇化进程无论是对于调整经济结构、增强内需动力，对于转变发展方式、实现节约集约发展，还是对于提高城乡居民的生活质量和水平，都具有综合性、关键性、全局性的意义。加快新型城镇化，可以有效提升工业化水平，着力推动现代服务业发展，加快推进农业现代化进程，促进产业结构优化升级，实现经济增长主要由第二产业带动向第一、第二、第三产业协同带动转变；可以切实扩大消费需求，激发投资需求，拉动内需增长，实现经济增长主要由投资拉动向消费、投资、出口协调拉动转变；可以有效推动技术进步，提高劳动者素质，促进管理创新，实现经济增长主要由增加物质资源消耗向主要依靠科技进步、劳动者素质提高、管理创新转变。同时，新型城镇化蕴含着生态文明的发展理念，包含着绿色发展的重要内容，推进新型城镇化，对于走绿色、低碳、生态发展的路子，实现经济发展方式的实质性转变具有重要的战略意义，是事关现代化建设全局的关键问题。

3. 推进新型城镇化是打造中国经济升级版的强大动力

打造“中国经济升级版”，是中国经济高速增长 30 多年后“百尺竿头，更进一步”的必然选择，也是实现“中国梦”的重要路径。21 世纪以来，我国经济在投资和出口需求的强劲拉动下持续快速增长。国际金融危机爆发后，随着发达国家经济结构调整和“再工业化”，我国过度依赖外需的经济增长模式难以为继，扩大内需是中国经济寻找动力源的战略选择。打造中国经济升级版，首先要立足于扩大内需。而当前制约内需的不少问题，需要通过推进新型城镇化去破解，需要靠新型城镇化释放巨大的内需潜力。

2011 年，我国城镇化率历史性地突破了 50%，但是按户籍人口计算仅为 35%左右，不仅明显低于发达国家近 80%的水平，也低于许多同等发展阶段国家的水平。但反过来看，差距就是潜力。分析表明，城镇化率每提高 1 个百分点，就能拉动 GDP 增长 1.5 个百分点；每增加 1 个城镇人口，可带动 10 万元以上固定资产投资，带动 3 倍于农民的消费支出。据有关部门预测，我国城镇化快速发展还能持续相当长时间，到 2030 年，城镇化率将达到 65%左右，各类城镇将新增 3 亿多人口。这是一个长期过程，也是一个巨大的潜力，有着广阔的成长空间，将为扩大消费和投资需求提供强大、持久的动力。

第一，城镇化的过程是农民转为市民的过程，也同时意味着消费观念的更新和消费结构的升级。大批农村富余劳动力转移到城市，可以有效扩大城市消费群体，增加居民消费。据测算，一个农村人口成为城市居民，每年会增加 1 万元消费需求。第二，城镇化进程不是简单的人口比例增加和城市面积扩张，而是一个让广大农民平等参与现代化进程、共同分享现代化成果的进程，更重要的是实现产业结构、就业方式、人居环境、社会保障等由“乡”到“城”的重要转变。这也就要求在城乡规划、基础设施、公共服务等方面推进一体化发展，随之带来城镇基础设施、公共服务设施建设和房地产开发等多方面的投资需求。第三，从提高农民收入水平、发展现代农业和改善农村面貌上看，“在农村人均一亩二分地上做文章，不可能大幅提高农民收入，也不可能缩小城乡居民收入的差距，即使人均 5 亩地也难以做到，必须转移农村富余劳动力”。[①] 随着农村富余劳动力和农村人口逐步向城镇转移，农村居民人均占有资源量会相应增加，有助于推进农业适度规模经营，从而提高农业生产效率和商品化率，对增加农民收入和提高农民消费水平具有明显效果。第四，城镇化过程中人口的集聚、生活方式的变革、居民生活水平的提高，都会扩大生活性服务业需求；同时，城市生产要素的配置、三次产业的联动、社会分工的细化，也会扩大生产性服务业需求。服务业加快发展不仅推动产业结构优化升级，而且创造大量就业岗位，有效吸纳农村人口进城落户，同时也推动居民生活环境的改善。总之，加快推进新型城镇化，不仅能消除城乡差距，而且能带来投资的大幅增长和消费的快速增加，同时给城市发展提供多层次的人力资源，为技术进步提供平台基础，而这些也正是打造中国经济升级版的强大动力源泉所在。

4. 推进新型城镇化是实现“四化”同步的重要保障

十八大明确提出，坚持走中国特色新型工业化、信息化、城镇化、农业现代化道路，推动信息化和工业化深度融合、工业化和城镇化良性互动、城镇化和农业现代化相互协调，促进工业化、信息化、城镇化、农业现代化同步发展。其中，推进新型城镇化是实现“四化”同步的重要保障。

新型城镇化发挥着一头连着新型工业化、一头连着农业现代化的纽带作用，推进“四化”同步，必然要求新型城镇化与新型工业化、农业现代化协调发展、互促并进。从我国发展现状来看，虽然城镇化率已经超过了 50%，但无论是与非农产业占 GDP 的比重来比较，还是与非农产业就业人口数比较，城镇化发展的滞后性依然非常突出。城镇化发展明显滞后于工业化发展，就难以发挥城镇集中、集聚、集约效应，难以形成竞争优势，开发人力资源，促进科技进步，进而强化产业升级必需的人才和创新动力；就难以形成创新、人才、信息等高端要素流动平台，难以为发展方式转变和产业结构优化升级提供环境和支撑。

加快推进新型城镇化，有利于城镇的内涵式发展，促进城镇的转型升级，提升城镇发展的质量和效益；有利于充分发挥城镇集中、集聚、集约效应，吸引和壮大一批能够带动产业升级的龙头项目和骨干企业，吸引和集聚一批科技要素和科技人才，加快和促进金融、现代物流、信息服务等现代服务业的发展，为新型

① 李克强. 在省部级领导干部推进城镇化建设研讨班学员座谈会上的讲话，2012-09-07.

工业化发展提供重要支撑和动力；有利于有效转移农村剩余劳动力，实现由分散家庭经营向适度规模经营转变，促进现代农业生产技术的推广运用，促进农业生产管理方式的转变，为农业规模经营及农业机械化、专业化、标准化和信息化等农业现代化发展提供有效支撑，促进农业现代化进程。

新型城镇化的主要特征包括集约、智能，新型城镇化与信息化相辅相成。一方面，信息化对城镇化具有带动提升作用，通过利用信息技术打造智慧城市、数字城市，可以全面提升城镇管理水平和发展质量；另一方面，城镇化是信息化的主要载体和依托，城镇化过程中生活方式的变革、居民生活水平的提高、生产要素的配置、三次产业的联动、社会分工的细化等，都会不断扩大对信息技术、信息产业的需求，为推进信息化提供市场动力和发展平台，促进信息化加快发展。

5. 推进新型城镇化是全面建成小康社会的关键举措

经过新中国成立 60 多年，特别是改革开放 30 多年的发展，我国现代化水平显著提高，人民生活总体上已经达到小康水平，但城镇与农村之间发展不平衡、工业与农业不相协调的矛盾还没有得到根本解决。党的十八大明确提出了到 2020 年实现全面建成小康社会的宏伟目标，要实现这一奋斗目标，最艰巨、最繁重的任务就是统筹城乡发展、消除二元结构，难点、重点就是破解“三农”难题，而推进新型城镇化是破解现实难题、全面建成小康社会的关键所在，对于全面建设小康社会、加快推进我国现代化进程具有重大的现实意义和深远的历史意义。

加快推进新型城镇化，有利于加快农村剩余劳动力的转移，推动农民的市民化进程。只有减少农民，才能富裕农民。随着农村富余劳动力和农村人口逐步向城镇转移，农村居民人均占有资源量会相应增加，从而提高农业生产效率和商品化率，增加农民收入。减少农村人口，有利于提高农业生产的规模化和市场化水平，促进现代农业的发展，推动农业现代化进程；有利于建立和完善劳动力市场，带动企业向城镇集中，发展第三产业，拓宽农民的就业渠道，实现农民的增收致富；有利于控制人口数量，提高人口素质，促使农民思想观念的转变；有利于统筹推进城乡基础设施和公共服务设施建设，改善农村居住、交通等生活环境，发展农村公共事业，提高农村公共产品供给水平，加快推进农村地区的发展。显然，要实现城乡统筹协调发展，就要把城镇化水平低的问题作为主要矛盾来解决，通过着力加快新型城镇化进程，全面完善城市功能，提升城市经济实力和综合承载力，同时逐步建立以工补农、以城带乡的长效机制，促进公共资源在城乡之间合理配置，推动城市基础设施向农村延伸、城市公共服务向农村覆盖、城市现代文明向农村辐射，着力构建新型的城乡关系，缩小城乡差距，最终实现城乡共同繁荣、协调发展。因此，加快新型城镇化，既是从根本上解决“三农”问题的必然选择，也是全面建成小康社会、加快推进社会主义现代化的必由之路。

6. 推进新型城镇化是打破资源环境“瓶颈”的有效路径

作为世界上最大的发展中国家，由于庞大的人口数量和巨大的发展需求，我国的现代化发展面临的资源环境制约更加明显。一方面中国能源资源安全形势日益严峻，另一方面环境持续污染和百姓日益强烈的环保诉求之间的矛盾凸显。这不仅是民生的焦点问题，也是重要的发展问题。能否建立牢固的资源环境保障基础，加快转变发展方式，是国家持续发展的一个无法回避的重大现实问题。

纵观世界城镇化发展演进历程，不论是英美发达国家、日韩新兴国家还是众多发展中国家，城镇化的发展演进都经历了一个从粗放型增长到集约型增长的转变过程。通常早期和中期的城镇化推进，是以对土地资源的大量占用、能源的高消耗和对生态环境的破坏为代价的。随着城镇化进程进入中后期阶段，城市发展形态和发展模式都向着以可持续发展为导向、集约节约利用资源、加强生态环境保护的方向转变。早期我国城镇化发展是重点发展小城镇，虽然取得了不少成效，但是分散化、低密度、粗放型的城镇发展模式也带来了人地矛盾突出、资源环境破坏等问题。目前在我国，交通拥堵、资源紧张、污染严重等“城市病”已经不仅仅出现在一线城市，二三线城市也普遍被这些问题困扰。《中国城市“十二五”核心问题研究报告》指出，“十二五”时期将是“城市病”的多发期和爆发期。而我国总体生态承载力原本已比较脆弱，在经济多年来保持高速发展，同时在传统城镇化和传统工业化发展模式下，高速度产生高消耗，低水平又造成高排放，资源耗竭、环境破坏、生态污染等一系列问题已经成为制约城镇可持续发展的主要“瓶颈”。从小城镇遍地开花到大城市粗放扩张，从“城市病”到资源荒，种种现实问题集中表现为城镇化发展如何走上内涵式、可持续发展道路的问题。特别是在传统城镇化模式下，随着城镇化进程的加快，城镇人口急剧膨胀，城市面积大幅度扩张，对于资源的需求量也越来越大，生态环境不堪重负。面对资源约束趋紧、环境污染严重、生态系统退化的严峻形势，国家提出要加快建设资源节约型、环境友好型社会，促进经济社会发展与人口、资源、环境相协调。

十八大明确了要走以集约、绿色、低碳为突出特征的新型城镇化道路，切实转变城镇化发展模式，这既是从我国国情出发而提出的一项重大决策，也是解决我国国民经济持续快速增长带来的资源供给不足和环境污染日益严重两大压力的必然选择。

第二节　推进新型城镇化面临的问题挑战

在推进新型城镇化的进程中，既面临着传统城镇化发展模式带来的各种显性的或隐性的、短期的或长期的矛盾和问题，又面临着城镇化发展方式转变以及社会经济发展阶段转变所带来的新问题，可以说是新老问题相互叠加、矛盾相互交织，给新型城镇化的路径探索带来了巨大的压力和挑战。综合来看，推进新型城镇化面临的问题挑战主要表现为七个方面的内容。

一、“人”的问题

新型城镇化的核心就是要以人为本，同时新型城镇化面临的最大问题也是“人”的问题。2014 年的政府工作报告中，强调了今后一个时期，要着重解决好现有“三个一亿人”问题：促进约 1 亿农业转移人口落户城镇，改造约 1 亿人居住的城镇棚户区和城中村，引导约 1 亿人在中西部地区就近城镇化。这充分说明中央对推进以人为核心的城镇化的重视程度，并已提出了明确的目标区域和目标人群。应该说，无论是从城镇化的主体来看，还是从城镇化的目标来看，人的城镇化都是核心所在。尤其是结合我国国情来看，虽然 2013 年中国城镇化率已经达到 53.73%，但是距离成熟城镇化 70%的水平还有明显差距，一方面还有 2 亿多人口待转移，另一方面已经转移到城镇的人口中还有相当一部分没能真正融入城市，还没能享受到与城镇居民同样的社会保障和公共服务。近年来，农业转移人口市民化问题、失地农民权益保障问题等，都已经成为影响民生改善、社会稳定的突出矛盾。显然，如何解决推行新型城镇化过程中的人的问题，是探索中国特色城镇化道路的必然要求，是实现科学发展、和谐发展的现实选择。

二、“城”的问题

在向新型城镇化转型过程中，面临的一个突出问题就是以城市规划、城镇体系、城市建设、城市治理等为核心的“城”的问题。与我国近几十年来城镇化快速推进相伴的，是由于粗放式扩张导致的城镇发展失衡，首先就是由于在城镇化进程中规划滞后甚至规划缺失，在 GDP 导向下，盲目以空间城镇化的增长作为目标导向，缺乏科学合理的规划设计和安排，重复建设、盲目建设等导致土地资源不能集约节约利用、城市功能和公共服务不能合理布局和优化配置等，成为制约城市综合承载能力提升的一个重要影响因素。其次是在城镇体系建设发展方面面临的问题，改革开放以来我国的城镇化发展出现过以发展大城市为主还是以发展小城镇为主的争论，发展至今，存在着明显的中西部地区大城市辐射带动作用不足，城镇密集区结构趋同、产业趋同、功能趋同等问题，同时，在大量农业转移人口涌入城市后，由于转移方向和转移目的地过于集中于东南沿海等经济发达的大城市，一方面推动了这些区域经济高速增长、城镇化快速发展，但是同时出现大城市“城市病”日益严重、环境和社会问题日益突出，而中小城市发展滞后，竞争力、吸引力明显不足等问题，正是由于没有形成大中小城市分工协作、联动发展的城镇体系，既不利于大城市的优化升级发展，也不利于中小城镇提高承载力和竞争力。最后是在城市建设和城市治理等方面面临的问题，由于城市建设盲目跟风，贪大求洋，南方北方一个样、大城小城一个样，失去了城市自身的特色风貌；只注意“地上”城镇化，露在外面的基础设施得到重视和完善，忽视“地下”城镇化，地下管网建设落后、滞后问题突出，成为城市应急系统的“软肋”。因此，如何推动“城”的健康、可持续发展，是摆在新型城镇化建设面前的一个突出问题。

三、“农”的问题

推进新型城镇化和农业、农村、农民“三农”问题息息相关。韩康（2013）在阐述中国城镇化面临的风险挑战时指出，中国城镇化的最大风险，是城乡矛盾的内化问题，也就是说城镇化不仅没有真正破解城乡二元结构问题，而且生发了城市体系内部更加复杂的社会矛盾。从发展农业和富裕农民的角度来看，2013年中国社会科学院《城乡一体化蓝皮书》指出：“工业化、城镇化快速推进导致土地要素流出粮食生产领域，工业化、城镇化与粮食生产相互争地的矛盾日渐突出。耕地约束构成了我国粮食安全的重大挑战。”农业发展虽然为城镇化推进提供了必不可少的基础支撑，但是由于农业生产的比较效益偏低，直接影响农民增收和农民种粮的积极性，而大城市生活成本的高昂和社会保障的短缺成为农业转移人口融入城市生活的一大障碍，现行的土地管理制度又使农民权益在城镇化过程中不断流失；从改善农村面貌来看，不仅由于长期以来重城轻乡导致农村在基础设施建设和公共服务等方面与城市存在显著差距，而且在城镇化加速推进的同时，大量的农村中青年劳动力进城打工造成的土地撂荒问题、“空心村”问题、留守老人和留守儿童问题等诸多新矛盾新问题都给农村发展带来严峻挑战。[①] 由此不难看出，城镇化不仅没有发挥在富裕农民、改善农村、发展农业中应起的重要作用，而且面临着城乡二元结构与新的城市二元结构并存、城镇化土地占用与保障农业和粮食生产需求的突出矛盾等新问题、新挑战。

四、“四化同步”的问题

推进新型城镇化的一个重要导向和路径就是要推进新型城镇化与新型工业化、农业现代化、信息化“四化”同步发展。从我国城镇化发展现状来看，目前存在的一个突出问题就是城镇化滞后于工业化发展，传统城镇化向新型城镇化的转变亟须新型工业化提供产业支撑，传统工业化向新型工业化的发展亟须新型城镇化提供市场、技术、服务以及资源、平台等支撑，因此加快推进新型城镇化与新型工业化的互动融合发展，是转变城镇化发展方式的重要内容和目标要求。城镇化一头连着工业化，一头连着农业现代化，重城轻乡导致的城乡发展失衡问题直接影响着城镇化发展质量和水平的提升，如何推动新型城镇化与农业现代化协调发展是新型城镇化建设发展的基本要求。同时，随着新一轮科技革命、信息革命和产业革命的到来，信息技术正在全方位地改变着生产方式和生活方式，信息已经成为城镇化进程中一种独特的资源和生产要素，从传统城镇化向新型城镇化的转型升级，离不开信息化的融合推动，如何在城市建设、城市管理等各个层面融入信息技术来提升建设管理能力和水平，以数字城市、智慧城市建设作为新型城镇化的发展方向，让信息技术成为带动新型城镇化发展的强大动力，是摆在我

① 朱杰堂. 新型城镇化：中国未来发展的必经之路［J］. 河南社会科学，2014（3）.

们面前的新课题、新挑战。

五、资源环境的问题

城镇化快速推进为人们带来更多更好的物质生活条件，但是同时传统城镇化粗放式发展的弊端也在资源耗竭、环境污染、生态破坏等方面表现得日益突出。城镇数量在增多、城镇化率在提高，城镇化高速推进伴随着高消耗、高污染、高排放，从土地、水到能源等各类资源都由于不可持续式利用模式导致资源承载力加速下降。随着城市人口迅速增长、产业快速发展，垃圾围城现象在大中小城市都普遍存在，河流污染尤其是城市周边河流水质严重下降，土壤污染、噪声污染等问题也都严重制约着城镇化发展质量和居民生活水平的提升，尤其是近年来雾霾天气频发更是引起从政府到民众对资源环境问题的深切关注。还应注意到的是，中国虽然是资源大国，但是人均占有量远低于世界平均水平，在这种资源禀赋下，城镇化发展受到资源环境的约束压力显著增大，如何处理好城镇建设发展与资源环境保护的关系，如何让人们能呼吸新鲜的空气、喝上干净的水、拥有良好的居住环境，已经成为改善民生诉求中呼声最强烈的内容，因此新型城镇化向集约、绿色、低碳发展的转变势在必行。

六、公平和谐的问题

城镇化转变发展方式的阶段也正是经济社会转型的关键阶段，随着我国进入经济增长速度换挡期、结构调整阵痛期和前期刺激政策消化期“三期叠加”时期，城乡发展不平衡等带来的城乡社会问题也在不断积累、社会矛盾更加尖锐。张鸿雁（2013）、沈体雁等（2013）都提出，交通拥堵、城市污染以及房价虚高、就业不充分、收入分配 M 化、社会非包容性发展等众多“城镇病”，以及近年来造城运动引发的社会群体事件矛盾仍在深化，维护社会公平正义、推动和谐发展成为城镇化面临的一大挑战。城镇化率提升意味着更多人口进入城市，保障和改善民生的任务也更加繁重，如果没有实现人口有序流动、合理分布、充分就业，大批农业转移人口的就业问题、大中专院校毕业生的就业问题等，也会成为影响社会稳定的重要问题。一方面，“见物不见人”的城镇化、“见地不见人”的城镇化、“半城镇化”等带来的问题不断凸显，就业问题、讨薪问题、子女教育问题等农业转移人口权益保障问题，以及棚户区改造、旧城区改造过程中出现的强拆强建问题等，成为引发社会矛盾的重要根源；另一方面，随着经济社会发展水平和人民生活水平不断提高，公众的权利意识、参与意识不断增强，如果城镇化不能给老百姓带来实实在在的利益，如果不能创造更加公平的社会环境，甚至导致更多不公平，城镇化就失去了意义，也不可能持续稳定跨过“中等收入陷阱”。

七、体制机制的问题

新型城镇化意味着城镇化发展模式创新、发展路径创新和发展动力创新，而这些都需要建立在体制机制创新的基础上。《中共中央关于全面深化改革若干重大问题的决定》中，明确了城乡二元结构是制约城乡发展一体化的主要障碍。总体上，较多研究者都同意户籍制度、土地制度、就业制度、社会保障制度等是制约城镇化健康发展的重要因素。如黄汉权等（2013）认为推进新型城镇化发展面临着城乡二元户籍制度阻碍农业转移人口市民化、农村土地制度改革滞后削弱农民进城落户的能力、多层级垂直管理的城镇行政体制影响城镇化健康发展、跨区域城市群协调机制缺乏不利于大中小城市和小城镇协调发展四个体制障碍。《决定》同时指出，必须健全体制机制，形成以工促农、以城带乡、工农互惠、城乡一体的新型工农城乡关系，让广大农民平等参与现代化进程、共同分享现代化成果。

第三节　新型城镇化与“四化同步”

党的十八大明确提出要坚持走中国特色新型工业化、信息化、城镇化、农业现代化道路，推动信息化和工业化深度融合、工业化和城镇化良性互动、城镇化和农业现代化相互协调，促进工业化、信息化、城镇化、农业现代化同步发展。此后，关于“四化同步”的研究成果不断增多。但是总体来看，在新型城镇化与“四化同步”的相关研究方面，主要还是以新型城镇化与工业化、新型城镇化与农业现代化的“两化”之间的相互关系分析，以及城镇化、工业化、农业现代化“三化”协调的相关研究成果占多数，因此，本节主要是从新型城镇化与新型工业化、农业现代化、信息化的相关研究进展分析切入，进而通过从“三化协调”到“四化同步”的主要研究情况介绍，来对新型城镇化与“四化同步”的相关研究进行述评。

此外，在本节内容展开之前需要注意的一个问题是，对新型城镇化、新型工业化、农业现代化、信息化之间的关系进行分析时，尤其是进行定量评估时，不同研究者往往按照不同的含义或机制理解选用不同的评价指标。其中，在城镇化方面，城镇化率是公认的一个重要评价指标；但是在进行工业化、农业现代化的评估时，不同研究往往选取不同的指标体系，如工业化水平评估，既有采用非农产业比重，也有采用工业增加值占比，还有采用非农产业就业比重，更有采用多个指标构建指标体系进行评估。因此，在进行相关研究分析时，需要考虑这一因素的影响。

一、新型城镇化与新型工业化

工业化、城镇化都是现代化进程的重要构成，也都是经济社会发展水平的重要表征，城镇化与工业化的关系密不可分。从对两者关系的衡量方法来看，被较多采用的是美国著名经济学家钱纳里根据对多个样本国家的经济发展与工业化、城市化数据建立模型，利用历史数据进行相关分析所提出来的标准，也就是在不同的人均 GDP 下对应着不同的产业结构、就业结构和城市化率（见表 2-2）。钱纳里标准分析法由于原理简单易懂、数据方便可得而被广泛采用，但是也有研究提出，这一标准难以反映时空发展差异，而且钱纳里方法是以国家人口数为 1000 万为前提进行分析的，具体运用到不同区域、不同人口状况、不同产业发展状况就存在适应性问题。基于此，张颖等（2003）、张宇等（2009）都提出应该对钱纳里标准按照目标区域实际情况进行折算。折算内容主要包括两个方面：一个是针对钱纳里标准是以 1964 年美元为基准提出的情况，考虑经济发展及汇率浮动，要对人均 GDP 的货币价值量进行核算；另一个是针对钱纳里以人口数为 1000 万为基准来进行指标分析的情况，要根据研究区域实际人口发展状况，对人口数进行修正。

总体上看，不论采用哪种分析方法，新型城镇化与新型工业化的关系测评主要有三种类型：新型城镇化与新型工业化协调互动发展、新型城镇化滞后于新型工业化、新型工业化滞后于新型城镇化。具体到目前我国的城镇化与工业化发展相关研究成果来看，有研究认为我国的新型城镇化滞后，甚至严重滞后于工业化进程，如段禄峰和张沛等（2009）通过建立工业化与城镇化协调评价指标体系，进而量化分析工业化与城镇化之间的协调关系，得出城镇化总体水平滞后于工业化的结论。在滞后程度的分析上，李刚等（2013）的研究表明，中国工业化和城镇化发展协调程度虽然呈现出上升趋势，但是协调性总体上较低。但是同时也有研究对此提出质疑，如张宇等（2009）认为我国城镇化水平低并不表明我国城镇化滞后于工业化，直接用工业产值比重作为衡量工业化水平的指标来与城镇化率比较，进而得出城镇化滞后于工业化的结论并不合理。还有研究得出中国工业化和城镇化是相互协调发展的结论，如袁海和周晓维（2008）利用五普数据进行量化评估，得出中国城镇化和工业化表现出协调发展的特征，并且协调性呈现出不断加强的趋势。此外，黄永兴和刘佩（2013）利用31个省（市、自治区）2010年横截面数据，建立协调发展度模型并测评发现，我国多数省份新型工业化水平滞后于新型城镇化水平，同时新型工业化与新型城镇化协调发展格局具有显著的区域空间差异性和空间集聚特征。

表2–2　钱纳里提出的不同发展水平下经济结构发展变化指标值

人均GDP（1964年美元）	工业增加值占GDP比重（%）	非农产业增加值占GDP比重（%）	工业就业比重（%）	非农就业比重（%）	城镇化率（%）
100以下	17.8	49.2	7.8	30.2	12.8
100	21.0	56.4	9.1	35.8	22.0
200	28.7	69.5	16.4	46.5	36.2
300	33.0	75.9	20.6	53.6	43.9
400	36.1	80.0	23.5	59.0	49.0
500	38.3	82.7	25.8	63.4	52.7
800	42.9	87.7	30.3	73.3	60.1
1000	44.9	89.6	32.5	78.2	63.4
1000以上	48.8	91.0	36.8	87.8	65.8

资料来源：①霍利斯·钱纳里，莫伊思·赛尔昆. 发展的型式1950~1970［M］. 北京：经济科学出版社，1988. ②黄汉权，李华刚，胡拥军. 四大体制障碍制约新型城镇化发展［J］. 中国发展观察，2013（9）. ③张颖，赵民. 论城市化与经济发展的相关性［J］. 城市规划汇刊，2003(4). ④张宇，靳晓雯. 以工业化率比照城镇化率来判断中国城市化水平不尽科学［J］. 统计与决策，2009（19）.

二、新型城镇化与农业现代化

新型城镇化是城市与农村之间从人口、土地、产业到社会、文化、制度的系统性、综合性的发展、变迁过程，因此，新型城镇化与农业现代化互为支撑、互相促进，具有相辅相成的关系。从现有的相关研究成果来看，主要包括以对新型城镇化与农业现代化相关关系进行分析讨论为主的定性研究和对新型城镇化与农业现代化进行量化评价的定量研究两类。其中，在对“两化”之间的关系分析中，基本上都认同的观点是，农业现代化为城镇化提供要素支撑、物质保障和人力资源支持，城镇化为农业现代化提供市场、技术、产业等发展支撑。如徐君等（2012）分析了城镇化推进农业现代化中在转移剩余劳动力、提高农业产业化水平、促进农业产业结构调整、提供技术和资金支持等方面的推动作用；夏春萍（2010）的研究指出农业现代化也带动着城镇化水平的提升，两者是协调统一的发展关系。此外，曾超等（2013）分析了农业现代化对城镇化的要素支持、市场支持，城镇化对农业现代化的技术和产品支持，以及城镇化在人口转移、农业升级、农民增收等方面的作用。

在对新型城镇化或是农业现代化的发展水平进行量化评价的相关研究中，衡杰（2014）以安徽省为例，采用协整分析法对新型城镇化与农业现代化的相互影响关系进行了测算，研究发现安徽省新型城镇化与农业现代化具有长期均衡的关系，新型城镇化是农业现代化的原因，新型城镇化在长期内可以拉动农业现代化发展，而农业现代化由于水平较低，无法促进新型城镇化的发展，甚至对其有抑制作用。曾超等（2013）通过建立指标体系并进行实证分析发现，不管是城镇化对于农业现代化还是农业现代化对于城镇化，都具有正向促进作用，同时通过方差分解分析发现，农村劳动生产率对于城镇化的影响要大于农村人均机械总动力的影响。但是综合来看，对新型城镇化或是农业现代化分别进行评估的研究相对较多，而对新型城镇化与农业现代化的协调发展状况进行量化评估的研究相对较少。

三、新型城镇化与信息化

随着新一轮科技革命和信息革命的到来，信息技术的创新发展速度不断加快，信息产业的规模和领域不断拓展，信息化已经广泛渗透到生产和生活的各个领域、各个方面，并且成为加快推动经济社会转型发展、升级发展的关键要素和强大动力。在传统城镇化向新型城镇化转型的过程中，信息作为重要的资源和要素在提升城镇化质量和水平方面发挥着极其重要的影响和作用，信息化和新型城镇化融合发展已经成为从政府到民众的共识，数字城市、信息城市、智慧城市等的建设和发展，已经成为城镇化的重要导向和研究热点。如张鸿雁（2013）认为，中国新型城镇化战略面临着大数据时代智慧科技运用能力的挑战，需要利用智慧物联网技术、大数据应用模式来提升中国城镇化的科学性和健康发展水平。胡际权（2005）指出，在现代社会中，信息技术日新月异，信息产业迅猛发展，城市从工业制造中心、商务贸易中心向信息流动中心、信息管理中心和信息服务中心转变。由此不难看出，智慧城市是推进新型城镇化、加快城镇化发展方式转变、促进信息化与城镇化深度融合的导向和重点。

在智慧城市的建设发展方面，目前的研究成果主要集中在对智慧城市建设的意义和重要性分析、建设方案和模式分析、建设路径和难点分析等方面。路甬祥（2013）、牛文元等（2013）都指出，智慧城市是充分运用信息化、知识化，依托互联网、物联网、传感网、知识和大数据、云计算等，全方位实施网络化、宽带化，直接参与城市规划、建设、生产、消费、流通、健康、安全的智慧管理和智慧服务。陈畴镛等（2013）认为，智慧城市建设中面临着公众应用需求开发、信息共享和协同、建设资金的连续保障和项目运行的技术风险等主要问题。IBM 公司在《智慧的城市在中国》白皮书中指出，智慧城市建设的主要方向包括六个方面：人、商业、通信、交通运输、供水和能源。胡冬雪（2013）指出，智慧城市架构主要包括智慧基础设施层、信息网络支撑层、智慧服务层和智慧应用层四个层次。在实践应用层面，丁国胜等（2013）借用“智慧规划”对智慧城市视野下城乡规划的概念框架与关键领域进行了探讨；李健（2013）提出用“3S”战略创新新城的发展模式，并以上海智慧城市建设中新城试点为例，分析新城发展中面临的主要问题，提出智慧新城的基本功能体系建设路径。在智慧城市发展评价方面，刘笑音和郑淑蓉（2013）从信息基础设施、公共支撑平台、城市竞争能力、价值实现四大方面构建了智慧城市发展潜力评价指标体系，并运用主成分分析方法对我国东部地区 11 个具有代表性的城市进行了排序和潜力评价。“北京市东城区智慧城区评价指标体系研究”课题组（2013）通过构建智慧城市发展指数，测算了北京市及其 16 个区县的智慧城市（区）的发展水平。

四、从“三化协调”到“四化同步”

《中共中央关于制定国民经济和社会发展第十二个五年规划的建议》中明确提出，在工业化、城镇化深入发展中同步推进农业现代化，是“十二五”时期的一项重大任务。尤其是从区域经济社会发展现状来看，无论是东南沿海发达地区，还是中西部发展中区域，大多都面临着工业化亟待升级、城镇化发展滞后、农业现代化水平偏低等问题，如何推进工业化、城镇化、农业现代化“三化协调”发展，是现代化进程中面临的一个普遍而突出的问题。应该说，21世纪以来，尤其是“十一五”以来，如何推进“三化”协调发展是我国在经历了工业化、城镇化快速推进的同时，由于工业化、城镇化、农业现代化相互之间未能形成良性互动关系，进而在转型升级发展阶段出现诸多“瓶颈”制约，为破解现实难题而提出的。因此，这一时期也是针对“三化”协调发展的相关研究成果不断增多的时期。此后，随着我国经济社会发展进入新阶段，新一轮科技革命、产业革命、信息革命推动新技术、新产业、新业态加快发展，信息已经成为影响各领域、各行业发展的重要战略资源和关键要素，信息化已经成为从传统工业化向新型工业化、从传统城镇化向新型城镇化、从传统农业向农业现代化转型升级的重要驱动力。党的十八大明确提出要促进工业化、信息化、城镇化、农业现代化同步发展，与“三化”协调相比，“四化”同步不仅增加了一个信息化，而且在工业化、城镇化、农业现代化的发展路径以及与信息化的发展关系方面，都有了新的内涵和新的要求。基于此，在研究层面也开始针对从“三化协调”到“四化同步”的含义分析、问题分析、对策建议等进行相关分析和讨论，但总体而言，“四化同步”相关研究相对偏少。

从“三化协调”的基础理论分析来看，不同的学者对于“三化”之间的关系做出了不同的论述，综合来看，得到普遍认同的观点是“三化”之间是相互促进、相互支撑、相辅相成、有机统一的关系。此外，王永苏（2011）提出“三化”协调分两个层次：一个是“三化”本身，就是加快新型工业化、新型城镇化，推进农业现代化；另一个是“三化”之间的协调配合、相互促进。在具体的提法方面，对于农业现代化的基础支撑作用也是研究者们的共识；对于工业化、城镇化在“三化”中的作用，较多的提法包括了工业化为主导、城镇化为支撑等。从“三化”协调的发展思路来看，孙政才（2009）指出，统筹推进“三化”，核心是坚持以工促农、以城带乡，关键是要调整国民收入分配关系，投入的重点向农业、农村倾斜；要防止在工业化、城镇化过程中忽视农业现代化，出现“非农化”和“非粮化”，这样工业化、城镇化就没有了基础，就会失去支撑。在“三化协调”相关区域研究方面，《中原经济区规划》中明确提出，要探索不以牺牲农业和粮食、生态和环境为代价的新型城镇化、工业化和农业现代化协调发展的路子。“三化”协调发展既是中原经济区建设面临的问题挑战，也是中原经济区发展的目标方向，国家战略规划明确的任务导向成为理论研究和实践研究的重点难点。因此，在现有的“三化协调”相关研究成果中，从目标区域或是案例分析对象来看，对中原经济区的研究、对河南的研究占据绝大多数；从学者来源来看，以喻新安、刘道兴、谷建全、张占仓、王发曾、耿明斋、吴一平等为代表的河南学者发表了一大批关于中原地区“三化协调”发展的相关理论思考或实践探索分析成果。

从“四化同步”相关研究进展情况来看，自2012年中央明确这一发展导向后，相关文献逐步增多，但是总体上看，无论是对“四化同步”的定性分析还是定量分析都还相对偏少，且现有研究主要集中在对“四化”的关系和作用分析等方面。如王守智（2014）提出，“四化”是一个整体，互为依托，工业化和城镇化可以带动和装备农业现代化，农业现代化则为工业化、城镇化提供支撑和保障，而信息化能有力地推动其他“三化”；徐君等（2012）提出，“四化”之间相互依托、相互耦合，新型工业化是主导，信息化是手段，新型城镇化是重点，农业现代化是基础。综合来看，“四化”之间互促并进的关系是大家的共识。从“三化”到“四化”，信息化的加入一方面说明进入发展的新时期新阶段信息化的重要地位和作用，另一方面对于信息化和其他“三化”的发展关系、作用机理也需要进一步的深入分析。在文献综述的基础上，也启发了本研究对信息化与工业化、城镇化、农业现代化的同步机理的思考。其一，要跳出对信息、信息化只从资源的角度、技术的角度、推动力的角度来进行分析的框架，不能仅认为信息化就是起着推动其他“三化”发展的作用，而应该同时考虑到信息化也生发、集合了从新技术到新产业、新业态的多元化构成。其二，从发展的视角来看信息化与其他“三化”的关系，融合是核心与关键，信息化与工业化融合是新型工业化的根本要求，信息化与城镇化融合是新型城镇化的发展导向，信息化与农业现代化融合是新型农业现代化的路径选择，而在两两融合的同时，也意味着信息化的拓展与升级发展。在此分析基础上，本研究认为可以将“四化”之间的发展关系和作用机理表示为如图2-1所示：

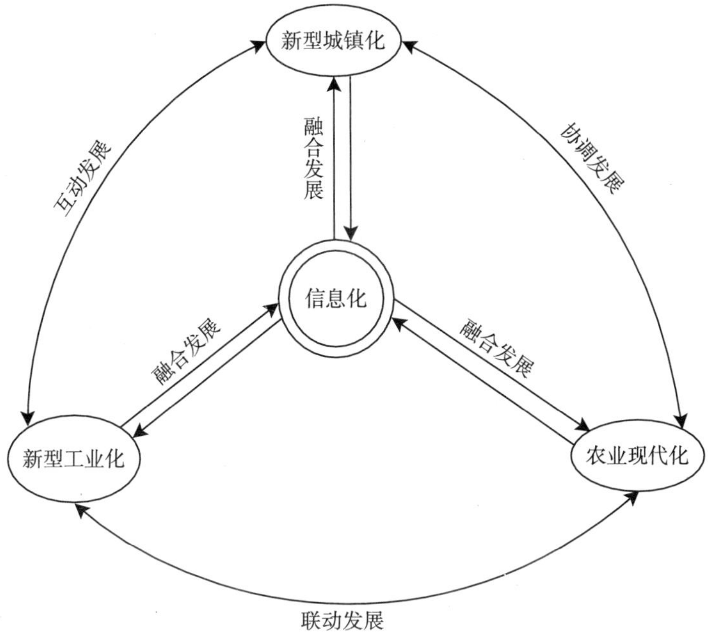

图 2–1　“四化”之间的发展关系和作用机理

第四节　述评

在经济社会加快转型升级发展的大背景下，对新型城镇化的研究也在不断拓展和深入，综合来看，现有的相关研究具有如下几个特点或问题：

（1）对于相关概念或内涵辨析存在争议。如对于是“城市化”还是“城镇化”的争议，认同“城市化”的多是从词源以及“城”、“市”与“城市化”的关系与机理分析出发，借鉴西方发展理论及发展轨迹，提出见解分析；认同“城镇化”的多从国内发展进程出发，基于中国特色城镇化道路探索以及现代城镇体系建设等相关视角，阐述城镇化的适应性与可行性。由此再来分析目前对于新型城镇化的理解，作为一个与传统城镇化相对应的概念，显然需要从何谓“新型”切入。现有研究或是直接表述新型城镇化的“新”在哪里，或是通过新型城镇化与传统城镇化的差异分析来剖析新型所在。其中，有从发展理念或总体思路的角度来进行辨析，也有从具体路径与实施重点的角度来进行辨析，总的来看，虽然提法不尽相同，但更多的是从不同角度进行比较分析，并不能说是对立或争议。

（2）在定性分析与定量分析相结合方面还需要拓展和深入研究。其中主要包括三个方面的问题：其一是相对而言，对于新型城镇化的相关研究中，定性分析多而定量分析少，因此进一步强化对新型城镇化的相关量化测评，是更为客观地把握城镇化发展进程、发展水平以及分析影响因素、影响程度的重要手段，对于提高城镇化发展质量和水平具有重要意义。其二是现有的定量分析研究成果中，存在的一个突出问题就是不少研究往往在完成了指标选择、模型建立乃至实证测算后，对于评价结果的分析以及测算结论与实际发展的结合分析偏少、偏简，对于现实发展的指导作用需要加强。其三是在新型城镇化的相关量化分析中，对于指标的选择还没有形成一个认可度较高的体系，不同的研究者通常按照自己的理解来选取不同的指标进行分析，进而导致各研究成果在可比性、连续性等方面存在问题。

（3）对新型城镇化与“四化同步”的相关研究尚处于起步阶段，亟须全面深化和拓展。新型城镇化与工业化、农业现代化、信息化发展具有互促并进、相辅相成的紧密联系，孤立分析或是进行“两化”、“三化”分析，都难以更科学、系统地把握新型城镇化的发展规律和发展特点，并提出有效的对策建议。正是由于新型城镇化与“四化同步”在同一个发展阶段、发展背景下作为国家重要政策导向被提出，所以其作为新课题也为不同领域的研究者提出了新问题、新思路、新要求。

第三章 新型城镇化综合评价的研究进展

从城镇化、传统城镇化到新型城镇化，对于城镇化的内涵、路径、问题以及对策的研究越来越深入，实践探索也越来越丰富。对于城镇化的测度不仅是把握城镇化动态进程的必然要求，也是剖析城镇化作为现代化进程的重要构成，与工业、农业乃至其他经济、社会现象之间相互联系、相互影响关系的必然要求。显然，对于城镇化发展水平的测度、发展进程的动态评估，以及与其他重要经济现象的关系分析，都是理论层面和实践层面关注的重要问题。本章相关综述及其进展分析均是以新型城镇化作为重点对象，相关文献或其他成果报告重点来自 21 世纪以来，尤其是 2010 年以来的文献。这也是由于考虑到本章重点以新型城镇化而不是城镇化作为综述对象，所以期望聚焦以加快转变发展方式为背景，在党的十六大之后中国城镇化转型全面加速，到党的十八大明确提出探索走中国特色新型城镇化道路以来，学术界对于新型城镇化展开综合测度的相关研究进展情况，并尝试进行梳理和述评。

第一节 新型城镇化的评价指标与评价模型

对于城镇化的测度由来已久。从国际上通用的城镇人口比重法，到逐渐发展起来的多指标综合评价法，应该说，对于城镇化的测度指标在不断拓展、内涵日益丰富，测度方法在不断创新、模型算法在不断改进。本节在对城镇化的水平测度进行基础性描述和简单回顾后，重点围绕近年来国内对于我国城镇化发展情况的各种测评进行总结回顾。新型城镇化的核心内涵，也就是新型所在，重点体现在以人为本、城乡一体、绿色低碳等以提升城镇化发展质量效益为重点的相关内容上，因此即使有些文献论述中用的是城镇化测评而不是指明新型城镇化测评，但核心是围绕城镇化质量而展开，这部分文献也包含在相关综述分析里。

一、城镇化的水平测度

城镇化是现代化发展阶段和水平的重要标志，对城镇化发展水平进行量化测度具有重要的理论和现实意义。城镇化率是表征城镇化水平的重要指标。目前，对于城镇化率的测定方法有多种，可以分为主要指标法和综合指标法。其中，综合指标法又称为复合指标法，通常是指通过构建由若干个指标所构成的指标体系来测度某一区域的城镇化水平。综合指标法的优点是可以通过将表征城镇化在速度、数量、质量以及社会、经济、文化等多方面多角度的指标纳入指标体系，进而能够更加全面、更加客观地来对城镇化水平进行综合衡量。但是同时，由于综合指标法选用的指标较多，数据的可得性和统计口径的差异性问题都较为突出，不同研究者针对不同研究区域所建立的综合指标体系，在通用性和可比性方面也往往存在不足，导致难以推广或进行纵向横向多角度比较。而主要指标法主要通过测度人口在城乡之间的空间分布来对城镇化水平进行表征，不仅能够较为真实地反映城镇化演进状态，而且可以更为方便地用于区域之间的横向比较，以及同一区域不同时期的纵向比较。因此，在实践应用中，主要指标法也称作单一指标法。

主要指标法是选择对城镇化表征意义最强的，而且又便于统计的个别指标来反映和描述城镇化所达到的水平。这类指标主要包括三种，即城镇人口比重指标、非农业人口比重指标和城镇用地比重指标。城镇人口比重指标是用城镇人口占全部人口的百分比来表示，用于反映人口向城市聚集的过程和聚集程度，这也是国际国内较为通用的衡量一个国家或区域城镇化水平的重要指标。非农业人口比重指标是用非农业人口占总人口的百分比来表示，但是这种方法面临的主要问题就是对于农村人口进城打工经商数量的界定和统计，因为其中既包括有“离土又离乡”人户分离的实质上城镇人口，也包括“离乡不离土”候鸟式打工的亦工亦农人口，并且离乡的时间和程度也多种多样，给统计划分带来较大难度，进而影响到这一指标的适用性。城镇用地比重指标是用城镇建成区的土地利用面积占区域总面积来表示，主要体现的是土地使用性质和地域范围上的变化。这一指标是城镇化发展水平的最直观的表现形式，但是由于统计难度较大，限制了该指标的广泛使用。

城镇人口比重指标测定的核心是界定城镇地域和城镇人口，新中国成立以来，我国城镇地域和城镇人口界定标准经历了多次变化。早期我国存在城乡划分标准不科学、其内涵与国际通行标准不接轨等问题。到了 2000 年，在第五次人口普查中，在我国市镇建制和行政区划的基础上，对市辖区、不设区的市、建制镇所辖地域采用人口密度进行了细划。同时，还规定将居住六个月以上的流动人口计入城镇人口的统计范围，能够较为客观地反映地域概念的城镇人口。[①] 这一做法与国际上所通行的连续建成区原则是相一致的，较好地反映了城镇的本质特征，同时已经在相当程度上解决了统计数据因包含大量乡村人口而夸大城镇人口规模的问题。2008 年国务院批复的《统计上划分城乡的规定》中，为了科学、真实地反映我国现阶段城乡人口、社会和经济发展情况，在不改变现有的行政区划、隶属关系、管理权限和机构编制，以及土地规划、城乡规划等有关规定的基础上，以民政部门确认的居民委员会和村民委员会辖区为划分对象，以实际建设为划分依据，将我国的地域划分为城镇和乡村，并作为 2010 年第六次人口普查的依据，从而更为准确地评价我国的城镇化水平。[②]

二、基于单一指标的城镇化水平评价

对于城镇化水平的评价，最初采用的多是单个指标进行评价。单一指标法又称主要指标法，马世骁等（2012）将其定义为通过某一个最具有本质意义、象征意义并能反映问题的指标，来对城镇化发展水平进行定量描述。单一指标法最大的优势在于简单明了，并且目前无论是政府部门还是研究人员，都较多采用人口城镇化率或是城镇人口比重等指标。这几个指标无论国家还是省市的统计部门都会定期公布相关数据，数据来源相对权威，可靠性、可比性都较强；并且作为常用的统计数据，数据序列较长，对于进行时间序列分析、掌握城镇化发展演变历史进程具有重要意义。

但是同时，单一指标法的缺点也非常明显。以最为常用的人口城镇化指标为例，它虽然对人口在数量、结构以及地理空间上的转移能够有较为直接的表征，但是同时也具有两个突出的局限性，一个是仅能反映人口发展变化现象，而难以

---

① 第五次全国人口普查办法，http：//www.china.com.cn/law/flfg/txt/2006-08/08/content_7059446.htm.

② 第六次全国人口普查方案，http：//www.stats.gov.cn/tjsj/pcsj/rkpc/6rp/html/fu07.htm.

反映对城镇化同时作为一个综合性经济社会现象的其他特征；另一个是统计口径变化也对人口城镇化指标带来影响，例如改革开放以来我国在撤县建市、撤乡建镇以及直辖市等方面的区划调整，直接导致同一区域的前后统计数据不一致，或是对于城镇人口的界定发生变化，如常住人口、户籍人口、流动人口、非农业人口等不同的规定，都影响着相应指标统计结果的变化。

从目前常用的单一城镇化指标来看，主要包括两类：一类是人口城镇化相关指标，包括了城镇人口比重指标、非农业人口比重指标、非农劳动力占总劳动力比重指标等；另一类是土地城镇化相关指标，包括了建成区面积、人均建成区面积等。不同的指标具有不同的内涵、计算公式和相应的优缺点，表 3–1 是对几个常用的单一城镇化指标进行的汇总分析。

表 3–1　常用的单一城镇化指标

	指　标	含　义
人口城镇化相关指标	城镇人口比重指标	某一区域的城镇人口占其总人口的比值
	非农业人口比重指标	某一区域的非农业人口占其总人口的比值
	非农劳动力占总劳动力比重指标	某一区域的非农业劳动人口占总劳动人口的比值
土地城镇化相关指标	建成区面积	指市行政区范围内经过征用的土地和实际建设发展起来的非农业生产建设地段[①]

资料来源：作者根据相关资料整理。

从相关研究进展来看，选用单一指标来直接对城镇化发展水平进行分析评价的研究相对而言呈减少的态势，尤其在 2010 年以后的文献中数量更是明显减少。其中，选取土地城镇化指标的数量要多于选取人口城镇化指标的数量。如简新华等（2010）在分析预测中国城镇化水平和速度时采用了土地利用指标；寇娅雯等（2013）选用非农业人口占总人口的比例来表征甘肃省各期各市州城镇化水平。另外，还有一部分研究是在分析评价城镇化与经济增长、人口转移、产业发展等的作用关系时，在表征城镇化发展状况时选用了人口城镇化指标，如张红宇（2011）、席娟（2013）、吕健等（2011）。

三、基于综合指标体系的城镇化水平评价

如何更真实、更全面地体现、评价城镇化发展状况，是多年来诸多研究者致

① 百度百科，http：//baike.baidu.com/view/522241.htm？ fr=aladdin.

力分析探讨的热点问题。从目前基于综合指标体系的城镇化水平评价研究进展来看，总体上并没有形成公认的新型城镇化评价指标体系。不同的研究者从不同的视角出发，纷纷提出了各自的城镇化评价指标体系。范宏杰等（2013）指出，随着研究的深入，评价指标有越来越多的趋势；当评价指标数量在10个以下时，学者一般从自己研究需要的角度选取指标，指标差异性很大；当评价指标在10个以上时，从经济、人口、社会这三方面评价城市化水平得到了学者的共识，大多数学者会从这三方面选取指标。综合来看，在建立新型城镇化评价指标体系时，较多研究者采用的主要包括两种类型：基于城镇化系统构成的思路和基于城镇化发展内涵的思路。

从城镇化系统构成的思路出发，建立的城镇化评价指标体系大多包括了人口城镇化、经济城镇化、社会城镇化等分项指标，对近几年来的一些相关研究成果汇总及对比如表3–2所示。从城镇化发展内涵的思路出发，建立的城镇化评价指标体系大多包括了经济发展、社会发展、城乡统筹、生态环境、区域协调、居民生活质量、基础设施建设等分项指标，对近几年来的一些相关研究成果汇总及对比如表3–3所示。

表3–2　基于城镇化系统构成思路的指标体系构成研究成果对比

	人口城镇化	经济城镇化	社会城镇化	空间城镇化	生态城镇化	生活方式城镇化	其他
郐英角、许铭、张小平（2005）	●	●				●	基础设施水平
侯学英（2005）	●	●	●		●		区域开放水平
陈明星、陆大道、张华（2009）	●	●	●				土地城市化
周翔（2009）	●	●			●	●	
吴国玺、曹志刚（2009）	●	●		●	●		产业结构城市化、生活质量城市化、文化城市化和城乡发展指标
张新乐、张树文、李颖、刘焕军（2009）	●	●	●		●	●	
张樨樨（2010）	●	●			●	●	科技城市化、保障城市化
王晓欢、王晓峰、张晖、常俊杰（2010）	●	●	●				
王礼刚（2011）	●	●	●				

续表

	人口城镇化	经济城镇化	社会城镇化	空间城镇化	生态城镇化	生活方式城镇化	其他
李鑫、李兴校、欧名豪（2012）	●	●	●	●			
吕振儒、闫琳（2012）	●	●	●		●		开放城市化、绿色城市化
臧锐、张鹏、杨青山、李林山、张栩嘉（2013）	●	●	●	●			
唐壬艺、何林（2013）	●	●	●		●		
吴文佳、高斯瑶、吴殿廷（2013）	●	●	●	●			
梁振民（2013）		●	●	●			
李晔、秦梦、王娜（2013）	●	●				●	文明城镇化
张荣天、焦华富、张小林（2013）	●	●	●	●			
王建康、汤小华（2013）	●	●	●		●		
罗瑞雪、蔡雪雄（2013）	●	●	●	●			
任跃文、蒋国洲、许夏冰童（2014）	●	●	●	●	●		
秦青（2014）		●	●				土地城镇化、绿色城镇化

注：①有的研究者在其文献中使用的是“城市化”而不是“城镇化”，在此表中暂不做分别统计，如“人口城镇化”和“人口城市化”。②对“生态城镇化”、“环境城镇化”均统计在“生态城镇化”里。③对吴国玺、曹志刚的研究分类采用的是其在指标层中提出的八种分类结果。

资料来源：作者根据相关资料整理。

表 3–3　基于城镇化发展内涵思路的指标体系构成研究成果对比

	经济发展	社会发展	城乡统筹	生态环境	区域协调	居民生活质量	基础设施建设	空间集聚	其他
国家城调总队、福建省城调队课题组（2005）	●	●	●	●		●	●		
刘艳军、李诚固（2005）	●	●		●			●	●	
董嘉明、庞亚君、王琳（2008）	●	●	●	●					功能优化
李爽、贾士靖（2009）	●	●	●			●			可持续发展
郝华勇（2012）	●	●	●	●		●	●	●	
陈明、张云峰（2013）	●		●	●	●				
余欢（2013）	●			●		●	●		城市化潜力、科教水平
韩兆洲、肖峰（2013）	●	●	●	●					科技进步与人口资源

续表

	经济发展	社会发展	城乡统筹	生态环境	区域协调	居民生活质量	基础设施建设	空间集聚	其他
廖海燕（2013）	●	●		●		●			
王富喜、毛爱华、李赫龙、贾明璐（2013）	●	●	●	●					人口发展、城镇化效率
袁晓玲、梁鹏、曹敏杰（2013）	●	●							人口资源环境发展
内蒙古城镇化研究课题组（2013）	●	●							城市功能发展质量
王艳军、王利、王红燕（2013）	●	●		●			●		人口因素
朱子明、郁鸿胜（2013）	●	●		●			●		
牛晓春、杜忠潮、李同昇（2013）			●	●		●	●		人口城镇化、经济城镇化
蓝庆新、陈超凡（2013）	●	●		●					新型城镇化基本建设水平
刘鸽、刘复友、储金龙、夏永久（2014）	●	●	●				●		可持续发展、城镇化效率
郝华勇（2014）	●	●	●	●		●		●	
李国成、肖庆宪（2014）	●	●		●		●	●		
黄磊、朱洪兴、杨叶（2014）	●		●	●					居民物质生活、居民精神生活、城市建设

资料来源：作者根据相关资料整理。

此外，还有一些学者选取不同的视角或思路，提出了对于城镇化发展评价的指标体系构想。其中，包括采用“指数”作为选取指标的思路，如中国社会科学院《城镇化质量评估与提升路径研究》创新项目组以城市发展质量指数、城镇化效率指数、城乡协调指数三大指数构成了城镇化质量评价指标体系。夏南凯和程上（2014）采用“评价指数”的方法，建立了包含人文智慧指数、就业稳定指数、住房健康指数、社会保障指数、科技创新指数、经济外向指数、生活富足指数、金融活跃指数、生态适宜指数、交通便捷指数、空间集约指数、设施完备指数、医疗保障指数、教育普及指数、商业便利指数和文体繁荣指数在内的城镇化质量评价体系。戚晓旭等（2014）建立了包括社会进步指数、经济发展指数、生态环境指数、城市生活质量指数、制度建设指数在内的新型城镇化评价指标体系。

从系统分析的视角出发，牛文元（2009）构建了由城市发展动力系统、城市发展质量系统和城乡发展公共系统组成的中国新型城市化指标体系。马世骁等（2012）则建立了包括人口系统、经济系统、社会系统、科教文卫系统和环境生态系统五大系统在内的城镇化发展水平评价指标体系。

张贡生等（2013）从问题导向出发，设计了包含人口城市化指标、“城市病”指标、“农村病”指标在内的指标体系，其中包含了许多现阶段城镇化发展进程中在城市发展、农村发展中凸显的矛盾问题，如“农村病”指标包括农村留守儿童比率、农村留守老人比率、农村留守妇女比率、农村孩子辍学率、农村土地闲置面积、农村空置房比率等农村发展突出问题的一些指标。当然，作者自己也指出，有许多指标是无法从统计年鉴中直接获得数据的，需要进行大量的田野调查及统计分析处理。

从目标导向出发，胡际权（2005）建立了包括经济集约化发展、社会和谐发展、政治文明发展、生态环境保护和建设在内的指标体系；许明娟（2013）建立了包括经济高效、城市美丽、生活舒适、文化特色、生活和谐在内的新型城市化进程综合评价指标体系；刘全等（2014）建立了包括人的城镇化、布局优化、生态文明、美丽城镇在内的新型城镇化统计评价指标体系；孙丽珊（2014）建立了包括城乡统筹能力、城乡一体水平、产城互动成效、节约集约发展、生态宜居建设、共享发展成果在内的新型城镇化发展评价指标体系。

从“以人为本”的理念出发，滕海燕（2011）从新经济型城镇、新文化型城镇、新生态型城镇三个角度分析了新型城镇化的建设发展。①

袁晓玲等（2008）从“文明”的视角出发，设计了包括物质文明、精神文明、生态文明等在内的城市化质量评价指标体系。

刘盾等（2009）从“现代化”的视角出发，建立了包括经济现代化水平、基础设施现代化水平和人民生活质量现代化水平在内的城市化评价模型。

此外，还有一些学者建立了生动形象的城镇化构成模型，如倪鹏飞（2005）从新型城镇化的内涵要素、运行规律及协调关系出发，用“弓弦箭”模型分析了城市竞争力的构成模式；徐林和曹红华（2014）则建立了新型城镇化的“星系”模型及其评价体系。

① 田鑫. 河北省新型城镇化与经济发展互动关系研究［D］. 河北经贸大学硕士学位论文，2014.

四、新型城镇化的评价模型与方法

在对城镇化发展水平、发展质量等进行量化测评时，在建立评价指标体系的基础上，有多种定量评价模型算法被采用。总体上看，在现有成果报告中，主成分分析法、层次分析法、熵值法、数据包络分析法等都是采用频率最高的几种量化评价模型方法。此外，近年来，聚类分析法、灰关联法、模糊综合评价法、物元分析法以及一些方法合成优化模型也已经逐步开始应用于新型城镇化综合评价中。不同的研究者根据其对新型城镇化评价的目标导向、指标体系设置情况和对算法的选择等，选取评价模型的类型在不断增多、方法在不断优化。表 3–4 是对近年来部分城镇化评价模型应用情况的汇总和梳理，其中，主成分分析法、层次

表 3–4 城镇化评价模型类型汇总分析

模型方法	应用类型	成果作者	评价区域
主成分分析法	主成分分析法	余欢（2013）	陕西省
层次分析法	层次分析法	刘艳军、李诚固（2005）	我国 15 个副省级城市
	层次分析法	吴文佳、高斯瑶、吴殿廷（2013）	北京市
	层次分析法	张思锋、廖园园（2006）	西安市
熵值法	熵值法	张荣天、焦华富、张小林（2013）	江苏省县域城镇化
灰关联法	灰色关联投影法	王晓欢、王晓峰、张晖、常俊杰（2010）	陕南县域城镇化
模糊综合评价法	多层次模糊综合评价方法	张新乐、张树文、李颖、刘焕军（2009）	辽宁中南部
	模糊综合评判法	任璐、苏根成（2013）	内蒙古 12 个盟市
物元分析法	模糊物元法	郭月婷、徐建刚（2013）	淮河流域城市化
粗糙集理论	粗糙集	李国成、肖庆宪（2014）	安徽省
聚类分析法	三角白化权函数的灰色聚类评价法	李晔、秦梦、王娜（2013）	河南省 18 市
	模糊 C 均值聚类法	周翔（2009）	安徽省
	模糊聚类分析法	王剑锋（2014）	山东半岛城市群
方法合成	主成分分析和聚类分析法	郃英角、许铭、张小平（2005）	安徽省
	主成分、聚类和 GIS 分析方法	王礼刚（2011）	贵州省各地市
	均方差赋权法和线性加权和法	臧锐、张鹏、杨青山、李林山、张栩嘉（2013）	吉林省
	粗集与聚类分析	刘盾、胡培、何鹏（2009）	中国

资料来源：作者根据相关资料整理。

分析法、熵值法等几种较为常见的评估模型因为相关成果数量较多，故此表中所汇总的仅列出了极少数以作示意。

第二节 实证分析的研究进展

对于城镇化发展水平量化评价的实证分析成果在城镇化相关研究中，无论是发表数量上还是研究深化上都表现出更多更好的态势。尤其是中国的城镇化进程经历了改革起步、快速推进、转型发展和全面深化改革这几个特色鲜明的重要阶段，对于城镇化发展水平、发展质量等的量化测度，是把脉中国城镇化进程、分析深层次矛盾和问题、有效建言献策、深化实践道路探索的重要依据和支撑。在现有的大量相关成果中，对于城镇化量化评价及其实证分析的研究，表现出了一定的区域分布和层级特征等特点。

一、城镇化发展评价实证分析的区域分布及特点

从目前城镇发展评价实证分析的目标区域分布特点来看，首先，针对省域或市域的实证分析数量要多于针对县域的实证分析数量，总的来看，目前针对全国各省、市、自治区都有不同的研究者完成的城镇化发展评价成果报告，但是针对县域城镇化发展水平评价的报告相对较少，其中如张荣天等（2013）运用 ESDA 空间测度模型，对 1990~2012 年江苏省的县域城镇化发展水平进行了测度；王晓欢等（2010）建立了以人口、经济、社会生活为一体的县域城镇化发展水平综合评价指标体系，对陕南 28 个县区进行了量化评价；郝华勇（2014）对湖北省 66 个县进行了城镇化质量评价，并分析了县域城镇化质量的空间分布特征；何忠祥等（2013）运用熵值法评价了 2010 年江苏省县域城镇化发展水平，并分析了各县市之间的空间相关性。

其次，以中西部地区省份作为实证分析目标区域的研究成果要多于东部地区，尤其是 2005 年以后选取新疆、内蒙古、江西、安徽、河南、河北等中西部地区省、自治区等的实证分析明显增多，研究视角、研究方法在不断拓展，成果内容也在不断丰富，这也从另一个方面说明了中西部地区的城镇化发展所具有的后发赶超特点，这些区域既是全国区域协调发展战略实施的热点和焦点，也在规

模速度以及路径选择、特色模式等方面具有突出性和代表性。

最后，随着近年来国家颁布实施的区域发展战略逐步增多，同时城市群发展战略成为城镇化发展中的主体，以国家区域战略以及城市群等为实证分析对象的研究成果开始涌现，例如，在区域国家战略方面，以东北地区、中部地区、中原经济区、海西经济区、长江经济带、沈阳经济区等为目标区域进行城镇化发展相关评价的成果均已出现；在城市群发展方面，针对京津冀城市群、长三角城市群、皖江城市群、山东半岛城市群、环长株潭城市群、武汉城市圈、中原城市群等的城镇化发展量化评价及对策建议也已经引发较大关注。

二、城镇化发展量化测评结果分析

从近年来以全国城镇化发展水平为研究对象的成果分析来看，虽然不同的研究建立了不同的指标体系、选取了不同的模型算法，空间范围既包括省域也包括市域，但是最终得出的评估结果都有一个相同趋势，即我国的城镇化发展水平在空间上呈现出较为显著的层级梯度特征——由东向西、由南向北递减，东部地区最高，中部地区次之，西部地区偏低，如表 3–5 所示。

表 3–5　近年来对全国城镇化发展水平的量化测评结果趋势分析

研究者	评价时间范围	评价区域对象	评价结果
赵永平、徐盈之	2000~2011 年	全国 30 个省级行政区（西藏除外）	新型城镇化发展水平在空间上呈现东、中、西梯度递减的分布格局，以长三角、珠三角、京津冀为引领的东部最高且高于全国平均水平；中部次之，且区域内城镇化水平差距较小；西部最低，且区域内差距相对较大；中、西部得分均低于全国平均水平
杨惠珍	2011 年	全国 30 个省、市	我国城镇化质量总体水平不高，呈现由东向西递减的趋势
中国社会科学院《城镇化质量评估与提升路径研究》创新项目组	2010 年	全国 286 个地级及以上城市	东部地区的城镇化质量指数显著高于东北、中部和西部地区
任跃文、蒋国洲、许夏冰童	2010 年	我国 286 个地级市	城市化水平最高、发展最为均衡的主要为环渤海地区、长三角和珠三角地区及其周围辐射到的相关城市圈，每个省省会城市的城市化发展水平一般都明显高于省内其他城市，从整体上说，我国城市化水平呈现较为明显的阶梯状分布，主要从东部沿海向西部内陆递减

续表

研究者	评价时间范围	评价区域对象	评价结果
耿海清、陈帆、詹存卫、仇昕昕、刘磊	1995年、2000年、2005年	全国31个省级行政区	评价时间范围内，我国城市化发展质量在不断提高；区域之间很不平衡，东部地区的发展速度明显快于中西部地区，东、中、西三大地带的城市化发展水平顺次降低，区域之间的差距在进一步拉大
王家庭、唐袁	1960~2007年	全国31个省、市、自治区	我国区域间城市化水平较为不平衡，由东部向西部地区递减
薛俊菲、陈雯、张蕾	2007年	中国城市	中国市域综合城市化水平由东北向西南递减，城市化水平较高的城市在空间上彼此接近，形成若干城市化水平高值集聚区
刘艳军、李诚固	2003年	我国15个副省级城市（长春、哈尔滨、沈阳、大连、济南、青岛、西安、成都、武汉、南京、杭州、宁波、厦门、广州、深圳）	从南向北、从沿海向内陆，城市化水平在某种程度上呈梯度下降趋势

资料来源：作者根据相关资料整理。

区域不平衡和层级梯度递减特征不仅表现在对全国省域、市域的城镇化发展水平的测度结果中，也同样表现在对市域或县域等更小的行政区域的评估结果中。如唐壬艺等（2013）对成都和重庆、武汉和长沙、南京和杭州这三对长江上中下游城市的城市化发展水平进行评价并发现，处于沿海地带的南京和杭州最高，处于中部地区的武汉和长沙最低，总体呈现由沿海到内陆递减的趋势。王礼刚（2011）对贵州省各地市州的城市化水平评价结果显示，贵州城市体系总体分布呈“核心—边缘”非均衡发展模式，且缺乏能对全省产生集聚和辐射作用的次中心城市。此外，吴文佳等（2013）对1978~2011年的北京城市化进行测度发现，北京的城市化经历了缓慢发展阶段、快速发展阶段和郊区城市化阶段三个阶段。

三、城镇化发展的驱动机制与影响因素分析

对于城镇化发展水平、发展质量的量化测度对了解城镇化的发展演进具有重要作用，在此基础上，进一步剖析城镇化发展的驱动机制以及影响因素、作用机理，是制定城镇化的战略选择、路径规划及推进措施的重要支撑。

从影响因素来看，王公达等（2007）在评估了新疆城市化发展水平的基础上，提出了几个有意思的问题，如工业化通常是城市化的重要带动因素，但在新

疆较低的工业化水平下，城市化却得到加速发展的原因是什么？针对这一问题，作者评估了新疆城市化与工业化、城市化与转移人口及其特征等的关系，进而得出几个结论，如新疆人口城市化率的提高与工业化进程无关，而主要是由于农村和农村居民的转移，并且这部分有稳定收入的转移人口的消费力对城市发展具有显著影响。臧锐等（2013）分析了人口城市化、经济城市化、空间城市化、社会城市化之间的相关关系后发现，人口城市化只与空间城市化相关，经济城市化只与社会城市化相关，人口集聚是城市化发展的客观表征，城市化是工业化的直接结果，并认为人口城市化与经济城市化的不相关是由于经济发展更多依靠劳动力素质而不是数量的提高，社会城市化能够提高城市人口综合素质，进而影响经济城市化发展。靖学青（2014）评价了城镇化进程与中部六省经济增长的关系，回归分析结果表明，人口城镇化对中部各省经济增长的影响各不相同，既有正向影响，也有反向影响和不影响；产业城镇化对大部分省份的影响是积极的，但也有个别案例，如产业城镇化对安徽、湖北的影响都不显著。

在动力机制评估方面，陈明星等（2009）建立了回归模型，对城市化的动力因子进行了量化分析，其研究表明，城市化的动力因子呈现多元化特征，其中市场力是最主要的驱动力，后面依次是内源力、行政力和外向力。从城市化发展阶段上看，市场力、外向力和行政力对城市化综合水平的影响呈上升趋势，而内源力呈明显下降趋势。并由此提出一些政策启示，在全球化进程背景下，中国城市化进程仍主要是一个内生过程，深化市场经济体制改革、统筹城乡发展是推进城市化进程健康发展的重点工作。赵永平等（2014）选取了代理变量来评估政府机制、市场机制、外部机制和内在机制在城镇化发展驱动机制中的作用，其研究表明，市场机制和外部机制对我国新型城镇化的发展具有关键作用，在四大机制中，市场机制的影响最大，其次是外部机制，最后是政府机制和内在机制，两者影响相当；考察东、中、西部地区新型城镇化的驱动机制情况发现，市场机制是东部地区最主要的驱动力，内在动力则较弱；而中西部地区城镇化发展的主动力却是来自政府机制，外部机制对中部城镇化的影响高于西部，市场机制对西部城镇化的影响高于中部。该研究对不同区域推进新型城镇化动力机制的量化分析，既为其后的政策建议提供了有说服力的数据支撑，也为对策措施的针对性、可行性提供了重要保障。

第三节 政府部门发布的城市创建指标体系

21 世纪以来，国家住房和城乡建设部、国家环保部等部门提出了创建生态市、宜居城市、生态园林城市、文明城市等不同类型的城市创建标准及其评价指标体系。2014 年，《国家新型城镇化规划（2014~2020 年）》发布，并首次明确提出了新型城镇化指标体系。本书在对城镇化评价指标体系进行学术研究成果回顾的同时，对政府部门发布的各类城市创建指标体系进行简单梳理和介绍，并与国家发布的新型城镇化指标体系进行对比分析，以期对城镇化评价指标有一个相对全面的了解。

一、生态市

2007 年 12 月 26 日，国家环保总局印发了《生态县、生态市、生态省建设指标（修订稿）》，在规定了生态市建设的基本条件的基础上，提出了具体的建设指标体系。该指标体系包括经济发展、生态环境保护和社会进步三个子系统、共 19 项指标，明确了各指标的评价标准，并将指标分为约束性指标和参考性指标两大类。[①]

二、宜居城市

2007 年 4 月 19 日，国家建设部组织评审验收了《宜居城市科学评价标准》。该标准首先说明是作为导向性的科学评价标准，不是强制性的行政技术标准。在具体评价标准方面，采用“宜居指数”，按照百分制，分别划定了“宜居城市”、“较宜居城市”、“宜居预警城市”三个类别；该评价标准体系由社会文明度、经济富裕度、环境优美度、资源承载度、生活便宜度、公共安全度六个分项指标构成，对每一个分项分别明确了权重分值；提出了四项综合评价否定条件，并规定

① 关于印发《生态县、生态市、生态省建设指标（修订稿）》的通知，http：//www.zhb.gov.cn/gkml/zj/wj/200910/t20091022_172492.htm.

如果有任何一项否定条件，就不能确认为“宜居城市”。[①]

三、生态园林城市

国家生态园林城市是 1992 年由国家建设部发起，在全国范围内展开的创建活动。2007 年 12 月发布的《国家生态园林城市标准（暂行）》中，评价标准包括 10 项定性标准，以及包括城市生态环境指标、城市生活环境指标和城市基础设施指标三大分项共 18 个评价指标及其标准值。此外，创建国家生态园林城市的前提条件是必须先创建国家园林城市满三年以上。[②]

四、文明城市

全国文明城市由中央精神文明建设指导委员会负责审批创建，在 2014 年 8 月颁布的新修订的《全国文明城市测评体系》中，把原有的 369 项指标压缩至 146 项，增加了培育和践行社会主义核心价值观、中国梦宣传教育、诚信建设制度化、志愿服务制度化等重点内容；加大了群众评价权重，使评选工作置于群众监督之下。[③]

五、国家新型城镇化规划

2014 年 3 月发布的《国家新型城镇化规划（2014~2020 年）》中明确了新型城镇化指标体系，共包括城镇化水平、基本公共服务、基础设施和资源环境四类共 18 项指标，并对每个指标提出了到 2020 年的具体目标值。表 3-6 是对几种政府发布的城市创建指标体系与国家新型城镇化规划中的指标体系的对比。

---

① 中国首个“宜居城市”科学评价标准，http：//news.xinhuanet.com/fortune/2006-07/28/content_4889682.htm.

② 关于印发《国家园林城市申报与评审办法》、《国家园林城市标准》的通知，http：//www.mohurd.gov.cn/lswj/tz/jc2010125.htm.

③ 文明城市测评方法改进：更注重群众评价，http：//xm.wenming.cn/wmcs/jj/201409/t20140910_2167298.htm.

表 3–6 政府发布的城市创建指标体系与国家新型城镇化规划中的指标体系

指标体系		
生态市	经济发展	农民年人均纯收入，第三产业占 GDP 比例，单位 GDP 能耗，单位工业增加值新鲜水耗，农业灌溉水有效利用系数，应当实施强制性清洁生产企业通过验收的比例
	生态环境保护	森林覆盖率，高寒区或草原区林草覆盖率，受保护地区占国土面积比例，空气环境质量，水环境质量，近岸海域水环境质量，主要污染物排放强度，集中式饮用水源水质达标率，城市污水集中处理率，工业用水重复率，噪声环境质量，城镇生活垃圾无害化处理率，工业固体废物处置利用率，城镇人均公共绿地面积，环境保护投资占 GDP 的比重
	社会进步	城市化水平，采暖地区集中供热普及率，公众对环境的满意率
宜居城市	社会文明度	政治文明、社会和谐、社区文明、公众参与
	经济富裕度	人均 GDP，城镇居民人均可支配收入，人均财政收入，就业率，第三产业就业人口占就业总人口的比重
	环境优美度	生态环境、气候环境、人文环境、城市景观
	资源承载度	人均可用淡水资源总量，工业用水重复利用率，人均城市用地面积，食品供应安全性，加分、扣分项目
	生活便宜度	城市交通，商业服务，市政设施，教育文化体育设施，绿色开敞空间，城市住房，公共卫生
	公共安全度	生命线工程完好率，城市政府预防、应对自然灾难的设施、机制和预案，城市政府预防、应对人为灾难的机制和预案，城市政府近三年来对公共安全事件的成功处理率
生态园林城市	城市生态环境指标	综合物种指数，本地植物指数，建成区道路广场用地中透水面积的比重，城市热岛效应程度，建成区绿化覆盖率，建成区人均公共绿地，建成区绿地率
	城市生活环境指标	空气污染指数小于等于 100 的天数/年，城市水环境功能区水质达标率，城市管网水水质年综合合格率，环境噪声达标区覆盖率，公众对城市生态环境的满意度
	城市基础设施指标	城市基础设施系统完好率，自来水普及率，城市污水处理率，再生水利用率，生活垃圾无害化处理率，万人拥有病床数，主次干道平均车速
国家新型城镇化规划	城镇化水平	常住人口城镇化率，户籍人口城镇化率
	基本公共服务	农民工随迁子女接受义务教育比例，城镇失业人员、农民工、新成长劳动力免费接受基本职业技能培训覆盖率、城镇常住人口基本养老保险覆盖率、城镇常住人口基本医疗保险覆盖率、城镇常住人口保障性住房覆盖率
	基础设施	百万以上人口城市公共交通占机动化出行比例，城镇公共供水普及率，城市污水处理率，城市生活垃圾无害化处理率，城市家庭宽带接入能力，城市社区综合服务设施覆盖率
	资源环境	人均城市建设用地，城镇可再生能源消费比重，城镇绿色建筑占新建筑比重，城市建成区绿地率，地级以上城市空气质量达到国家标准的比例

资料来源：作者根据相关资料整理。

第四节 述评

在对新型城镇化综合评价的研究进行总结和梳理的过程中发现：第一，总体上目前相关研究依然表现为定性研究多于定量研究的总体特征。第二，在开展新型城镇化的综合测度时，选取评价指标、建立指标体系是进行量化评价的基础。从近年来相关研究成果情况来看，不同的研究者根据各自的研究目标、研究思路选取了不同的指标，建立了不同的指标体系，多样化的指标体系有利于从不同的视角出发进行结构设计，涵盖内容更丰富、重点更突出；但是由于指标选择莫衷一是，导致众多研究成果缺乏可比性。第三，在现有的量化评价成果中，存在量化过程详细而结果分析简化的问题，也就是对指标体系构成、评价模型建立、算法过程介绍这几个步骤都进行了较为深入的讨论，而对评价结果分析以及由此提出的对策建议部分则无论是篇幅还是深度都不足的问题。第四，在模型算法的选择和应用中，使用熵值法、层次分析法、主成分分析法等几种方法的成果占据多数，因此引入其他优化算法，提升城镇化测度水平依然有不少空间。

此外，仍然需要强调的一个问题是指标体系构成思路和指标的选择对于城镇化量化测度具有重要影响。如果在指标体系结构设计和指标的选取中未能符合相应的原则，那么不论下一步模型算法多么精确、优化，得出的评价结果也容易失真。如在分析人口城镇化、产业城镇化等与经济发展等的关系时，有些量化评估得出了不同的结果，如人口城镇化与经济城镇化不相关、产业城镇化与经济增长不相关等。之所以出现这种情况，一方面要考虑是否为不同区域在发展基础、发展特色以及资源禀赋等方面因素的影响，另一方面也要考虑在其指标体系框架设计、相关指标的选取等方面的针对性、可行性和合理性，进而对于最终量化评估结果产生决定性影响。

第四章 新型城镇化协调推进的研究进展

城镇化的发展演进可以说是涉及经济社会发展各领域的重大现实课题，因此对于城镇化的相关研究也是不同领域专家学者关注和思考的热点难点，是从政府到民众都牵涉其中并共同实践的重要问题。党的十六大、十七大提出探索走中国特色城镇化道路，中国城镇化进程进入转型发展的关键阶段。党的十八大明确提出要推进新型城镇化道路探索，十八届三中全会也把城乡一体化体制机制改革创新作为全面深化改革的重要内容，如何探索走出一条中国特色城镇化道路，是推进新型城镇化面临的目标与任务。无论是学界、政府还是民众，都在关注着这个新命题和新探索。本章重点对推进新型城镇化的相关学术研究成果进行综述和梳理，对近几年来国家推进新型城镇化的相关政策演进进行回顾和总结，并选取一些典型区域对不同特点、不同类型的新型城镇化实践探索新模式进行介绍和分析，以期尝试从学术研究视角、国家政策引导和区域实践探索等不同层面，对我国推进新型城镇化的相关情况进行梳理。

第一节 新型城镇化推进路径与策略的研究综述

由于本节的主题是对新型城镇化推进路径与策略的研究综述，而新型城镇化是从 2012 年党的十八大正式提出并展开相关规划和全面推进的，因此本节对相关研究成果的综述重点以新型城镇化为主题，尤其是以 21 世纪以来或是 2010 年之后的相关学术报告为主。

一、学界对新型城镇化推进路径与策略的共识

虽然不同的研究者对于推进新型城镇化的战略思路、发展路径、重点难点等

方面存在一些不同的认识，但是总体来看，在新型城镇化的推进路径与策略方面，有几点是学界的共识。第一，研究者们都公认新型城镇化的核心和主线是以人为本或推进人的城镇化，关注民生民本成为各种城镇化研究的出发点和着眼点，现有研究成果中围绕如何解决城镇化中“人”的问题的相关论述也占据了较大的比例。第二，虽然不同的研究者提出大城市带动战略或是小城镇提升战略等不同思路，但是最终对于应该形成大中小城镇协调发展的总体格局都具有高认可度。第三，对于推进新型城镇化与新型工业化、农业现代化、信息化“四化同步”发展方面的共识，各种研究或是分析“四化同步”的路径及对策，或是分析其中“两化”或是“三化”之间的相互关系，但是都认同推进“四化”同步发展的重要性和必然性。第四，对于全面深化城镇化相关领域改革的共识，随着我国进入全面深化改革的新阶段，要实现新型城镇化的新内涵、新目标、新要求，必然需要经济社会相关领域配套改革来破除各种“瓶颈”制约，对于这一方面的共识也充分反映在新型城镇化相关领域改革思路、改革举措建议的成果数量一直表现出不断增加的趋势上。其中，对于城镇化相关改革关注的焦点主要集中在户籍、土地、金融以及农村改革相关问题上，以土地制度改革为例，众多研究成果从不同角度分析讨论土地制度改革相关问题，仅 2010 年以来在中国知网发表的以土地改革为篇名的文献就有近千篇。许多专家学者发表了相关论述，如厉以宁 2008 年在《论城乡二元体制改革》中分析了农民承包地和宅地基的改革问题，该文被大量引用并引起广泛关注；陈锡文（2014）提出应从三条底线出发来准确把握农村土地制度改革的新部署；郑振源（2014）指出中国土地改革应财税改革先行、开放户籍应按照城市提供公共服务的能力来进行、土地供给要靠市场等五个需要厘清的问题；此外，不少课题组等也就这一问题进行了系统研究，如“中国金融 40 人论坛课题组”发表了《土地制度改革与新型城镇化》以及《加快推进新型城镇化：对若干重大体制改革问题的认识与政策建议》等系列文章。

二、基于对新型城镇化战略路径的不同思路

改革开放以来，中国的城镇化道路走过以发展小城镇为主的阶段，由于之后出现小城镇粗放发展、遍地开花，但是集聚集约发展能力不足，综合实力与承载力都偏低等问题，制约了城镇化水平提升，继而转向提出发展大城市为主的战略，随后由于大城市超速发展，城镇体系结构失衡、“城市病”日益恶化等问题再

次引发对于城镇化推进战略或是路径导向的反思和讨论。此后，城市群发展、大中小城镇体系发展等都成为分析热点。综合来看，在由传统城镇化向新型城镇化转型升级的过程中，不同的研究者对于新型城镇化推进战略提出了不同的思路，其中，主要包括大城市为主体带动战略、中镇模式、小城镇提质模式等。如宋林飞（2014）提出应实施大城市主体带动战略，认为大城市应在新型城镇化进程中通过在农民工市民化、美丽城市建设、克服“城市病”、建立市场机制等方面率先发展，充分发挥大城市的龙头带动、改革创新示范与反哺农村的作用。张永岳等（2014）也认为，在现有布局下仍然要合理地发展大城市，充分发挥大城市的集聚效应和承载力，由此来辐射、带领小城镇的发展。郑风田等（2014）认为，新型城镇化应转变发展路径，重点提高城镇的承载能力，对大城市应结合合理的城市规划治理，充分挖掘发展潜力；对小城镇，则应避免脱离经济实力的盲目扩张，重点提高城镇化质量。汪斌锋等（2014）提出了新型城镇化的“中镇”模式，并从城镇生长逻辑、大都市逆向区域化、集约型城镇化等角度分析了“中镇何以可能”，将这一模式称为在“大”城市论与“小”城镇论之间的“中国城镇化的第三条道路”。但是总的来看，无论是提出大城市带动还是发展中镇或是小城镇，都是对于现阶段推进新型城镇化的首要动力或着力点的讨论，而关于形成以协调、多元为特征的城镇体系格局依然是研究者们的普遍共识。

三、基于农业人口转移路径的不同思路

新型城镇化的核心就是人的城镇化，主体就是农业转移人口的相关问题。因此，在新型城镇化推进路径与策略的相关研究中，有不少都关注农业人口的转移路径。总体上看，从农业转移人口的方向和地理空间来看，转移路径可以分为就地城镇化和异地城镇化两种。随着改革之初东南沿海先发地区迅速崛起，大批农村富余劳动力从中西部地区涌向东部地区，转移路径以密集向东部地区异地转移为主。到了第二代、第三代农民工，农业转移人口市民化问题、农民权益保障问题以及留守老人、留守儿童等各种经济社会问题日益严峻，对于农业人口转移路径的讨论也越来越多。王海峰等（2013）分析了异地城镇化的弊端和就地城镇化的优势，并认为就地城镇化是中国特色城镇化道路的重要形式和推进新型城镇化战略的必然选择。郑新立（2013）认为，多元化的城市化模式将成为中国城市化的主要特色，在提出的三种模式中，京沪穗地区、以省会城市为中心的区域性城

镇化发展都是以城市群形态为主，以县城为中心则应该推进就地城镇化。张国玉（2014）认为，异地城镇化发展至今已经出现了“动力疲劳”进而难以持续，就地城镇化的推进重点是在县、镇层面，并分析了通过行政体制改革和区划调整来促进就地城镇化的相关问题。

四、对新型城镇化发展类型模式的总结

随着城镇化相关研究不断深入，对于城镇化发展类型或发展模式总结的相关文献也越来越多。不同的研究报告基于不同的角度或特征进行模式分类，也由此出现了众多提法。总体上，从城镇化的动力机制、空间模式、发展特色等方面着手进行的类型模式总结居多数。如李强等（2012）从动力机制和空间模式两个视角分析了中国城镇化的六个突出特征，将城镇化分为建立开发区、建设新区和新城、城市扩展、旧城改造、建设中央商务区、乡镇产业化和村庄产业化七种类型，并从主导力量、运作方式、土地供给、推进方式、发生区位、增长方式、规模特征七个方面分析了不同类型城镇化推进模式的不同之处。陈波翀等（2004）将 1996 年以来的城镇化按照动力机制分为三种类型，包括政府和市场共同推动型、新型产业推动型和国际贸易拉动型。房国坤等（2004）分析了 1990~2000 年这一城市化快速发展时期，城市形态的外延扩展和内部重组这两种演变类型。刘进辉等（2014）将我国的城市或城镇类型分为八种，包括产业支撑型、旅游带动型、文化积淀型、交通枢纽型、贸易集散型、矿业集中型、历史遗迹型和政策变迁型，并针对每种类型结合典型区域案例进行了分析。

五、基于发展新趋势的新型城镇化发展导向

应该说，党的十八大以及此后的中央城镇化工作会议、《国家新型城镇化规划（2014~2020 年）》等为新型城镇化明确了核心、主线、方向及重点等路径规划。不少学者也从研究的角度，分别提出了推进新型城镇化的思路或建议。由于相关研究数量众多，本书也仅从其中一部分文献出发，对一些学者在其成果报告中提出的城镇化发展导向问题进行汇总和介绍，如表 4-1 所示。从表中的总结和对比可以发现，在各种不同的提法中，以人为本、提高城镇化质量、城乡一体、可持续发展等均是一致的出发点。同时，在对相关文献进行查阅的过程中，还发现了对于新型城镇化发展新导向的一些新思考，例如立足“四化同步”，对于新型城

镇化与信息化融合发展的思考，建设智慧城市、数字城市、智能城市、无线城市等的对策建议的相关文献不断增加；以人的城镇化为导向，一些研究者提出了对建设幸福城市、和谐城市、包容城市等的思考；以可持续发展为导向，建设低碳城市、绿色城市、美丽城市、生态城市、紧凑城市等一些新的城镇化发展导向开始受到更多关注。这些新的思路和新的提法，以及相关的路径分析或对策建议，体现着目前中国发展进入新阶段后，立足经济社会发展的热点和难点问题，结合全球科技、产业、信息等新一轮革命的影响，对城镇化发展方向、发展路径等的思路延伸和拓展。

表 4-1　不同研究者提出的新型城镇化的发展导向

	城镇化发展导向
仇保兴（2013）	从城市优先发展的城镇化转向城乡互补协调发展的城镇化，从高能耗的城镇化转向低能耗的城镇化，从数量增长型的城镇化转向质量提高型的城镇化，从高环境冲击型的城镇化转向低环境冲击型的城镇化，从放任式机动化相结合的城镇化转向集约式机动化相结合的城镇化，从少数人先富的城镇化转向社会和谐的城镇化
魏后凯、关兴良（2014）	走渐进式、多元化、城乡融合型、集约型、可持续城镇化发展之路
倪鹏飞（2013）	走以人为本、倾斜平坦、产城互动、绿色发展、包容增长、创新驱动、政府引导、本土开放的城镇化道路
丘小维（2014）	城乡破壁、城乡合璧、城乡兼容、天人合一
朱杰堂（2014）	从规模扩展型城镇化转向质量提高，走既城乡有别又协调推进的城镇化道路，建立健全现代城镇体系和产业体系，建设资源节约和环境友好型城镇化，建设社会公平和谐的城镇化，户籍、土地、财税等配套改革是推进新型城镇化的制度保障
徐选国、杨君（2014）	在以人为本理念指导下，从发展理念、发展目标、运作机制、实施路径和制度保障等五个维度推进
魏人民（2013）	统筹城乡，促进城乡协调发展；统筹区域，促进城镇空间布局的合理化；控大促小，促进大中小城镇协调发展；以人为本，促进农民市民化；统筹兼顾，促进“四化同步”协调发展；转变发展方式，促进城镇化持续健康发展；软硬兼施，促进城镇建设软硬件协调发展

第二节　中国新型城镇化的政策演进

如何探索走出一条有中国特色的新型城镇化道路，是 21 世纪以来从重要会议精神到宏观政策导向所共同关注和引导的重要问题。对于中国新型城镇化政策演进脉络的梳理可以从三个角度来分析和理解：一是近几年来领导的重要讲话精神或相关论述；二是相关的重要会议精神；三是新型城镇化相关规划或政策措施。

一、近年来领导重要讲话精神或相关论述

早在 2011 年 9 月，习近平同志在天津调研时就强调，要“推进新型城镇化与新农村建设互动发展、共同提高”。此后，2012 年 3 月 8 日，在参加十二届全国人大一次会议江苏代表团审议时，习近平又进一步指出，“我们现在搞城镇化，不能单兵突进，而是要协同作战，做到工业化和城镇化良性互动、城镇化和农业现代化相互协调”。由此不难看出，推进新型城镇化并不是一个单一的经济社会问题，而是现代化进程中的一个重要构成部分，是走中国特色社会主义道路面临的重大现实难题。国家领导层也深刻认识到推进新型城镇化要协调处理好与工业化、农业现代化等的重要关系，并屡次在座谈或讲话中强调协调推进城镇化的重要意义和重点任务。2012 年 11 月 30 日，在党外人士座谈会上，习近平指出要推动结构调整取得明显进展，在稳定外需的同时努力扩大内需，加大产业结构调整升级力度，稳步推进城镇化健康发展。显然，协调发展、同步发展、健康发展是中国领导人对新型城镇化推进路径的共识，并频繁出现在国家领导人在国际交往中的讲话里。张占仓（2014）提出，“在李克强的思路里，城镇化不仅仅是中国的问题，也是关乎世界的问题”。2012 年 11 月，李克强同志在会见世界银行行长金墉时指出，“13 亿人的现代化和近 10 亿人的城镇化，在人类历史上是没有的，中国这条路走好了，不仅造福中国人民，对世界也是贡献”。同时，李克强还指出，“我们推进城镇化，是要走工业化、信息化、城镇化、农业现代化同步发展的路子”。仅 2012 年，李克强同志就在《求是杂志》、《行政管理改革》和《人民日报》等上发表了《在改革开放进程中深入实施扩大内需战略》、《协调推进城镇化是实现现代化的重大战略选择》和《开启中欧城镇化战略合作新进程》等一系列推进新型城镇化的相关分析和论述，指出“城镇化是中国现代化进程中一个基本问题，是一个大战略、大问题。特别是在国际经济环境发生深刻变化、我国进入中等收入国家行列以及面临经济下行压力的新形势下，我们要按照贯彻落实科学发展观的要求，深入研讨城镇化科学发展的问题，这很有必要，意义重大”。“城镇化是中国经济增长持久的内生动力”，“扩内需的最大潜力在城镇化”。

“四化同步”成为推进新型城镇化、提高城镇化质量的必然路径和现实选择。2013 年 1 月 15 日，李克强同志在国家粮食局科学研究院考察调研时明确了城镇

化的核心和目标，“推进城镇化，核心是人的城镇化，关键是提高城镇化质量，目的是造福百姓和富裕农民”。同时还指出，要走集约、节能、生态的新路子，着力提高内在承载力，不能人为“造城”，要实现产业发展和城镇建设融合，让农民工逐步融入城镇。2013 年 3 月，习近平参加了十二届全国人大一次会议江苏代表团、广西代表团的讨论会，强调要推动城镇化向质量提升转变，推进新型工业化、城镇化、农业现代化协调互动发展，提高发展质量和水平。2013 年 5 月 6 日，李克强在国务院常务会议上提出要围绕提高城镇化质量、推进人的城镇化，研究制定新型城镇化中长期发展规划。2013 年 7 月 9 日，李克强在广西主持召开部分省区经济形势座谈会，强调要推进以人为核心的新型城镇化。2013 年 10 月 7 日，在亚太经合组织工商领导人峰会上，习近平同志在分析中国经济发展动力时指出，“持续进行的新型城镇化，将为数以亿计的中国人从农村走向城市、走向更高水平的生活创造新空间”，而这也将转化为推动中国经济发展的强劲内在动力。

二、重要会议精神

应该说，从党的十六大到党的十七大提出要走中国特色城镇化道路是中国城镇化发展方式转变步伐加快、在国家层面上推进新型城镇化的发端。此后，关于城镇化转型发展、路径规划、重点任务等的论述不断出现。2012 年 11 月 8 日，党的十八大召开，提出了城镇化质量明显提高的战略目标，同时就中国的城镇化问题明确提出，“坚持走中国特色新型工业化、信息化、城镇化、农业现代化道路，推动信息化和工业化深度融合、工业化和城镇化良性互动、城镇化和农业现代化相互协调，促进工业化、信息化、城镇化、农业现代化同步发展”。并在“推进经济结构战略性调整”一节中，明确指出调结构是加快转变经济发展方式的主攻方向，而推进城镇化是着力解决制约经济持续健康发展的重大结构性问题的重点之一。①

2012 年 12 月 15 日，中央经济工作会议提出了六大重要任务，其中一大任务就是要积极稳妥推进城镇化，着力提高城镇化质量。同时，不仅明确了城镇化的重要作用和地位，即城镇化是我国现代化建设的历史任务，也是扩大内需的最

① 十八大报告（全文），http：//www.xj.xinhuanet.com/2012-11/19/c_113722546.htm.

大潜力所在，而且从城镇化的格局、重要任务等方面进行了系统布局，并明确了要走集约、智能、绿色、低碳的新型城镇化道路。习近平同志在中央经济工作会议上的讲话中指出："国际经验表明城镇化是自然的历史进程，如果顺势而为、妥善引导，会成为带动经济发展的持续动力，顺利跨越'中等收入陷阱'；走得不好，也会带来诸多矛盾和问题，患上'城市病'，影响现代化进程。"李克强强调，"城镇化是我国现代化建设面临的历史性任务，也是经济增长和结构调整的重要引擎。走中国特色新型城镇化道路，必须切实提高城镇化质量"。显然，城镇化问题成为此次中央经济工作会议焦点中的焦点。

2013 年 12 月 12~13 日，中央城镇化工作会议在北京召开。《人民日报》社论指出："这是改革开放以来中央召开的第一次城镇化工作会议。这是经济社会发展中的一件大事，是全面深化改革的一项重大举措，在我国现代化进程中具有标志性意义。"① 习近平在会上发表重要讲话，分析城镇化发展形势，明确推进城镇化的指导思想、主要目标、基本原则、重点任务。李克强在讲话中论述了当前城镇化工作的着力点，提出了推进城镇化的具体部署，并做了总结讲话。综合来看，中央城镇化工作会议为推进新型城镇化明确了路线图和时间表。其中，提出了城镇化的首要任务是推进以人为核心的城镇化，提高城镇人口素质和居民生活质量，促进有能力在城镇稳定就业和生活的常住人口有序实现市民化；此次会议围绕"城市怎么建"、"土地怎么管"、"钱从哪里来"这几大问题，提出了推进农业转移人口市民化、提高城镇建设用地利用效率、建立多元可持续的资金保障机制、优化城镇化布局和形态、提高城镇建设水平和加强对城镇化的管理这六大任务；对于新型城镇化的推进方式，会议指出"方向要明，步子要稳，措施要实"；在提高城镇化质量和生态文明建设上，会议强调要"着力推进绿色发展、循环发展、低碳发展"；在农业转移人口落户问题上，会议用全面放开、有序放开、合理确定、严格控制这四种不同类型、不同方式的分类界定，以及坚持自愿、分类、有序，优先解决存量、有序引导增量等思路，对推进农业转移人口市民化这一突出难题提出了解决路径；在破除土地"瓶颈"制约方面，会议强调了严守底线、调整结构、深化改革的核心思路，提出要严控增量，盘活存量，优化结构，提升效率；此外，这次城镇化工作会议还提出了许多新提法、新亮点，如要传承

① 积极稳妥引导城镇化健康发展［N］. 人民日报，2013-12-15.

文化，发展有历史记忆、地域特色、民族特点的美丽城镇；要按照“两横三纵”的城市化战略格局，一张蓝图干到底；用“让居民望得见山、看得见水、记得住乡愁”，以及“慎砍树、不填湖、少拆房”这样通俗形象的描述，分析如何提高城镇建设水平。应该说，这次中央城镇化工作会议是一次具有重大里程碑意义的会议，对于统一思想、凝聚共识，推动城镇化沿着正确方向发展，具有重要的战略意义和指导作用。

2013 年 11 月 12 日，为贯彻落实党的十八大关于全面深化改革的战略部署，十八届中央委员会第三次全体会议研究了全面深化改革的若干重大问题，并在《中共中央关于全面深化改革若干重大问题的决定》中单列一章就健全城乡发展一体化体制机制进行了系统布局，其中对完善城镇健康发展体制机制提出了具体要求。从《决定》中与城镇化相关内容表述来看，有四个方面内容需要重点关注，第一个是“新型”，从十七大提出要走中国特色城镇化道路，到十八大提出要走中国特色新型城镇化道路，增加了“新型”二字，说明了中国在城镇化道路探索上尊重规律、把握规律，立足发展基础和阶段性特征，针对新情况新问题在发展思路和发展路径上与时俱进。第二个是对体制机制创新的强调，与之前的十八大、中央经济工作会议、中央城镇化工作会议对城镇化的发展重点、发展路径、发展对策等进行的论述略有不同的是，十八届三中全会上重点突出了对健全完善城镇化发展体制机制的重视，这一方面是与全面深化改革的要求相呼应，另一方面也是以体制机制创新为突破口，针对现阶段推进新型城镇化面临的深层次矛盾和问题而提出的解决思路和办法。第三个是首次在国家层面上对新型城镇化做了系统完整的表述，即要“坚持走中国特色新型城镇化道路，推进以人为核心的城镇化，推动大中小城市和小城镇协调发展、产业和城镇融合发展，促进城镇化和新农村建设协调推进。优化城市空间结构和管理格局，增强城市综合承载能力”。第四个是没有对推进城镇化单列一章，而是对城乡一体化单列了一章，这也是中央强调要推进“以人为核心的城镇化”这一要求的又一体现。城镇化本身就是农村人口向城镇转移的过程，城镇化与农业现代化紧密相关、互促并进，《决定》明确指出了“城乡二元结构是制约城乡发展一体化的主要障碍”，并对户籍、土地、财税、社会保障、公共服务、社会建设等领域的改革路径进行了描述，保障农村人口进入城市之后的权利，推进农业转移人口市民化进程，让广大农民平等参与现代化进程、共同分享现代化成果，让新型城镇化成为可持续发展的城镇化。

2013 年 12 月 23~24 日，中央农村工作会议在北京召开。城镇化作为城乡一体化发展、破解“三农”难题的综合载体和重要路径，在此次农村工作会议上也成为重点工作之一。会议不仅强调了要积极稳妥、扎实推进城镇化，而且明确了“3 个 1 亿人”的发展目标，即到 2020 年，要解决约 1 亿进城常住的农业转移人口落户城镇、约 1 亿人口的城镇棚户区和城中村改造、约 1 亿人口在中西部地区的城镇化；同时，还提出了以新型城镇化破解农业、农村、农民问题的具体要求，即要推动新型城镇化与农业现代化相辅相成，突出特色，推进新农村建设，努力让广大农民群众过上更好的日子。[①]

三、新型城镇化相关规划或颁布的政策措施

2011 年 2 月 26 日，针对一些地方片面追求城镇化规模速度、一味放宽落户条件、损害群众切身利益等在推进城镇化进程和户籍制度改革方面暴露出来的突出问题，国务院办公厅下发了《关于积极稳妥推进户籍管理制度改革的通知》，用“四个必须”强调了积极稳妥推进户籍管理制度改革的基本原则，即必须立足人口大国的基本国情、必须尊重农民意愿、必须坚持统筹规划、必须坚持分类指导，并制定了分类明确的户口迁移政策。

2013 年 6 月 26 日，在第十二届全国人民代表大会常务委员会第三次会议上，国家发改委主任徐绍史做了《国务院关于城镇化建设工作情况的报告》。报告回顾了近年来围绕城镇化开展的主要工作，分析了我国城镇化在农业转移人口市民化、土地城镇化快于人口城镇化、城镇化空间分布与资源环境承载能力不匹配、“城市病”、体制机制不健全等方面面临的问题，进而提出了促进城镇化健康发展的基本思路，即“要紧紧围绕推动城镇化转型发展，以人口城镇化为核心，以城市群为主体形态，以综合承载能力为支撑，以体制机制创新为保障，促进产业发展、就业转移和人口集聚相统一，走以人为本、集约高效、绿色智能、四化同步的中国特色新型城镇化道路，全面提高城镇化质量”。报告还明确了城镇化健康发展的四大战略重点，包括有序推进农业转移人口市民化、优化城市化布局和形态、提高城市可持续发展能力、推动城乡一体化发展等内容。

① 中央农村工作会议举行　习近平、李克强作重要讲话，http：//www.moa.gov.cn/ztzl/nygzh2013/2013nian/201312/t20131225_3723455.htm.

2014年3月17日，酝酿已久的《国家新型城镇化规划（2014~2020年）》正式发布。《规划》包括八篇三十一章，长达3万多字，对推进新型城镇化进行了系统规划。总体上看，人的城镇化作为主线贯穿始终，同时，《规划》提出了城镇化水平和质量稳步提升、城镇化格局更加优化、城市发展模式科学合理、城市生活和谐宜人、城镇化体制机制不断完善这五大发展目标，以及有序推进农业转移人口市民化、优化城镇化布局和形态、提高城市可持续发展能力、推动城乡发展一体化、改革完善城镇化发展体制机制这五大战略任务。其中，一些新思路、新提法、新要求是今后一个时期内推进新型城镇化的重要路径和依据，尤其值得重视和关注。一是在国家战略规划中明确了中国特色新型城镇化道路的内涵是以人为本、四化同步、优化布局、生态文明、文化传承，与之前对中国特色新型城镇化道路的描述不同的是，提出了优化布局、文化传承等方面的要求，在以人为核心、提高城镇化质量方面的体现更系统、更全面。二是明确了1亿人的发展目标，即要努力实现1亿左右农业转移人口和其他常住人口在城镇落户，是对之前中央农村工作会议提出的“3个1亿人”目标的具体化。三是建立了新型城镇化考核指标体系，该指标体系包括城镇化水平、基本公共服务、基础设施、资源环境共四个分项、18个评价指标，为全面掌握城镇化发展质量和水平、细化监督考核工作提供了量化依据。四是城市群成为一个突出的关键词，《规划》针对东部地区、中西部地区的城市群发展明确了详细的路径规划，并强调要建立城市发展协调机制，促进各类城市协调发展。五是《规划》提出把加快发展中小城市作为优化城镇规模结构的主攻方向，并明确了小城镇发展的三种模式，包括大城市周边的重点镇发展为卫星城模式，具有特色资源、区位优势的小城镇发展为专业特色镇模式，以及远离中心城市的综合性小城镇模式等。六是对城市可持续发展能力进行了界定和规划，在提出要建设和谐宜居、富有特色、充满活力的现代城市后，从强化城市产业就业支撑、优化城市空间结构和管理格局、提升城市基本公共服务水平、提高城市规划建设水平、推动新型城市建设五个方面提出了具体要求。七是从绿色城市、智慧城市、人文城市的角度描绘了新型城市的形态和内涵，对全面提升城市内在品质做出了详细规划。

《中共中央关于全面深化改革若干重大问题的决定》中明确提出要创新人口管理、加快户籍制度改革。2014年7月30日，《国务院关于进一步推进户籍制度改革的意见》正式发布。《意见》中备受关注的是提出了要全面放开建制镇、小城市的落户限制，同时，还对城区人口 50 万~100 万的中等城市如何有序放开落户限制做出了具体规定，对城区人口 100 万~300 万的大城市提出要适度控制落户规模和节奏，对城区人口 500 万以上的特大城市则要求严格控制人口规模，可以通过改进现行落户政策、建立完善积分落户制度来有序推进农业转移人口市民化进程。

2014 年 9 月 16 日，推进新型城镇化建设试点工作座谈会召开。我国地区间发展不平衡，经济社会发展基础或交通、能源、生态等资源条件差异较大，因此无论是党的十八大还是中央城镇化工作会议都提出要因地制宜推进新型城镇化进程。李克强在这次会议上指出，按照因地制宜、分类实施、试点先行的原则，国家在新型城镇化综合试点方案中，确定省、市、县、镇不同层级、东、中、西不同区域共 62 个地方开展试点，并以中小城市和小城镇为重点。新型城镇化建设试点的要求是中央统筹规划、地方为主、综合推进、重点突破，试点的重点包括建立农业转移人口市民化成本分担机制、建立多元化可持续的投融资机制、推进城乡发展一体化、促进绿色低碳发展等改革试点。试点的目的是力争在实践中形成有效推进新型城镇化的体制机制和政策措施，充分发挥改革试点的“先遣队”作用。

第三节　推进新型城镇化的区域探索

2012~2013 年，从党的十八大到十八届三中全会，包括中央经济工作会议、中央城镇化工作会议、中央农村工作会议几大重要会议，都把推进新型城镇化作为重中之重，一系列相关政策措施如《中共中央关于全面深化改革若干重大问题的决定》、《国家新型城镇化规划（2014~2020 年）》、《国务院关于进一步推进户籍制度改革的意见》等陆续发布，新型城镇化建设试点全面展开。国家层面针对新型城镇化的各种部署相继展开，在这一大环境下，各省也将新型城镇化作为发展重点，有研究统计了 2014 年地方“两会”在政府工作报告中对城镇化问题的阐述，有 31 个省、市、自治区的政府工作报告都明确提出对城镇化问题的部署安排，[①]推进新型城镇化的区域探索已经全面展开，各地结合自身发展基础和发展特色，纷纷提出了各具特色的城镇化推进路径或推进目标。本节分东部地区、中部地区、西部地区三个重点发展区域，选取苏州、河南、宁夏作为区域案例，分析在城镇化发展阶段、发展模式、发展路径、发展特色等方面具有不同特点的三个地区在推进新型城镇化进程中的实践探索。

一、东部地区：苏州以城乡发展一体化为特色推进新型城镇化

东部地区是我国经济社会率先发展、率先改革、率先转型的先行区域，也是城镇化发展的先行区域。20 世纪 80 年代改革开放之初，著名社会学家费孝通曾将苏州、无锡、常州等地区的城镇化发展模式总结为苏南模式，这一模式的主要特点是以乡镇企业带动小城镇发展，以小城镇发展推动城镇化进程。经过 30 多年的发展变迁，目前苏州市的城镇化率已经达到 73.15%，比全国平均水平高了 20 个百分点，进入成熟城镇化阶段。同时，在加快发展方式转变、全面深化改革的大背景下，苏州市的城镇化发展道路也表现出许多新情况、新特点。2014 年 3 月，国家发改委正式批复将苏州列为国家城乡发展一体化综合改革试点。以人为核心、城乡统筹、城乡一体成为苏州现阶段推进城镇化、提升发展质量的核心和重点。

（一）苏州推进城乡一体化发展的基础优势

1. 综合实力强为推进城乡一体化提供了强力支撑

在现代化进程中，工业化与城市化相伴而生、互促并进。在城镇化初期阶段，往往表现为粗放式扩张的基本特征，农村为城市提供人力资源支撑和物质基础保障，随着城镇化进程不断推进，带动农业农村发展的现代化水平不断提升。由此不难发现，要实现城乡一体化发展，既需要达到城镇化的一定发展阶段，也需要城镇化与工业化、农业现代化相互之间协调发展的程度达到一定的水平。在分析苏州推进城乡一体化发展的基础优势时，首先就要看到苏州作为改革开放先发区域，综合实力强是苏州能够较好地推进城乡一体化的强有力支撑。2013 年，苏州市的 GDP 总量在全国排名第六，仅次于上海、北京、广州、深圳和天津，不仅如此，在这六个城市中，苏州市的人均 GDP 仅低于深圳市居第二位。另外，

① http：//www.chinacoop.gov.cn/Category_579/Index.aspx.

苏州市还是全国第二大工业城市，工业总量仅低于上海市。从城镇化发展水平来看，苏州市城镇化率已经超过 70%，按照城镇化阶段性特征来划分，苏州处在成熟城镇化阶段。显然，综合实力强、领先的城镇化和工业化进程，这些都使苏州“最有基础、最有条件、最有希望也最有可能”推进城乡一体化发展。

2. 县域经济领先发展为城乡一体化奠定了坚实基础

县域经济起步于农村经济，苏州在 20 世纪 80 年代开始迅速崛起，正是发端于大批乡镇企业抓住了中国改革开放的战略机遇，实现快速发展，为苏州经济社会发展奠定了坚实基础。所以，也有说法认为，苏州强在县域经济。县域经济实力强是推动城乡一体化发展的重要基础，尤其是县域经济在推动农业现代化发展、吸引农村富余劳动力就地转移就业、改善农村面貌等方面更是具有关键性影响。苏州市所辖的昆山、常熟、张家港、太仓、吴江均是全国的县域经济强县，且连年处于领先地位。第十三届全国县域经济百强县排名中，前五名全是江苏省的，而前五名中昆山、张家港、常熟、太仓这四个县都是苏州市的，被称为“超级冠军团队”。[①] 县域经济领先发展，为反哺农业、改善农村、富裕农民，推进城乡一体化发展奠定了坚实基础。

3. 现代农业进程不断加快有力地推动了“三农”难题的破解

发展现代农业是农业现代化的内涵要求，也是支撑新型城镇化、新型工业化发展的必然要求。统筹城乡发展，实现城乡一体化，促进现代农业发展是破解农业、农村、农民问题的根本路径。苏州市小城镇快速发展、实力不断增强的同时，现代农业进程也在不断加快。从农业组织化、规模化、科技化等现代农业具体发展水平来看，目前，苏州正在大力推进“四个百万亩”工程，其中就包括了百万亩优质粮油工程、百万亩高效园艺工程、百万亩特种水产工程、百万亩生态林地工程，“四个百万亩”并不仅仅表示了数量或规模含义，更重要的是可以以此为平台和抓手，提升农业科技水平和农业发展的质量效益。[②] 苏州市现已有 91% 的承包耕地实现了规模经营，与之相呼应的是，苏州农民年人均纯收入连续 10 年实现了两位数增长；2013 年，苏州农民年人均纯收入达到 21578 元；城乡居

① 第十三届全国县域经济与县域基本竞争力百强县，http：//www.china-county.org/zhuanti/xianyu2013/pingjia/baogao12.html.

② “四个百万亩”目标，http：//www.nb.suzhou.gov.cn/newsview.asp？id=2182.

民收入比为 1.91：1，为全国城乡居民收入差距最小的地区之一。苏州现代农业快速发展为实现城乡一体化发展、破解“三农”难题提供了最有说服力的案例。

4. 着力改善生态环境促进了绿色低碳转型发展

苏州被称为“人间天堂”、“鱼米之乡”由来已久。在推进城乡一体化进程中，建设绿色苏州、营造良好的生态环境是苏州的一个重要特色和努力方向。尤其在我国提出要探索走出一条有中国特色的新型城镇化道路，强调集约、智能、绿色、低碳发展的导向下，苏州市生态建设力度持续加大，“美丽镇村”建设促进农村环境面貌整体提升，一批重大生态项目加快实施，并提出要加快推进“四个百万亩”、阳澄湖生态优化、生态园建设、十万亩湿地建设、河道水质提升、东太湖综合整治、吴淞江流域整治、大气清洁、土壤山体修复和垃圾及污泥无害化资源化十大工程，目前全市林地绿化面积达到 203 万亩，陆地森林覆盖率达 27.7%，65%的村实现生活污水集中处理；还提出了到 2016 年陆地森林覆盖率达到 29%以上，自然湿地保护率达到 50%以上等生态建设目标。《城市蓝皮书：中国城市发展报告 No.7》对 2013 年度城市健康发展指数综合排名中，苏州市名列前五名。加快向绿色、低碳发展转型，成为苏州市提升城镇化质量和水平的一个重要特征。

5. 文化传承创新提升了城镇化发展水平

苏州市是中国第一批历史文化名城，苏州园林是苏州城市特色的一个重要符号和代表，一批历史风貌保存完好的古城、古镇、古村既是苏州探索新型城镇化道路的特色和优势，也是苏州彰显文化底蕴、增强文化实力的重要资源。苏州注重对传统历史文化的传承与创新，并与新型城镇化建设、新农村建设相融合，在多种模式的新型乡村建设中提出要建设古村保护型的江南特色新农村，着力使加强保护和开发利用相结合、传统与现代文化相交融，切实做到“让城市融入大自然，让居民望得见山、看得见水、记得住乡愁”。苏州市将深厚的文化底蕴转化为突出的文化优势，并融入城乡一体化发展中，成为苏州城镇化发展软实力和竞争力的重要构成，有效提升了城镇化发展层次和水平。

6. 先行先试实践探索拓展了发展空间

苏州市是全国城镇化发展的典型区域和先行区域，在实践探索创新上一直在全国处于前沿位置。2008 年 9 月，江苏省委省政府批准苏州成为全省唯一的城乡一体化发展综合配套试点区；2014 年 3 月，苏州又成为“国家城乡发展一体化综合改革试点”。先行先试虽然必然面临更多的复杂性、不确定性和挑战性，但是同时也要看到，率先改革、率先发展也给苏州带来了更多更大的政策空间和创新可能。在列为“国家城乡发展一体化综合改革试点”后，国家赋予了苏州市在多个领域、多个层面上的先行先试优惠政策，这将会给苏州带来新的政策红利、改革红利和发展空间、创新空间，对推动苏州市在城乡一体化发展方面的实践创新和改革探索具有重要的促进作用。

（二）苏州推进城乡一体化发展面临的主要问题

1. 土地资源“瓶颈”制约

苏州市面积 8488 平方公里，其中超过 40%都是水域面积，基本农田占地 325 万亩。在城镇化、工业化经过了改革开放以来的快速发展后，城镇建设用地尤其紧张，土地资源“瓶颈”制约已经成为苏州市加快城镇化进程的一个重要问题。

2. 资源环境“瓶颈”制约

苏州市是仅次于上海的全国第二大工业城市，全市 GDP 居江苏省第一位；在产业结构方面，制造业占比最高，超过 50%；人口密度大，苏州市有 630 万户籍人口，同时还有 620 多万外来人口。人口多、体量大、消耗多，苏州市这些发展特征也表明了在节能降耗减排方面面临着更大压力，因此加快推进绿色、低碳的城镇化发展模式，逐步缓解资源环境“瓶颈”制约是苏州市面临的一大挑战。

3. 体制机制“瓶颈”制约

推进城乡一体化进程，建设国家城乡一体化发展综合改革试点，破解体制机制“瓶颈”制约是苏州市面临的一个严峻挑战。要统筹城乡发展，消除二元结构，打造城乡一体化的示范区，最大的难题和最大的制约因素就是体制机制改革，尤其是这一改革涉及户籍、土地、农村、社会管理等经济社会发展的多领域、多层面，且各分项改革之间又具有相互影响、相互制约的复杂关系。因此，在苏州探索城乡一体化发展道路时，如何创新体制机制、如何统筹协调推进各领域改革，是一个重大挑战。

（三）苏州推进城乡一体化发展的思路演进和发展目标

1. 苏州推进城乡一体化的思路演进

改革开放是苏州快速发展、领先发展的一个重要契机，改革之初，苏南农村大批乡镇企业就开始蓬勃兴起，产业集聚、人口集聚带动小城镇迅速成长，“苏南模式”成为城镇化的一种经典类型。与此同时，苏州对外开放起步发展，尤其是21世纪中国加入世界贸易组织后，苏州外贸进入迅猛增长阶段，2008年，苏州的进出口总额占江苏的58%和全国的10%。开放型经济成为苏州经济发展的主引擎，苏州经济实力迅速增强，同时，苏州市的发展环境不断优化、城市面貌不断改善、城市综合承载能力不断提升。随着全球性金融危机来袭，开放拉动为主力的苏州经济遭遇冲击和挑战，进出口大幅下跌，危机倒逼苏州加快经济转型步伐。在此背景下，2009年，苏州提出要建设科学发展的样板区、开放创新的先行区、城乡一体的示范区，成为以现代经济为特征的高端产业城市、生态环境优美的最佳宜居城市、历史文化与现代文明相融的文化旅游城市。随着“三区三城”建设展开，苏州市又相继成为江苏省唯一的城乡一体化发展综合配套改革试点区、国家发改委城乡一体化发展综合配套改革联系点。2010年，苏州市《关于全面推进城乡一体化改革发展的决定》提出要强化“新市镇”理念，加快推进“居住向社区集中，企业向园区集中，土地向规模经营集中”，加快落实“四个百万亩”农业产业空间布局规划，并明确了要坚持把小城镇建设作为城乡一体化改革发展的重要切入点，使小城镇成为新一轮又好又快发展的重要载体。2013年4月，苏州市召开了“城乡一体化改革发展大会”，提出要以全国城乡一体化发展综合配套改革试验区为契机，全面加快城乡一体示范区建设，突出改革创新、“三个集中”、“四个百万亩”、强村富民、生态优先、固本强基六个方面工作，加快农业现代化建设，提升城乡一体化发展水平。2014年，苏州市成为“国家发展改革委城乡发展一体化综合改革试点”，并相继颁布了《关于进一步深化城乡一体化改革的实施意见》和《苏州市城乡发展一体化综合改革试点方案》，以“三个集中”、“三个置换”、“三大合作”、“三大并轨”和“四个百万亩”等重点工作为抓手和着力点，全面提升城乡一体化发展水平，积极探索具有苏州特色的城乡一体化发展新路，推进新型城镇化进程进入新的发展阶段。

2. 发展目标

2014年，苏州市颁布了《关于进一步深化城乡一体化改革的实施意见》和《苏州市城乡发展一体化综合改革试点方案》，进一步明确了苏州推进城乡一体化的具体目标。

城乡一体化发展总体目标：到2015年，苏州城镇化率超过75%，农村新型集体经济总资产达到1800亿元，农民人均纯收入力争达到2.8万元，现代农业发展水平达到 90%；到 2020 年，城镇化率超过 85%，农民人均纯收入达到 4 万元，现代农业发展水平达到 95%，城乡发展一体化基本实现。

城乡空间布局：按照 1 个中心城市、4 个副中心城市、50 个镇，以及 1500 个左右规划保留村庄的要求，形成布局合理、层级分明、职能明确、特色鲜明的镇村体系和城乡空间布局。

现代农业：到 2015 年，高标准农田占比达 75%，农业科技进步贡献率达 70%，现代农业园区建成面积达 100 万亩以上。

（四）苏州推进城乡一体化发展的重点举措

1. 去二元化

所谓城乡一体化发展，通俗的理解就是要实现住在城里和住在村里一个样，从事农业和从事工业、服务业都能合理就业并获得合理收入，从生产方式到生活方式都能实现城与乡一体化发展。在分析苏州市推进城乡一体化发展的重要举措时，之所以没有用“一体化”而是用了“去二元化”，是因为希望通过这一部分阐述来分析在全国长期城乡二元化发展背景下，为去除城乡之间在公共服务、社会保障等方面的差异，苏州市在消除城乡差距、统筹城乡发展等方面的实践探索。近年来，苏州市推行了一系列重大举措，在农村基本养老保险覆盖率达到 99.6%，农村老年居民的基本养老待遇或者养老补贴的覆盖面达到 99.9%的同时，加快推进城乡低保、基本养老保险和医疗保险全面并轨，“三大并轨”使无论从事农业还是从事工业、无论农村户籍还是城镇户籍，在公共服务方面实现均等，农民成为一种职业而不是身份差异的象征。“新村镇”理念下，学校、医院、污水处理厂等配套设施齐全的现代化村镇成为农村人口享受城市生活的新家园，各行政村普设了行政、商超、卫生、文体等多功能的社区服务中心，公共服务均等化得到现实体现。在新农村建设发展的基础上，苏州市还提出了城乡发展规划一体化、统筹资源配置一体化、产业布局一体化、基础设施一体化、公共服务一体化、就业社保一体化、社会管理一体化这“七个一体化”，使推进城乡一体化发展有了工作抓手和着力点，改革试点建设也得到有效推进。

2. 因地制宜

国家提出要因地制宜推进新型城镇化进程，是立足发展实际、尊重发展规律的现实选择。苏州市在推进城乡一体化发展时，切实体现了这一指导思想。在新型城镇化建设方面，苏州市根据不同的资源禀赋、产业基础和生态类型，把各镇区分为区镇合一模式、产业集聚模式、古镇保护模式、现代农业模式、综合开发模式、绿色生态模式六类，其中，以吴江区为试点探索的区镇合一模式，以行政区划调整来打破行政界限、统筹协调区域发展，既能优化资源配置、实现功能互补，又能提高行政效能、提升公共服务水平。[①]苏州针对城乡一体化和改革试点提出了“三形态”，即根据地理位置、产业结构等的不同，将现有行政村分为地处工业及城镇规划区的行政村、工业基础较强人口较多的行政村、地处农业规划区保护区的行政村这三种类型，并对这三种类型分别确定了以发展现代服务业为主，加快融入城市化进程；以发展新型工业为主，实施就地城镇化；以发展现代农业为主，加快推进农业现代化进程，同时推动农业与工业、服务业融合发展。苏州市在提出“三个集中”的同时，也全面考虑到执行过程中的偏差风险，强调了集中居住区规模要适中，农业经营规模要适度，规划保留村庄规模要适宜，这三个“适”，是苏州市在立足实际、统筹协调中推进城乡一体化进程的冷静思考和科学谋划。[②]

3. 集聚集约

分析苏州市推进城乡一体化的发展路径，有几个热词一定会引起注意。比如“三个集中”，也就是按照形成主体功能区的要求，打破行政区域界限，积极推进工业企业向园区集中、农民居住向社区集中、农业用地向规模经营集中。据统计，2012 年苏州市已有 90%的农村工业企业进入工业园，有 88%的承包耕地实现规模经营，有 48%的农户迁入集中居住点。[③]工业企业向园区集中，一方面，在加快发展方式转变和产业结构优化调整中，有利于实施“退二还一”、“退二进三”；另一方面，有利于提升基础设施、公共服务水平，促进产业链式发展，培育优势产业集群。农民居住向社区集中，有利于形成规模经济效应，改善农村社区居住环境，完善配套服务设施，从而提高农村居民生活环境和生活水平。农业用地向规模经营集中，也是发展现代农业、推进农业现代化进程的必然要求，苏州耕地面积有限，一家一户的分散经营不利于提升农业生产效率，农业规模经营可以全面提升农业生产的组织化、科技化、机械化、标准化和市场化水平，既有

① 李万峰，徐枫. 苏州吴江区实施“区镇合一”的实践 [N]. 学习时报，2014-07-28.

② 苏州市统筹城乡发展综合配套改革调研报告，http: //www.china-reform.org/? content_167.html.

③ 2012 年苏州市国民经济和社会发展统计公报，http: //www.sztjj.gov.cn/Info_Detail.asp? id=19944.

利于提高农业生产效率和效益，也是农业生产方式转变的有效路径。

4. 融合发展

城乡一体化发展的内涵包括了融合发展。在苏州市推进城乡一体化发展进程中，融合发展体现在了多个方面，其中包括城乡融合发展，如苏州市以“七个一体化”为改革重点，通过实施土地利用规划、城镇规划、产业发展规划、生态建设规划等的规划合一或规划融合，统筹优化城乡空间布局，推进一体化发展；强化产城融合发展，按照依城促产、以产兴城的思路，促进现代服务业、高新技术产业等新兴产业发展壮大，促进产业优化升级与推进新型城镇化相互融合、互促并进；推进产业融合发展，如以“四个百万亩”工程推动农业向二三产业延伸拓展，“接二连三”、1.5 产业、2.5 产业等新思路、新业态成为苏州市产业升级的新导向，有力地促进了三次产业的融合发展；促进现代农业发展与生态环境建设和保护相融合，坚持“生态、生产、生活”的功能定位，在发展生态农业中实现生态质量和农业农民的经济效益的“多赢”，通过发挥好、利用好农业的生态功能，让农业生产、田园风光与新村镇建设相互融合，打造拥有田园生态美景的新家园。

5. 深化改革

贯穿苏州市推进城乡一体化发展进程的就是在深化改革创新上的不断实践探索。推进新型城镇化面临的一个突出问题就是如何推进农村土地管理制度改革、如何维护农民土地权益。苏州市以“三个置换”推进土地制度改革探索，即“集体资产所有权、分配权置换社区股份合作社股权；土地承包权、经营权通过征地换保障，或入股换股权；宅基地使用权可参照拆迁或预拆迁办法置换城镇住房，或进行货币置换，或置换二三产业用房，或置换置业股份合作社股权”。以换股、换保、换房为核心内容的“三个置换”促进了农民财产性收入的增加，与此同时，按照“资源资产化、资产资本化、资本股份化”的改革思路，苏州还大力发展农民专业合作社、土地股份合作社和社区股份合作社这“三大合作”，“三个置换”与“三大合作”成为相辅相成的配套改革措施，由此形成“家家有资本、户户成股东、村村有物业、年年有分红”的新格局，进而使苏州农民真正成为城镇化发展的受益者。实现城乡一体化发展现实呼声最高的是提高公共服务均等化水平，苏州市以“三大并轨”推进社会保障和公共服务领域的体制机制创新，率先实现了城乡之间在低保、基本养老、医疗保险这三个方面的一体化，成为消除城乡二元结构的关键举措。

二、中部地区：河南以新型城镇化引领“三化”协调、“四化”同步

河南从现代化初期阶段以强农兴工为主要任务，选择以工业化主导发展，到新时期新阶段城镇化滞后成为各种矛盾的聚焦点和突破口，选择以新型城镇化引领“三化”协调、“四化”同步发展，是河南在实践探索中发展思路的持续提升和不断创新，是“谋河南的事，解发展的题”的有益探索，是保持河南经济社会持续发展的现实选择，更是实现“四化”同步发展的内在要求。坚持新型城镇化引领，就是以新型城镇化为突破口和着力点，通过城镇规模扩大和功能完善，带动产业集聚和人口集聚，从而推动新型城镇化、新型工业化和新型农业现代化协调发展。

（一）河南以新型城镇化为引领的思路演进

20 世纪 90 年代初，随着邓小平南方谈话和党的十四大胜利召开，新一轮解放思想在全国范围内展开，区域经济进入新的快速发展期。河南站在经济转型的关键时刻，既受到沿海地区快速工业化的冲击诱惑，又面临作为传统农业大省同时还是工业小省、财政穷省的发展困惑，如何在不牺牲农业的同时发展工业，走上富民强省之路，成为摆在河南人民面前的严峻挑战，寻求破题之策、谋划协调之路由此展开。

“八五”开局，河南围绕“一高一低”的发展目标，提出“工业、农业两篇文章一起做”和“两道难题（工业化缓慢、农民增收困难）一起解”，制定了“以农兴工、以工促农、农工互动、协调发展”的发展战略。促进工农业协调发展的序幕拉开后，河南城镇化发展也开始了积极探索。1994 年，以郑州为核心的 15 个城市按照建设都会带城市体系的指导方针，启动了中原城市群开放战略研究。此后，河南在“三化”协调之路上思路日益明确、战略不断丰富。2003 年，在《河南省全面建设小康社会规划纲要》中首次全面而系统地阐述了河南“三化”发展战略：“加快工业化、城镇化，推进农业现代化是河南全面建设小康社会的基本途径，也是从根本上解决‘三农’问题的必由之路；要坚持以工业化为主导，以城镇化为支撑，以推进农业现代化为基础，统筹城乡经济社会协调发展。”2006 年，省委八次党代会明确了要坚持以工促农、以城带乡和多予少取放活的方针，大力推进新农村建设，把“农业先进、工业发达”纳入中原崛起总目标和建设新河南的总蓝图，以工业化为主导，在强工兴农的道路上迈出了新步

伐。2011 年 9 月，《国务院关于支持河南省加快建设中原经济区的指导意见》出台，标志着建设中原经济区正式上升为国家战略，如何探索走出一条不以牺牲农业和粮食、生态和环境为代价的新型城镇化、新型工业化、新型农业现代化“三化”协调、科学发展的路子，成为中央的嘱托、人民的期望、全省的承诺。2011 年 10 月，省委九次党代会进一步明确，要走好“两不三新”这条路子，必须充分发挥新型城镇化的引领作用、新型工业化的主导作用、新型农业现代化的基础作用。

（二）发挥新型城镇化引领作用的重要意义

1. 破解城镇化滞后这一突出矛盾的现实要求

以新型城镇化为引领，是河南经济社会发展“倒逼”的必然选择。从河南所处的发展阶段来看，当前，河南人均 GDP 已接近 4000 美元，按照国际通行标准，河南已经进入工业化、城镇化加速推进时期，城镇化将取代工业化成为经济发展的主导力量，然而目前河南城镇化率仅为 40.57%，与当人均 GDP 超过 3000 美元，相应的城镇化率应为 55%左右的国际标准相比，还滞后近 15 个百分点，与同期全国平均水平相比，也滞后近 11 个百分点，可见城镇化水平偏低已成为制约河南经济社会发展的主要障碍。从城镇化与工业化和农业现代化的互动互促关系来看，2010 年，河南工业化率为 51.8%，高于全国平均水平 11.7 个百分点，而同期城镇化率为 38.8%，落后全国平均水平 11.15 个百分点，城镇化发展明显滞后于工业化发展，难以为传统工业化向新型工业化的演进积累规模效应、集聚效应，难以形成创新、人才、信息等高端要素流动平台，也难以为实现农业规模经营以及农业机械化、电气化、信息化等农业现代化发展需求提供支撑。从加快推进转型升级来看，依据产业发展的普遍规律，一个地区第三产业占 GDP 的比重与城镇化率正相关，即城镇化率越高，第三产业的比重和发展水平就越高。2010 年，河南第三产业在生产总值中的比重为 28.6%，低于全国平均水平 14.4 个百分点，主要原因就是城镇化水平低，难以推动服务业发展，进而制约消费升级，阻碍内需增长，影响经济增长向消费、投资、出口协调拉动转变。综合河南发展实际来看，城镇化水平低已经成为河南经济社会发展的突出“短板”和各种矛盾的聚焦点，以新型城镇化引领“三化”协调发展正是河南选准突破点和着力点，破解城镇化滞后这一突出矛盾的现实选择。

2. 城镇化发展创新思路、转变模式的战略突破

河南要走的新型城镇化路子着重在思路上统筹，发展上一体，作用上互动，要素上集约。其“新型”所在，表现在基本特征上，是以城乡统筹、城乡一体、产城互动、节约集约、生态宜居、和谐发展为特征的新型城镇化；表现在模式构成上，是由国家区域性中心城市、省域中心城市、中小城市、中心镇组成的新型城镇体系；表现在人口转移路径上，是以涵盖大中小城镇、延及整个农村的多维转移路径替代了农民进城这一单一转移路径；表现在产城互动上，是依城促产、以产兴城、产城融合的联动发展；表现在功能定位上，是全国区域性中心城市郑州作为龙头和重心，以省域中心城市发挥辐射带动作用，以中小城市发挥承载承接作用，以中心镇形成重要节点的协调互动分工格局；表现在城市形态上，是以内涵式、紧凑型、生态化、可持续为方向的新型城市发展形态。正是这些在城镇化发展思路、发展模式上的创新，决定了新型城镇化在“三化”协调中的战略性、全局性、关键性意义与作用。

3. 破解现实难题的必然选择

以新型城镇化引领“三化”协调发展，是基于对河南当前发展阶段和基本省情的深刻认识与科学把握，为破解发展难题、实现协调推进而做出的必然选择。只有强化新型城镇化引领，才能进一步完善城镇功能，优化发展环境，促进企业集中、要素集聚，形成集群优势、降低交易成本，进而吸引更多的投资、项目进得来、留得住、发展快、带动强，解决“钱从哪里来”的问题；才能有效破解中原地区在城镇化水平长期滞后的情况下，现有城市承接吸纳能力远不能满足大量农村人口加快转移需求的现实难题，以新型城镇体系建设为人口转移提供多元选择和更大容量，让广大农民可以不必离土又离乡就能安居又乐业，解决“人往哪里去”的问题；才能不断优化城市布局和形态，避免“城市”摊大饼式的无序蔓延，同时推动农村土地挖潜、整治、复耕，更好地促进城乡土地资源集约节约利用，解决“土地哪里来”的问题；才能以社区化发展促进耕地流转，促进农业提升规模化、组织化、标准化、现代化水平，在耕地不减少的同时提高农业生产效率和综合生产能力，解决“粮食怎么保”的问题；才能通过要素集约利用、功能集合构建、服务整体提升，不断完善城乡基础设施和公共服务设施，让农村居民不出家门就能过上城市生活，解决“民生怎么办”的问题。

4. 推进“三化”协调、“四化”同步发展的必然

河南作为新兴工业大省，工业增加值连年位居全国第五位、中西部第一位。2011 年，河南三次产业比例为 12.9 : 58.2 : 28.9，第二产业比全国平均水平高 17.2 个百分点。从产业结构演进状况来看，河南正处于工业化中期阶段，加快推进工业化进程，以新型工业化为主导仍然是富民强省，实现中原崛起、河南振兴的必然选择。但同时也要看到，在工业化的初期阶段，河南工业虽然实现了由小到大的快速发展，但主要是建立在劳动力和资源成本优势的基础上，能源、原材料等上游产业比重大，高加工度、高科技含量、高附加值的产业发展不足。要想在迈进工业化中期阶段后实现负重爬坡、持续发展，就必须实现从劳动密集型、资源密集型向资本密集型、技术密集型和知识密集型的转型升级。而要实现这一目标，就必须借助城镇发展环境优化、综合功能完善，吸引和壮大一批能够带动产业升级的龙头项目和骨干企业；就必须发挥城镇集中、集聚、集约效应，吸引和集聚大批科技要素，为产业转型升级提供必要的创新支撑与人才支撑；就必须依托城镇发展信息、物流、金融等现代服务业，加快新型工业化进程。显然，脱离了新型城镇化的引领作用，新型工业化的主导作用也就无从谈起，应该说，两者是互促共进、并行不悖的关系。

然而现实的情况是，河南的城镇化明显滞后于工业化，2010 年，河南二三产业劳动力就业比重达到 55.1%，虽然这一比重要低于全国平均水平 8.2 个百分点，但依然比同期城镇化水平高了 16.3 个百分点，而城镇化滞后就难以为传统工业化向新型工业化演进积累规模效应和集聚效应，难以为新型工业化发展提供创新、人才、信息等高端要素集聚平台，也难以为农业规模经营及农业机械化、专业化、标准化和信息化等农业现代化发展提供有效支撑。因此，在新的形势下，走新型城镇化引领之路，既是河南对“三化”协调演进关系的准确把握，也是遵循经济发展客观规律的必然选择。

（三）新型城镇化引领“三化”协调、“四化”同步发展的目标

1. 消除城乡二元结构

立足强化新型城镇化在“三化”协调中的引领作用，勇于先行先试，着力激发体制机制活力，积极稳妥地推进户籍管理制度改革，逐步推行城乡一体的户籍管理制度，建立完善土地、住房、社保、就业、教育、卫生支撑保障机制，消除城乡二元结构、统筹城乡发展。

(1) 户籍制度改革。探索建立城乡统一的户籍制度，调动农民的积极性和主动性，切实维护进城农民合法权益，努力创造良好的生产生活环境，探索建立农村人口向城镇就地就近有序转移机制，鼓励和支持符合条件的农民进城落户。

(2) 农村土地管理制度改革。建立完善进城落户农民农村土地处置机制，逐步建立城乡统一的土地市场，改革和完善土地征用制度，确保农民在土地增值中的收益权。在严格执行土地利用总体规划和土地整治规划的基础上，探索开展城乡之间、地区之间人地挂钩政策试点，实行城镇建设用地增加规模与吸纳农村人口进入城市定居规模挂钩、城市化地区建设用地增加规模与吸纳外来人口进入城市定居规模挂钩，破解人地矛盾。

(3) 建立完善住房、社保、就业、教育、卫生保障。建立完善进城落户农民就业保障，确保进城务工人员及被征地农民在城镇实现稳定就业。建立完善进城落户农民住房保障，根据实际情况分别纳入购买经济适用房或廉租住房和公共租赁住房保障范围。建立完善义务教育保障，合理配置公共教育资源，改善农村义务教育学校办学条件，保障进城务工农民随迁子女接受义务教育。建立完善医疗保障，提高城镇居民基本医疗保险、新型农村合作医疗制度的筹资标准，扩大医疗保险覆盖面，保障进城务工人员分类别纳入城镇职工基本医疗保险或城镇居民基本医疗保险。

2. 实现城乡融合发展

(1) 城乡规划相互衔接。充分发挥规划在统筹城乡发展中的调控引导作用，建立健全省域城镇体系规划、城市总体规划、控制性详细规划和村镇规划等覆盖城乡的规划体系，使城市和农村的规划无缝对接。把新型农村社区建设纳入城镇体系规划，加强规划引导，科学确定新型农村社区布局和规模，将城镇设施向农村延伸，按照城市社区建设理念，统筹推进新型农村社区基础设施建设。

(2) 城乡产业融合发展。以新型城镇化发展带动产业转型升级，构建与五级城镇体系相适应的现代产业体系，与推动新型农村社区建设同步推动农业产业化进程，促进农业规模化经营，因地制宜发展高效农业、劳动密集型加工业等特色产业，加速要素集聚，促进三次产业协调发展。

(3) 城乡要素自由流动。把新型城镇化作为统筹城乡经济社会协调发展的根本途径，立足城乡统筹、城乡一体，推动城乡之间人才、资金、信息、技术等资源合理流动和优化配置，实现城乡优势互补、利益共赢、融合发展。实现城乡要素和产品市场一体化，建立城乡统一的金融、技术、产权和劳动力市场，提高利用市场优化配置资源的能力和水平。

（4）城乡设施一体构建。推动城乡基础设施和公共服务设施一体化规划、一体化建设、一体化发展，提升综合服务水平。实现交通一体，加快推动城际轨道交通网拓展延伸，提升农村公路等级，实现城乡之间的高效连接。实现服务共享，提升电子化、数字化、网络化水平，形成综合统一的电力、邮政、信息等方便快捷的综合管理服务体系。实现生态共建，统筹生态廊道、水系与环保、绿化的设施及布局建设，改善城乡人居环境质量。

3. 推动公共服务均等化

切实提高城乡基本公共服务水平，全面推进基本公共服务均等化，缩小区域和城乡发展差距、促进社会公平公正、维护社会和谐安定、确保人民共享发展成果。到 2015 年，在全面实施城乡免费义务教育、不断完善国民教育体系、实现基本医疗保障制度全覆盖、建成城乡基层医疗卫生服务体系等的基础上，实现县县有文化馆图书馆、乡乡有综合文化站，城镇公共博物馆、纪念馆、科技馆等公共文化设施逐步向社会免费开放，失业、医疗、养老等基本保险覆盖面不断扩大等。同时，把新型农村社区作为城乡基本公共服务均等化的载体，加大各级政府投入，按照城市社区建设理念，完善配套设施，实现“六通六有两集中”，“六通”即通四级公路、客运、自来水、电、有线电视、宽带；“六有”即有社区综合服务中心、标准化卫生室、连锁超市、文化活动室、公共活动场所、幼儿园（5000 人以上的配建小学）；“两集中”指垃圾集中收集、污水集中处理。完善“村收集、乡运输、县处理”的垃圾收运系统；支持具备条件的新型农村社区实现与城镇污水处理厂官网对接，进行污水集中处理；远离城镇的新型农村社区，因地制宜选择投资成本小、运行费用低、处理效果好的污水处理技术，建设污水处理设施；鼓励新型农村社区结合规模化养殖场建设，配套建设大中型沼气工程，实现集中供气。

（四）新型城镇化引领“三化”协调发展的着力点

1. 加快构建现代城镇体系，促进协调互动发展

坚持新型城镇化引领“三化”协调发展，就要着力构建符合河南实际的新型城镇体系。着力增强郑州的龙头作用和重心作用，按照全域城镇化理念，着力打造以现代业态为主的商业高地和商业核心区、内陆改革开放新高地和全球重要的

航空货运集散重心，全面推进郑州都市区建设，提升郑州的全国区域性中心城市地位。着力增强省域中心城市的辐射带动作用，推动中心城市组团式发展，统筹推进老城区改造和城市复合型新区建设，增强中心城市以大带小、以城带乡的主导作用。着力增强县城的承载承接作用，按照现代城市的理念和标准，提高县城规划建设水平，形成产业集聚区、县城新城区和旧城区“三位一体”发展格局，增强承载承接中心城市辐射和带动农村发展的能力。着力增强小城镇的重要节点作用，坚持分类指导、合理布局、适度发展原则，因地制宜地发展特色产业，积极探索交通导向开发模式，实施扩权强镇试点，提升服务农业农村发展的能力。着力加强城镇体系内部的相互衔接、功能互补和优势互补，推动城镇化发展由单独发展走向体系化整体发展，推进协调发展。着力构建聚散功能传导机制，促进经济、科技、人才、信息、教育、文化、卫生等高端要素的集聚和扩散，形成要素合理流动和优化配置的城镇化空间格局和多元化城镇体系。积极稳妥发展小城市、小城镇，强化与大城市的对接，避免在专业分工和产业培育上的雷同，形成体系内部优势互补的良性互动关系。

2. 加快构建现代产业体系，促进产城融合发展

加快构建现代产业体系，推进新型城镇化发展与加快产业结构调整互促共进。着力完善城镇功能，促进要素集聚，积极推动依城促产、以产兴城。充分发挥郑州、洛阳等特大中心城市高端要素集聚、科技创新等优势，着力形成以服务业为主导、高端制造业为支撑的产业结构。推动其他中心城市培育壮大主导产业，加快传统产业转型升级，提升城市产业能级。发挥中小城市和小城镇要素成本优势，积极承接产业转移，因地制宜发展劳动密集型产业和特色产业集群。推动资源型城市和老工业基地改造提升传统产业，培育壮大新兴产业，扩大服务业规模，增强城市综合竞争力。

3. 加强载体平台建设，推动发展方式转变

加强载体平台建设，把产业集聚区、城市新区、特色商务区等打造成为产业优化升级、转变发展方式的重要载体。着力加快城市新区规划建设，培育一批千亿级产业基地，形成中心城市现代产业发展高地。提升城市组团发展水平，大力发展与中心城区主导产业分工协作的关联配套产业，形成中心城市空间拓展的重要功能区。深入推进产业集聚区建设，突出抓好主导产业培育，加快形成一批特色产业集群，成为承接产业转移的主平台、县域经济发展的增长极。加快产业集

聚区基础设施和结构调整项目建设，提升对城市产业、人口、环境的承载功能，推动企业向园区集中、园区向城镇集中、劳动力向城镇转移。结合新城建设和老城改造，大力发展商务中心区和特色商业区，努力打造高端服务业集聚区、城区经济增长中心、区域发展服务中心和展示城市形象的窗口。

（五）新型城镇化引领应注意的几个问题

1. 市场运作与政府引导

河南的城镇化对象是4.7万个村庄和5000万农民，不仅要在基础弱、底子薄的情况下加速城镇化步伐，还要走出以新型城镇化引领“三化”协调的科学发展之路，其形势之紧迫、任务之艰巨前所未有。要打破二元分割，让广大农民不必离土又离乡就能安居乐业，从而探索出第三条城市化道路，其动力活力来自农民、市民和政府、市场这多方主体的协同与联动。既不能全靠国家，也不能不靠国家；既不能全盘市场经济，也不能脱离市场经济。尤其是在城乡一体、统筹协调的过程中，面临道路通信、供水供能、排污减污以及公共服务的巨大缺口，这些大规模的基础设施建设需要政府的引导扶持；土地政策、户籍政策、产权政策以及管理体制的方方面面，其深层次的政策体制创新需要政府的全局谋划。依靠政府引导的同时，还要敢用、善用市场之力来挖掘并激活城乡统筹、一体化发展过程中的土地、资金、人力等要素资源，运用市场化手段提高资产运营质量，推动资源共享、优化配置和集约高效利用，进而为新型城镇化提供物质基础和发展动力。

2. 顶层设计与区域创新

要从认清河南现阶段发展面临的实际困难和“瓶颈”制约出发，应对新问题、新现象、新矛盾，避免零散的、局部的改革发展造成的高成本、低效率，就必然要求做好顶层设计，进而统一思想、明确目标、凝聚合力，促进中原崛起、河南振兴按照“两不三新”的发展模式快速推进，这样才能持续探索走出一条以新型城镇化为引领的“三化”协调科学发展之路。与此同时，需要注意的是，顶层设计绝不是“一个模子一刀切”，而是统筹谋划，提供新思路、新格局，并在这一改革方略下鼓励上下互动、扬长避短、因地制宜、基层创新，在各地区不同的产业基础、人口禀赋、城乡布局、生态环境、文化底蕴以及综合实力条件下，允许在城镇规模、城镇特色、体制机制、发展动力等方面的多元化创新，从而走出符合区域发展实际的特色新型城镇化道路。

3. 规模扩张与内涵提升

新型城镇化引领“三化”协调发展，要的是在功能提升、布局优化基础上的城镇规模扩张，要的是在城镇化质与量协同提升拉动下的引领，绝不是拆旧建新的再折腾，更不是一拥而上的大呼隆。以新型城镇化为引领，新在不仅仅是城镇体系建设有了新的延伸，人口转移路径有了新的拓展，城镇在人口规模上、地理空间上获得了量的规模扩张，进而引领、带动产业集聚发展、产业结构优化以及加速推动农业现代化进程；更根本、更核心的是城市农村之间、城镇体系内部，以新型五级城镇化体系为平台载体，以新型农村社区建设为战略基点，通过要素集约利用、功能集合构建、服务整体提升、产城融合发展，以结构合理、功能完善、管理先进、关系协调为目标，实现在土地不少反多、粮食不减反增、环境不坏反好的前提下，破解中原地区在城镇化水平长期滞后情况下，现有城市承接吸纳能力远不能满足大量农村人口加快转移需求的现实难题，尤其是要通过规模扩张与内涵提升相结合的新型城镇化，让超过60%的农村人口真正能够与城镇居民一起，融入生产方式、生活方式和文化文明从传统到新型、从落后到现代的变迁当中，共享改革发展成果。

4. 重点突破与整体推动

探索新型城镇化引领“三化”协调科学发展之路，一方面，要靠抓住关键点，选准突破口，以产业发展有一定基础、经济实力能有效保障、农民群众的收入水平和生活水平有明显提高、对改善居住条件和生活环境已经有了较强的自发要求的市县、乡镇为重点区域，大胆尝试、底层突破，使一部分先行区域在城镇化水平迅速提升的同时推动农村面貌迅速改善、城乡差距迅速减小；另一方面，要使重点突破与整体推动相结合，充分发挥新型城镇化引领“三化”协调试验区、示范区的事实说服和示范带动作用，让人民群众看到走这条路子不仅城市更开放、更高效，辐射带动功能明显增强，而且农民真的可以不出家门就能过上城市生活，不离土离乡就能进厂就业，从而提升广大人民群众的支持度和认可度，激发各地的积极性和主动性，形成新型城镇化引领“三化”协调科学发展的新态势。

5. 先行先试与有序推进

“古老的中原大地掀起并经历着一场前所未有的历史大跨越”，这第三条城市化道路探索正面临着深化改革、深度攻坚所带来的前所未有的挑战和考验，任何急功近利、脱离群众的冒进、偏差都容易引发社会矛盾，造成资源破坏、财富流失、发展受阻。在实践推进中，既要先行先试、创新开拓，又要顺应人心所向、大势所趋；既要统一思路、全局推动，又要坚持因地制宜、分类指导；既要有胆有识、突破发展，又要避免跟风行为、短视行为。必须牢牢把握住以人为本这个根本点和出发点，既有先行先试，又有稳扎稳打，走以促和谐、可持续为根本的多元化、渐进式、集约型的新型城镇化道路，着重完善指导全局的工作机制和规划方案，形成各有侧重的推进策略，根据不同区域的发展特点和资源禀赋，科学把握城镇化推进的速度和节奏，积极探索新型城镇化引领建设和发展的有效模式，从而确保新型城镇化引领下的“两不三新”路径探索有序推进、稳步前行。

三、西部地区：宁夏以城市规划建设推进新型城镇化

宁夏回族自治区是西部地区的一个民族大省，目前正处在城镇化快速推进阶段，近年来城镇化率高于西部地区平均水平，但是低于全国平均水平。21 世纪以来，宁夏在推进城镇化的进程中，以培育沿黄城市带为重点，以打造大银川都市区为引领，着力优化城镇布局，促进大中小城镇梯次发展，积极推动城市群发展壮大。21 世纪第二个十年，宁夏提出要作为一个大城市来规划建设的新思路，并在城镇规划体系完善、生态移民以及交通基础设施、扩大开放等方面进行了一些新的探索。

（一）宁夏推进城镇化的思路演进

2002 年 6 月，宁夏回族自治区第九次党代会提出了要加快工业化、城市化、信息化、市场化、国际化进程，以信息化带动工业化，以城市化推动现代化。在加快“五化”进程中，尤其强调了要推进特色城市化，并提出了适度超前、合理布局、重点突出、梯度推进的城市化方针，加快沿黄城市带建设步伐；要发挥信息化的倍增器作用，以信息化提升工业化、城市化水平，利用信息技术改造传统产业。2002 年 9 月，自治区党委九届二次全会提出了实施中心城市带动战略，做大、做强、做美银川市，着力打造“两翼三区一市”的“大银川”，全面提升银川市的辐射带动能力，大力推进城市化进程。2006 年 10 月，自治区党委九届十四次全会提出按照“以人为本、协调统筹、和谐永续”的要求，建设沿黄城市带，打造“黄河金岸”。也就是要利用宁夏在沿黄地带分布的银川、石嘴山、吴忠、中卫四个地级市，以及平罗、青铜峡、灵武、贺兰、永宁、中宁六个建制

镇，加强交通基础设施建设，形成联通城市群之间的高效便捷交通走廊，把这十个市打造成为集聚发展、联动发展、优势突出的沿黄城市群。并提出了到 2020 年，沿黄城市带的人口达到 500 万，城市化率达到 75%以上的发展目标。2009 年，宁夏提出要通过打造以生命保障线、抢险交通线、经济命脉线、特色城市线、生态景观线、黄河文化展示线为核心的“六大功能线”，加快实现“六个一体化”，把沿黄城市带建成西部最具潜力、最有特色、最富魅力、最适宜人居和创业的精品城市带。

2011 年 4 月，自治区启动实施宁南区域中心城市和大县城建设，统筹山川、城乡发展，加快宁南地区建设。2012 年 6 月，自治区第十一次党代会确立了“把宁夏作为一个大城市来规划建设”的城镇化理念，通过加快沿黄城市带建设，进一步强化银川作为区域中心城市的龙头带动作用，完善石嘴山、吴忠、中卫等沿黄骨干城市功能，努力形成西部重要的城市群。2014 年 2 月 28 日，宁夏召开了新型城镇化工作会议，总结近年来的城镇化工作，并讨论了《宁夏空间发展战略规划》。该《规划》明确了要构建“一主三副、核心带动，两带两轴、统筹城乡，山河为脉、保护生态”的城镇化总体空间格局，形成“都市区、副中心城市、县城、中心镇、一般镇、中心村”级配合理的城镇体系，力争走出一条符合宁夏实际的新型城镇化道路。2014 年 8 月，宁夏出台了《关于加快推进新型城镇化的意见》，并明确了城镇化发展目标，即到 2020 年，宁夏作为一个城市规划建设的格局初步建立，宁夏回族自治区城镇常住人口达到 430 万人左右，常住人口城镇化率达到 60%左右，户籍人口城镇化率达到 52%左右。

（二）宁夏推进新型城镇化面临的主要问题

1. 城镇化的落后性、滞后性特征突出

宁夏作为西部地区发展中的民族大省，城镇化总体发展水平不高。从城镇化率来看，2013 年宁夏城镇化率达到 52%，虽然高于西部地区平均水平，但比同期全国平均水平依然低了 1.7 个百分点。从发展的阶段性特征来看，根据国际经验，当一个国家或地区的人均 GDP 超过 3000 美元时，其城市化率应达到 50%~55%左右。2009 年宁夏的人均 GDP 就已经超过 3000 美元，但到 2012 年宁夏的城镇化率才超过 50%，城镇化发展滞后于经济社会发展。与工业化进程相比，宁夏的城镇化发展明显滞后于工业化发展，近年来城镇化率增长速度明显低于非农产业增加值增长速度。城镇化发展滞后，成为制约宁夏现代化进程的一个重要因素。

2. 城镇发展的小、散特征突出

宁夏的城镇体系构成不合理，从“一主三副”的城镇体系核心区发展情况来看，首府银川市作为全区最大的城市，2012 年人口为 92.29 万人，石嘴山市、吴忠市、中卫市、固原市、中宁县城、青铜峡市的市区人口分别达到 36.98 万人、18.33 万人、18.30 万人、15.30 万人、13.65 万人和 11.85 万人。按照 50 万~100 万人口为中等城市，100 万~300 万为大城市的标准划分，全区内无论是大城市还是中等城市都存在数量偏少的突出问题，没有特大城市，小城市也普遍偏小，未能形成大中小城镇协调联动发展格局，同时城镇规模偏小也使得总体实力偏弱，进而导致集聚吸引能力不足，也就是进而导致吸纳转移人口、集聚资金技术等资源、推动产业发展等方面的弱势问题。

3. 生态环境的复杂性、脆弱性特征突出

宁夏地处干旱半干旱地区，生态环境脆弱，水土流失、土地沙漠化、天然草场退化、引黄灌区耕地盐渍化等问题突出。近年来，宁夏治理水土流失面积已经达到 1.7 万平方公里，这一方面说明了宁夏治理水土流失的工作力度和工作成效，另一方面也充分体现了宁夏水土流失问题的严重性。尤其随着城镇化、工业化快速发展，打造西部生态安全屏障、守住耕地红线、如何推进生态补偿与生态修复，加快解决与土地集约节约利用之间的问题、与资源集约高效利用之间的问题、与生态环境保护之间的问题等均面临较大挑战。

4. 绿色低碳转型发展的问题

宁夏作为“塞上江南”，天蓝、地绿、水净是宁夏的突出优势，但是宁夏拥有以煤炭为主的高碳化的资源禀赋，煤化工、盐化工等特色主导产业都是高碳产业，产业发展、资源利用与生态环境保护之间形成两难矛盾。随着宁夏进入城镇化、工业化加快发展阶段，资源环境“瓶颈”制约日益凸显，如何推进绿色发展、低碳发展、可持续发展，加快产业结构优化升级步伐，以节能降耗减排作为产业可持续发展的关键路径，统筹协调产业发展与城镇化发展之间的关系成为现实挑战。

（三）宁夏推进新型城镇化的总体思路和目标

以《宁夏空间发展战略规划》和《关于加快推进新型城镇化的意见》为核心，宁夏回族自治区明确了推进新型城镇化的总体思路、空间布局和发展目标。

总体目标：到 2020 年，宁夏回族自治区城镇常住人口达到 430 万人左右，常住人口城镇化率达到60%左右，户籍人口城镇化率达到52%左右。

总体空间格局："一主三副、核心带动，两带两轴、统筹城乡，山河为脉、保护生态。"加快建设由银川市、吴忠市、宁东新区构成的"大银川都市区"，打造沿黄河、沿清水河两条城镇发展带，积极培育太中银和银宁盐两条城镇发展轴，形成"都市区、副中心城市、大县城、重点镇、中心村"级配合理的城镇和乡村体系。

交通定位：重要的航空物流中转中心和游客集散中心，形成拉动宁夏、辐射陇东蒙西的区域高速铁路圈，建设银川—宁东—吴忠—青铜峡—银川环形城际铁路。

（四）宁夏推进新型城镇化的重点举措

1. 完善规划体系

宁夏充分发挥规划先行、规划引导作用，坚持先规划后建设，先后研究制定了《宁夏城市化发展纲要》、《宁夏城镇体系规划（2002~2020年）》、《宁夏空间发展战略规划》等一系列重大规划，同时着重完善规划体系，完善了镇村布局规划、大银川都市区等区域规划、专项规划，进一步编制了宁夏沿黄经济区总体规划和沿黄城市带发展规划等，并制定了保障性安居工程、塞上农民新居、城镇市政设施、园林绿化等专项规划，扩大了控制性详细规划覆盖面，形成了较为完善的规划体系，为推进新型城镇化、提高城镇化发展质量和水平起到了支撑作用。

2. 加快多层次城镇体系建设

21世纪以来，宁夏始终重视城镇体系的建设发展，从沿黄城市带、"黄河金岸"到"两翼三区一市"的"大银川"、宁南区域中心城市和大县城建设，再到2014年宁夏新型城镇化工作会议提出的"一主三副、核心带动，两带两轴、统筹城乡，山河为脉、保护生态"的城镇化总体空间格局，以银川市为中心，加快推进大都市区建设，增强中心城市的辐射带动作用；以沿黄城市群为骨干，石嘴山、固原、中卫三个副中心城市加快发展，与银川市相互呼应、分工协作、互补发展；以固原市为宁南区域性中心，以县城和特色小城镇为基础的多层次城镇体系初具规模，城镇体系功能定位明晰、等级序列合理、空间布局优化，为宁夏推进新型城镇化明确了发展蓝图和功能定位。

3. 积极推进城镇化体制机制创新

推进新型城镇化，体制机制创新是全面深化城镇化相关领域改革、破解城镇化“瓶颈”制约的重要问题。其中，尤以户籍制度、社会事业领域等方面的改革为突出重点。2003 年，自治区出台了《关于进一步改革户籍管理制度的意见》，大幅度降低了小城镇落户门槛。2011 年 6 月，又出台了《关于鼓励引导农民变市民，进一步加快城镇化的若干意见》，进一步放宽了农民进城落户的条件，只要有合法固定住所、有稳定职业和稳定收入来源、按时缴纳基本养老保险费三项条件中有一项符合，就可申请入户。2011 年，在全国率先建立了“一制十二档”的统筹城乡居民社会养老保险制度和“一制三档”的统筹创新居民基本医疗保险制度，成为全国第一个实现城乡统筹的基本医疗保险制度全覆盖的省区。2013 年 3 月，银川市颁布实施了《关于进一步深化户籍制度改革的意见》，针对外地来银务工就业人员，凭签订的劳动合同和连续三年本地养老保障缴费凭证，可迁入本人、配偶及未婚子女户口。

4. 深入实施开放宁夏战略

宁夏提出要建设开放宁夏、富裕宁夏、和谐宁夏和美丽宁夏，其中，开放宁夏是“四个宁夏”之首。深入实施扩大开放战略，是宁夏立足区位交通优势，抢抓国家推进“一带一路”建设的重大战略机遇，打造区域发展新优势的重大举措。习近平总书记 2013 年提出要建设“新丝绸之路经济带”和“21 世纪海上丝绸之路”的战略构想，沿线区域间互利共赢、共同繁荣的区域大合作态势已经凸显。宁夏提出了要建设丝绸之路经济带战略支点的目标，随着“一带一路”激发的新一轮扩大开放不断深化，宁夏从不沿边不靠海的西部开放小省成为对外开放的前沿，国际化开放新格局也带动人流、物流、资金流、信息流涌入宁夏，为加快城镇化进程提供了资源保障、物质基础和市场需求。另外，“一带一路”全面推进基础设施互联互通建设加速展开，宁夏作为这一区域战略格局中的重要省区，原本制约城镇化水平提升和城市带联动发展的基础设施制约问题也随之得到破解。不仅如此，随着内陆开放型经济试验区建设全面展开，中国—阿拉伯国家博览会成功举办，银川综合保税区正式封关运行，开放的产业、开放的园区、开放的平台、开放的通道、开放的环境成为宁夏的开放特色和工作抓手，与之相伴的是发展环境不断优化，城镇化发展水平不断提升，城镇公共服务能力和综合承载能力显著提高，宁夏城镇化发展方式正加速由粗放型向质量效益型转变。

5. 积极探索绿色低碳城镇化发展道路

宁夏立足全区不同城镇发展特色、资源禀赋和功能定位，提出了宜居宜业型、山水园林型、滨河水韵型、生态旅游型等不同类型、不同特色的城镇化发展模式，在绿色城市、低碳城市建设路径等方面进行了有益探索。宁夏着力推进以人为核心的城镇化，以生态移民为重点，以生态移民推动生态涵养、生态修复、扶贫攻坚、城镇化水平提升等的“多赢”，通过实施中南部地区百万贫困人口扶贫攻坚战略，在确保移民搬得出、稳得住、过得好的同时，为生态修复和保护提供了支撑保障。宁夏以全国防沙治沙综合示范区建设等为载体，强化贺兰山东麓葡萄长廊环境保护，推进大银川都市区黄河两岸生态环境建设，加快植树造林，加强湿地保护，推进荒漠化土地综合治理，着力打造绿色生态格局，改善城乡环境质量，不断增强可持续发展能力。

第四节　述　评

本章内容主要是对协调推进新型城镇化的相关内容，从学术研究、政府层面这两个视角来分别进行总结、梳理，并辅之以对具有一定特色的区域探索实践的介绍和分析，以期对近年来我国推进新型城镇化的相关内容有一个相对全面的了解。

从学界的相关研究进展来看，在新型城镇化相关成果中，经济、社会以及文化、生态、政法、党建等各个领域的专家学者，纷纷从不同的角度对推进新型城镇化展开了研究。这一方面说明城镇化是一个具有复杂性、系统性的综合性问题，另一方面也说明我国目前推进新型城镇化正处在全面展开、协同推进的关键阶段。综合来看，在各种推进新型城镇化路径与策略分析的相关研究报告中，人的城镇化、“四化同步”发展以及全面深化改革等已经成为共识，这几方面的研究成果数量也最多。虽然不同的学者在新型城镇化的推进战略、推进路径以及现阶段的侧重点、着力点等方面依然存在一些不同意见，但也均是在以这几点共识作为主题主线的框架下而提出的。此外，必须说明的一点是，本章节乃至本书在对新型城镇化的综合测度与协调推进进行相关阐述时，在区域层面上都是从省、市、区等国家行政区划出发进行相关研究，而没有选择从城市群的层面展开。实际上，对于城市群的培育、发展不仅是研究热点，而且是国家战略规划的重要内容，如《国家新型城镇化规划（2014~2020年）》中，“优化城镇化布局和形态”一章就是从城市群出发来进行规划的。本书仅是出于个人研究视角考虑，并没有对城市群进行重点分析。另外，在本书确定提纲框架时，将全面深化城镇化改革的相关内容重点放在本书“立足城乡一体推进新型城镇化”一章中，故而本节在进行相关内容综述时对改革相关内容分配的篇幅较少。

新型城镇化作为国家的重大战略选择，与每个人的工作生活都紧密相关。了解政府层面对推进新型城镇化的相关政策导向、规划重点、工作措施等内容，无论是对学术研究者还是对普通民众都十分必要。本章第二节重点总结梳理了近几年来国家领导讲话、相关会议精神和新型城镇化相关规划措施，由于受篇幅和本人的信息获取情况所限，只能说是尽力选取一些重要讲话、重要会议或重点要点内容，难免有不尽不全的缺憾。从本节梳理的情况来看，随着21世纪以来我国进入加快转方式、调结构、促转型的阶段，城镇化发展方式转变也备受关注。在新型城镇化一词正式出现在国家重要文件之前，对于中国城镇化转型方向、转型意义、转型路径、转型重点等的新型城镇化相关论述已经频频出现在国家领导的各种讲话中。2012~2013年，是国家聚焦新型城镇化密集部署的两年，从党的十八大、十八届三中全会，到中央经济工作会议、中央农村工作会议以及改革开放以来第一次召开的中央城镇化工作会议，中央各大重要会议无不把新型城镇化作为焦点问题重点部署。2014年，《国家新型城镇化规划（2014~2020年）》进一步明确了推进新型城镇化的任务书、路线图、时间表，成为推进新型城镇化的一个重要节点和顶层设计。

因地制宜推进新型城镇化，既是国家层面的推进策略，也是各个不同区域在新型城镇化模式选择上的出发点之一。我国地域广阔，不同地区的发展基础、发展特色各不相同，也形成了多种不同类型的城镇化模式。在《国家新型城镇化规划（2014~2020年）》和《全国主体功能区规划》中，对东部、中西部地区的城镇化发展进行了分类布局。因此，本章在尝试对推进新型城镇化的区域实践探索进行介绍和分析时，按照东部地区、中部地区、西部地区这三个大的区域划分思路，分别选取了苏州市、河南省、宁夏回族自治区来进行区域新型城镇化模式分析。实际上，无论是东部还是中西部地区，在推进新型城镇化方面都各有许多特色鲜明、成效突出的不同模式类型，例如东部地区，就包括了京津冀、苏浙沪、闽粤琼等城镇化先发地区和城镇化改革与转型先发地区，可以说这其中每一个地区的城镇化都非常典型、非常有特色，但是本书也只能是在众多模式类型中选取个别区域进行分析。此外，还应说明的是，在本章撰写过程中，一方面在选择实证分析案例时非常难以取舍，另一方面并未能全部建立在实地深入调研并收集第一手资料的基础上，这既是本章内容上的不足，也是今后相关研究继续深化需要注意的问题。

第五章 构建指标体系及综合测度模型

在对新型城镇化进行研究与分析的过程中，需要在定性分析的基础上，对新型城镇化的实际状况、发展轨迹、未来趋势进行客观、准确、全面的量化分析，而在这些工作中，建立指标体系是首先需要解决的问题。从本书的研究主题和目标来看，要展开对新型城镇化的综合测度，不仅需要确定新型城镇化评价指标体系，还需要在众多量化评价模型方法中选择符合评价思路、评价重点的评价模型，进而才能利用指标体系与评价模型得出综合测度结果。因此，本章内容重点围绕这两个问题展开，为之后各章节的相关研究奠定基础。

第一节 构建评价指标体系的基本思路

指标体系是指为完成一定研究目的而由若干相互联系的指标组成的指标集合。指标体系的建立不仅要确定指标体系由哪些指标构成，还要确定指标体系的结构，体现指标之间的相互关系。

一、建立新型城镇化评价指标体系面临的主要困难

建立新型城镇化相关指标体系时，面临的困难主要体现在三个方面：①理论研究难以付诸实践。城镇化问题虽然是老命题，但新时期新阶段的新型城镇化问题大多依然停留在理论研究阶段，现有大多理论框架中的详细分项难以在需要的指标体系以及下一步的定量评价中体现，定性到定量的延伸存在困难。②数据资料可得性差。现行的统计资料及核算体系难以满足对新型城镇化完成量化评价的数据支持需求，这也是造成理论研究多而实证分析少、定性分析多而定量分析少的一个主要问题。③缺乏可比性。从国内或省内现有成果来看，一方面，不同的

地区、不同的研究人员建立的指标体系，要么体系庞杂、要么倾向于地域特色，很难直接进行区域比较；另一方面，国家、部门、省市之间统计口径不一致也给可比性带来很大困难。

在建立新型城镇化指标体系时，重点是要解决三个矛盾：

（1）全面性与简约性的矛盾。完善统计体系和指标体系首先就要解决全面性与简约性之间的矛盾，要走出指标多而全才是好的误区。应在力争达到指标体系的整体功能最优的基础上，尽可能以较少的指标构建成合理的指标体系。对此，可以重点考虑纳入集成度较高的指标，例如相对数指标、指数型指标、人均指标等。此外，还应以注重质量和稳定的指标来取代注重数量和增长的指标。

（2）客观性与可获得性的矛盾。新型城镇化指标体系要能够客观、真实地反映推进新型城镇化进程的内在机理和发展变化趋势，即要不仅包含城镇化水平指标，还要涉及人口、社会、经济、资源、环境的各个方面及其相互协调状况。但满足客观性的同时，可获得性是一个重要的限制性原则。对此，要使所选指标已经可得或者可以通过一个合理的费用效益比来获得；要有较长的时间序列；且以可行的步骤定期更新。同时要注意在新型城镇化评价这种涉及多学科交叉研究的指标体系中，通过调查问卷或试验获得指标数据具有相当大的难度，往往是不可行的，因此，应尽量选取有专业部门进行长期连续统计与发布的比较常见的指标。

（3）稳定性与开放性的矛盾。由于针对新型城镇化统计、考核评价指标体系的研究正处于起步阶段，所以相关数据库建设也还正在完善，不少指标还有待增补或改进。此外，新型城镇化推进过程中，新问题、新形势层出不穷，保持指标体系的稳定性与完善指标体系时需要解决的开放性问题是一个突出矛盾。对此，一方面，要根据新型城镇化发展的系统性特性，将指标体系分解为若干递阶层次结构；另一方面，在构建指标体系时，设计一定的调节部分，即既要构建具有良好可操作性、可比性的核心指标体系，也要前瞻性地设计备选指标集合以待日后发展完善。

二、构建指标体系的原则

构建指标体系的原则与选取指标的原则的主要不同点在于，在建立指标体系过程中，绝不是一定数量指标的随意堆砌，而是一个需要重点考虑指标体系所要反映的系统层次、系统结构与系统关系的问题。指标体系的构建实际上是对现实系统的一种模拟，是一种近似性质的表现，也就是对实际问题的一种抽象，这就需要把握主要因素，舍弃次要因素，实现真实性与抽象性的统一。

在构建新型城镇化指标体系时，不仅应该满足指标体系的各项功能要求，如能够描述和表征出某一时刻新型城镇化的各方面发展现状、变化趋势以及协调程度等，还应该在复杂系统理论指导下，满足以下原则：

（一）科学性原则

科学性原则是建立指标体系的基本原则。其中，科学性包含两方面含义，一个是指导理论的科学性，另一个是体系结构关系的科学性。新型城镇化评价指标体系的构建要符合新型城镇化的特点、性质和系统关系，要能够客观、真实地反映新型城镇化的内在机理和发展变化趋势，体系内部逻辑合理、易于理解。这既是建立新型城镇化指标体系的基本出发点，也是所构建的指标体系能够客观地反映区域新型城镇化发展状况的关键。

（二）系统性原则

正如前文所分析的，新型城镇化是由多层次、多要素组成的，各子系统之间既相互联系、相互依赖、相互制约，又相互独立，新型城镇化评价指标体系要能体现系统性特点。同时，根据新型城镇化的复杂系统特性，对新型城镇化评价指标体系也要分解为若干递阶层次结构。

（三）全面性原则

全面性原则是一个需要辩证地理解的构建指标体系的原则。这一原则的含义包括：在构建指标体系时，既不必包罗万象，也不能顾此失彼；既要考虑整体一致，也要考虑局部特点；既要能反映当前现状，也要能体现未来趋势；既要以定量指标为主，也不能忽略定性指标。新型城镇化指标体系涵盖范围很广，涉及人口、社会、经济、资源、环境的各个方面及其相互协调状况，建立新型城镇化指标体系也要对这些要素及其复杂关系进行全面和客观的反映，做到定性指标与定量指标相结合，宏观指标与微观指标相结合，数量指标与质量指标相结合。但是，在注重全面性的同时也要注重突出重点，把握新型城镇化的主要矛盾、主要特性，在能够确保达到指标体系的整体功能最优的基础上，尽可能以较少的指标构建成一个合理的指标体系。

（四）开放性原则

由于针对新型城镇化评价指标体系的研究正处于起步阶段，所以相关数据库建设也还正在完善，不少指标还有待增补或改进。此外，新型城镇化发展中的新问题、新挑战层出不穷，因此对于新型城镇化指标体系的设计应该在保持稳定的同时，还含有一定的调节部分。也就是说，在构建新型城镇化指标体系过程中，既要构建具有良好可操作性、可比性的核心指标体系，也要前瞻性地设计备选指标集合以待日后发展完善。

（五）可比性原则

构建指标体系的可比性原则是指从体系构成到指标选择都应尽量采用国际、国内公认的名称、概念和结构关系，特定条件下的特殊问题及其不确定性影响可以不必体现在指标体系主框架内，以便于国际或是国内区域间比较。

三、指标体系的数据采集

在确定新型城镇化评价指标体系之后，面临的一项非常重要而且是基础性的关键任务就是按照指标体系所确定的指标进行数据采集。由于新型城镇化评价指标体系中的指标涵盖人口、资源、环境、社会、经济各个系统，各种指标也有着不同的统计单元，所以它的数据采集是一项庞大而复杂的工作。所收集的数据要求能够表达现象的时间、空间与性质，具有明确的空间精度、时间精度和性质精度。

从数据采集的种类来看，包括直接获得的数据，即自行通过调查、实验等方法获得的数据；以及二手数据，即他人通过调查或实验所获得的已有数据结果。

直接数据主要依靠研究主体通过调查或实验等手段获得，调查方法主要包括普查、随机抽样调查、判断抽样调查、任意抽样调查、配额抽样调查等，[①] 在方式上常采用问卷调查、电话调查、网上调查等，计算机技术的发展以及各种统计分析软件的广泛应用给调查中数据的汇总、整理、分析都带来了极大便利。访谈虽然也是进行调查的重要手段之一，但由于访谈获得的信息通常只能进行定性分析，因此在区域新型城镇化评价的数据采集中极少采用。实验方法需要借助一定的仪器设备，按照一定的实验方案对实际情况进行模拟或测量分析来获取相关数据，但这种方法技术要求高，在进行新型城镇化评价中，仅有少量涉及环境等方

① 耿修林，张琳. 计量经济学——原理、方法、应用及 EXCEL、MINITAB 工具［M］. 北京：科学出版社，2004.

面的直接数据可以考虑通过实验获得。

二手数据的采集主要来自公开出版物或公开报道，来源主要包括书籍、期刊、科学报告、专利文献、报纸、政府出版物、文摘等。随着互联网的迅速发展，数字资源尤其是来自网络的数字资源已经成为二手数据的最重要来源。通过网络资源进行数据采集具有经济、便捷的特点，并且实时性较好，数据量大。区域新型城镇化评价的数据采集中，网络资源数据也占了较大比例。

在建立指标体系的过程中，指标的选择原则和限制因素之一就是数据的可获得性。虽然有些目标适应性极强的数据在二手数据中难以采集时，也可以考虑自行获得，例如，有关人文社会方面的直接数据可以通过问卷等调查方式获得，而涉及资源、环境系统的一些直接数据可以自行通过物理、实验等方法获得，但此类直接数据的采集方式通常具有耗资大、周期长、代表性差的缺点，并且新型城镇化评价具有动态性特点，而直接获取的数据受条件所限很难构成时间序列，因此不利于进行动态分析，所以在研究中需要慎重考虑进行选择。

第二节 单指标评价方法

在多指标综合评价工作中，指标体系中的各个单指标实际值作用类型一致、量纲一致并且具有同质性，可以直接进行加权合成，进而得到最终评价值的案例很少。尤其诸如新型城镇化评价这种涉及人口、社会、经济、资源、环境等多系统、多指标的综合评价，在将指标体系中的各个单指标实际值转化为可综合的单指标评价值的过程中，大多都需要进行指标作用类型一致化处理和指标无量纲化处理。

一、单指标评价的作用及面临的主要问题

单指标评价就是研究主体在一定的研究目的下，根据指标实际值所反映的属性特征及表现形式，通过一定的函数关系将指标体系中各个指标的实际值转化为同质的、可综合的单指标评价值的过程。单指标评价需要解决的问题主要包括三部分：具有不同作用趋势指标的一致性处理；不同量纲指标的无量纲化处理；没

有量纲但是不同质的相对数指标的一致性处理。[①]

在单指标评价过程中，进行一致性处理和无量纲化处理的方法常常不是唯一的，而在确定的权系数和合成函数情况下，不同的单指标评价方法会产生不同的综合评价值，这样就存在针对各种指标作用类型一致化处理、无量纲化处理的方法适用性及选择合理性问题。在具体研究中要求不仅要根据数据特征和作用趋势，还要根据合成函数类型来选择适宜的无量纲化和作用类型一致性处理方式。

在目前的研究中，模糊、灰色等一些理论及方法被越来越多地用于多指标综合评价中的合成处理，而各个合成方法在实际使用中往往固定采用某一类型的一致性处理或无量纲化处理方法。有些综合评价方法对单指标评价方法有配套固定要求，如主成分分析法要求在对指标实际值进行无量纲化处理时采用直线型无量纲化方法中的 Z-score 法，但总的来看，完全的拿来主义，也就是说在综合评价方法对单指标评价方法没有限定要求时，仅仅变换数据，整个套用其他类似研究中的方法步骤而不考虑自身研究目标和数据特征时，所完成的单指标评价是否科学合理就值得考虑。

二、单指标评价的方法及选择原则

单指标评价的对象往往是具有不同量纲、不同作用趋势的指标，针对不同指标的特性，需要选取不同的评价方法进行处理。从现有的单指标评价方法来看，主要包括两大类：一类是在多指标综合之前，如果既有正向指标，又有逆向指标，则需要考虑先将指标作用类型统一为正向或逆向指标；另一类是对于具有不同量纲的指标进行无量纲化处理。

在作用类型一致性处理中，主要面临的问题是如果在指标体系中有的指标是越大越好，有的指标是越小越好，还有的指标是越居中越好，那么就需要先将不同作用趋势的指标进行一致性处理，以极小型指标为例，可以通过取倒数法或用指标上限值来将极小型指标转化为极大型指标，如对于极小型指标 x：

$x^*=M-x$；或：$x^*=\frac{1}{x}$ $(x>0)$

M 为指标 x 的允许上限。

① 胡永宏，贺思辉. 综合评价方法［M］. 北京：科学出版社，2000.

在多指标综合评价中面临的一个首要问题就是多个异量纲的评价指标无法直接进行综合得出总评价值，所以必须选取和建立某种函数关系，将不同计量单位的指标实际值转换为无量纲的、具有可综合性的指标评价值。由于指标的无量纲化与指标的规范化意义更为相近，而且直线型无量纲化方法中的 Z-score 法也通常被称为标准化方法，为了概念清晰并避免混淆，因此本书建议采用指标无量纲化来界定无量纲化处理。无量纲化处理可以采取直线型、折线型、曲线型三种方法。其中，直线型无量纲化方法也就是按照直线公式进行无量纲化处理，同理，折线型、曲线型无量纲化方法也就是按照折线公式或曲线公式来进行无量纲化处理。

总的来看，直线型无量纲化方式简单明了，参数最少，便于计算，但由于实际中指标实际值与评价值之间很少呈严格线性变化关系，因此直线型无量纲化方法比折线型、曲线型无量纲化方法概化程度更高。曲线型无量纲化方法需要事先选定曲线类型，并且参数较多、计算复杂。如果曲线类型选择不恰当或参数难以确定，将直接影响曲线型无量纲化方法的可靠性。折线型无量纲化方法可以通过增加转折点来对指标的不同发展过程进行近似区分，因此它的精确性介于直线型和曲线型之间。折线型无量纲化方法中如何合理确定转折点是关键，因此这也需要对指标实际值和评价值之间的影响作用变化趋势有较为深刻的理解和认识。

在对指标进行无量纲化处理时应该遵循以下基本原则：

（1）客观性原则。即要对评价对象的历史数据和横向比较数据进行深入分析，根据指标值的发展变化特征及趋势来选择无量纲化方法。只有根据指标实际值找出事物发展变化的阈值点，才能确定无量纲化公式以及具体参数。

（2）一致性原则。即在无量纲化处理之前，是否完成对于所有指标作用趋势的一致性处理，还要注意在一次综合评价中对所有指标都要选取一种或是一致的无量纲化公式。例如，在阈值法无量纲化公式中，对于正向指标如果采用公式：$y_i=\dfrac{x_i-\min\limits_{1\leqslant i\leqslant n} x_i}{\max\limits_{1\leqslant i\leqslant n} x_i-\min\limits_{1\leqslant i\leqslant n} x_i}$，那么逆向指标就应该采用相一致的公式：$y_i=\dfrac{\max\limits_{1\leqslant i\leqslant n} x_i-x_i}{\max\limits_{1\leqslant i\leqslant n} x_i-\min\limits_{1\leqslant i\leqslant n} x_i}$，从而同时完成作用类型一致化和无量纲化的处理。

（3）合理性原则。对于无量纲化方法的选择并非越复杂越好，曲线型无量纲化方法未必绝对优于直线型无量纲化方法，在许多实例中，直线型无量纲化方法甚至比曲线型无量纲化方法更符合实际要求。曲线型无量纲化方法虽然从理论上说要比直线型无量纲化方法更准确，但是在实际应用中常常会由于曲线形式选择困难、参数无法确定、计算复杂而使得曲线型无量纲化方法难以利用。直线型无量纲化方法反而由于计算简便、符合实际要求而被较多采用。

(4) 全面性原则。在选取无量纲化方法时还要考虑全面性原则，也就是说不仅要考虑指标值的发展变化特征以及无量纲化方法本身的特点，还要考虑与下一步综合评价方法的相互配套协调。例如，当采用主成分分析法、因子分析法来进行综合评价时，在无量纲化处理时相应地就要采用 Z-score 法。

三、单指标评价方法的优化分析

单指标评价的主要目的是将不同作用趋势、不同量纲、不同类型的指标实际值转化为同质的、具有可综合性的指标评价值，在单指标评价过程中主要解决的问题包括不同作用类型指标的一致化处理、不同量纲指标的无量纲化处理以及相对数指标的同质化处理等，并且针对各个问题的处理方法都不是唯一的。显然，在单指标评价过程中，指标实际值通过选用不同的作用类型一致化处理方法、不同的无量纲化处理方法、不同的先后处理顺序，都将产生不同的单指标评价结果，例如：

(1) 指标作用类型一致化处理的方法不同所产生的差异问题，如在针对逆向指标的正向处理中，可以通过以下两种公式完成：

$x^* = M - x$；或：$x^* = \frac{1}{x}$　$(x>0)$

M 为指标 x 的允许上限。

显然，前一个公式是线性的处理，后一个公式是非线性的处理，两种一致化处理方法都能将逆向指标转化为正向指标，但结果明显不同。

(2) 无量纲化处理方法包括直线型、折线型和曲线型，并且直线型、折线型和曲线型无量纲化处理中各自还包括多种不同的处理方法，不同的无量纲化处理方法得到的单指标评价结果也不同。

(3) 对于指标作用类型一致化处理和无量纲化处理的先后顺序不同给单指标评价结果也会带来差异，这其中包括作用类型一致化处理和无量纲化处理是否能合并进行的问题，以及如果不合并完成那么谁先谁后的问题，显然，对这两个问题的不同解决方法都会产生不同的单指标评价结果。

因此，对于单指标评价所包含的一致化处理、无量纲化处理以及相对数指标的处理这几个主要内容，在进行优化分析中，除了考虑每个步骤各自的适用条件和选择原则以外，在应用中还应该采取以下基本原则以尽量减轻在单指标评价过程中因多种方法及计算顺序选择而给单指标评价以及下一步的多指标综合评价结果带来的敏感性问题。

（1）无论直线型、折线型还是曲线型无量纲化方法，都尽量采用能将一致化处理和无量纲化处理合并进行的无量纲化公式。

（2）如果不能将指标作用类型一致性处理与无量纲化处理合并进行，那么就先一致化再无量纲化。

（3）相对数指标的数量级问题、不同质问题不必另行专门处理，可以通过与其他指标同样参加无量纲化公式处理来解决。

（4）在其他条件都满足或相似的情况下，还可以通过对比单指标评价结果的离差平方和来选择最适宜的单指标评价方法。

第三节 新型城镇化综合测度模型

可以用于综合评价的模型算法种类繁多，如何选取适宜的评价模型是决定评价结果科学性、可靠性的重要环节。本书之所以用了“综合测度”一词来涵盖相关内容，是希望能够展开一个更为系统、更为全面的多视角综合评价，从对新型城镇化的单指标评价出发，在对新型城镇化建立综合评价指标体系进行综合评价的同时，分别完成新型城镇化与新型工业化互动度的评价、新型城镇化与信息化融合度的评价、新型城镇化与农业现代化协调度的评价，以及新型城镇化与新型工业化、信息化、农业现代化“四化同步”发展度的评价。因此，在本节选取新型城镇化综合测度模型时，分别针对新型城镇化的单指标评价、新型城镇化的综合评价、新型城镇化与其他“三化”之间的协调发展评价建立了三种相应的评价模型。

一、新型城镇化综合评价模型概述

计算智能是目前用于系统综合评价的常用工具，主要包括演化算法（如遗传算法、演化策略、遗传程序设计等）、人工神经网络（如 BP 型、竞争型、自适应共振型等）、模糊系统等。其中，模糊综合法、人工神经网络法等方法可以直接用来进行新型城镇化综合评价，而遗传算法、模拟退火算法等方法不能直接单独用于评价，只是一种优化算法。这些优化算法一般用于对特定的评价公式（或模式）中的待定参数进行优化，得出优化好的评价模型，然后将待评价对象的指标值代入优化好的模型中，根据计算结果，结合判定准则就可以得出最终评价结果。① 此类算法除遗传算法外，还有蚁群算法、鱼群算法、禁忌搜索算法等。在这些方法中，优化过程都比较复杂，但一旦优化好之后，得到的评价模型具有较好的普适性，适用范围较广，而模糊法、神经网络法等方法虽然可以直接用于评价分析，但是针对不同的研究对象需要分别建立模型计算、分析。表 5-1 是对常用的可以直接进行新型城镇化综合评价的模型做的汇总介绍。②

表 5-1 综合评价模型介绍

模 型	模型机理	优 点	缺 点
层次分析法评价模型（AHP，Analytic Hierarchy Process）	层次分析法的主要思路是将复杂问题按支配关系分组，形成有序的递阶层次结构，通过两两比较得出各因素的相对重要性，根据研究者的判断决定各因素相对重要性的综合排序，进而进行评价	定性与定量相结合，分解与综合相结合，系统性强，清晰简明	评价结果过多地依赖主观判断，客观一致性较差
主成分分析法评价模型（PCA，Principal Component Analysis）	主成分分析法是一种多元统计分析方法，它的主要思路是通过将多个指标线性组合，转化为个数较原指标数少、互不相关，并且能够承载原有较多指标所包含的主要信息的少量的综合指标	既基本上保留了原有指标体系的主要信息，又合理消除了原指标之间的相关性，并使模型简化	分析计算过程较复杂，借助计算机可使工作量大为减少

① 李祚泳，汪嘉杨，熊建秋，徐婷婷. 可持续发展评价模型与应用［M］. 北京：科学出版社，2007.

② a. 王玲杰，孙世群，田丰. 不确定性数学分析方法在河流水质评价中的应用［J］. 合肥工业大学学报（自然科学版），2004，27（11）. b.［美］萨蒂. 层次分析法［M］. 许树柏等译. 北京：煤炭工业出版社，1988. c. 冯德益. 模糊数学方法与应用［M］. 北京：地震出版社，1983. d. 赵克勤. 集对分析及其初步应用［M］. 杭州：浙江科学技术出版社，2000. e. 蔡文. 物元模型及其应用［M］. 北京：科学技术文献出版社，1994. f. 付强，赵小勇. 投影寻踪模型原理及其应用［M］. 北京：科学出版社，2006. g. 张立明. 人工神经网络的模型及其应用［M］. 上海：复旦大学出版社，1993. h. Zadeh L. A. Fuzzy Sets ［J］. Information and Control，1965（8）. i. 刘铁民，张兴凯，刘功智. 安全评价方法应用指南［M］. 北京：化学工业出版社，2005. j. 潘峰，付强，梁川. 模糊综合评价在水环境质量综合评价中的应用研究［J］. 环境工程，2002，20（2）.

续表

模 型	模型机理	优 点	缺 点
模糊综合法评价模型（FS，Fuzzy Synthetic）	模糊综合评价法通过构造各评价指标对评价分级标准的隶属函数，计算其隶属度，利用模糊变换公式即可得出评价结果	较好地解决了系统评价过程中评价指标、评价标准、指标之间关系等方面的模糊性问题，清晰简明	隶属函数的选择比较主观随意，最大隶属度原则容易造成信息丢失
集对分析法评价模型（SPA，Set Pair Analysis）	集对分析法是一种将定性分析与定量分析、确定性分析与不确定性分析相结合的集成分析方法，把不确定性和确定性作为一个同、异、反三个方面统一的系统进行分析处理	方法简明清晰，联系度计算简便	联系度函数的构造没有规范形式
物元可拓法评价模型（MEES，Matter Element and Extension Sets）	物元可拓法通过物元变换把不相容问题转化为相容问题，用可拓集合的关联函数计算关联度，进而得出各个特征参数与研究对象的从属关系	能够解决不相容问题，计算简便，并能够反映系统动态性趋势	关联函数的构造没有规范形式
BP 人工神经网络评价模型（BP-ANN，BP Artificial Neural Networks）	BP 人工神经网络主要包括输入层、隐含层和输出层，实际输出与期望输出的误差信号通过隐含层向输入层反向传递，通过不断进行信号的正传和误差的反传进行权值调整和训练，直到误差减小到可接受值为止，利用训练好的网络即可进行评价	具有自组织、自学习、自适应和容错性能力，以及很强的非线性映射能力	收敛速度慢，存在过拟合现象，由于采用梯度下降法，因此易陷入局部极小，得不到全局最优
投影寻踪法评价模型（PP，Projection Pursuit）	通过审视数据—计算机模拟—预测判断的建模思路，利用计算机技术把高维数据投影到低维子空间，并通过极小化某个投影指标值，寻找能反映高维数据结构和特征的投影，以达到分析处理高维数据的目的	可以处理高维、非线性、非正态的观测数据，并且不对模型做任何假定，只对数据结构进行分析	运算量大，并且本身只能用于建模，需要与其他优化算法相结合才能用于评价

资料来源：作者根据相关资料整理。

二、基于主成分分析法的评价模型

首先对各指标原始值 x_{ij} 进行单指标评价，采用 Z-score 法，转化公式为：

$$Z_{ij}=\frac{x_{ij}-\bar{x}_j}{s_j}$$

其中，i 为样本数；j 为评价指标数；$\bar{x}_j$ 为均值；s_j 为标准差。

由转化后的指标数据计算相关系数矩阵 R，求相关系数矩阵 R 的特征根 λ_g，并从大到小排序：$\lambda_1\geqslant\lambda_2\geqslant\cdots\geqslant\lambda_p\geqslant\lambda_0$；以及特征向量 $e_j=(l_{1j},\ l_{2j},\ \cdots,\ l_{pj})^T$，$j=1,\ 2,\ \cdots,\ p$。

根据公式 $a_j=\lambda_j/\sum_{k=1}^{p}\lambda_k$，计算方差贡献率，按照 $\sum_{j=1}^{m}a_j\geqslant85\%$ 的原则，求出前 m

个主分量 $F_j=e_j^T y=l_{1j}y_1+l_{2j}y_2+\cdots+l_{mj}y_m$，$j=1, 2, \cdots, m\leqslant p$，计算各子系统评价值 F：

$$F=\left(\lambda_1/\sum_{k=1}^{p}\lambda_k\right)F_1+\left(\lambda_2/\sum_{k=1}^{p}\lambda_k\right)F_2+\cdots+\left(\lambda_m/\sum_{k=1}^{p}\lambda_k\right)F_m$$

可以将各子系统的评价值进行归一化处理，进而得到各子系统的评价结果 S：①

$$S=\frac{F_i-\min F_i}{\max F_i-\min F_i}$$

三、系统协调发展评价模型

对两个子系统之间的评价值进行回归分析，得出二者之间的拟合方程，进而求出子系统之间的协调发展水平值。子系统之间的相对协调度 $S_r(i, j)$ 公式为：②

$$S_r(i, j)=\frac{[\min\{u(i/j), u(j/i)\}]}{[\max\{u(i/j), u(j/i)\}]}$$

其中，$0\leqslant S_r(i, j)\leqslant 1$；$u(i/j)$ 为 i 子系统对 j 子系统的相对协调值，且：

$$u(i/j)=\exp\left\{-\frac{(x-x')^2}{s^2}\right\}$$

x 为 i 子系统的协调发展水平值；x′为 j 子系统对 i 子系统的协调值；s^2 为 j 子系统协调发展水平值的均方差。

定义子系统之间的相对协调度 $S_r(i, j)<0.5$ 为不协调，$0.5\leqslant S_r(i, j)<0.8$ 为基本不协调，$0.8\leqslant S_r(i, j)<0.9$ 为基本协调，$0.9\leqslant S_r(i, j)$ 为协调。

本书以后章节对新型城镇化与新型工业化、农业现代化、信息化之间的评价，均采用上述子系统之间的两两协调发展评价方法，并分别采用新型城镇化与新型工业化的互动度、新型城镇化与信息化的融合度、新型城镇化与农业现代化的协调度来表示。

四、综合评价模型

在进行系统综合评价时，有多种模型算法可以选取。本小节选取模糊综合评

① 邱东. 多指标综合评价方法的系统分析［M］. 北京：中国统计出版社，1991.

② a. 李艳，曾珍香，武优西，李艳双. 经济—环境系统协调发展评价方法研究及应用［J］. 系统工程理论与实践，2003 (5). b. 吴文恒，牛叔文，郭晓东等. 中国人口与资源环境耦合的演进分析［J］.自然资源学报，2006，21 (6). c. 李祚泳，汪嘉杨，熊建秋，徐婷婷. 可持续发展评价模型与应用［M］. 北京：科学出版社，2007.

价法来对模型算法进行介绍。

（一）模型选择思路

模糊综合评价法是以模糊数学为基础，应用模糊关系合成的原理，将一些边界不清、不易定量的因素定量化，从而进行综合评价的一种方法。[①] 在进行新型城镇化发展综合评价中，基于系统的视角构建综合评价指标体系，其所包含的人口、经济、社会等各子系统的内部及相互之间都存在大量的复杂现象和复杂作用；同时，在进行综合评价过程中，无论是评价指标或是评价标准，都包含大量的模糊现象。因此，通过模糊综合评价法，把待评价事物的变化区间做出划分，再对事物属于各个等级的程度做出模糊判断，避免了非此即彼式的评价带来的信息丢失或是期望中的精确描述反而对于事物的描述并不深入和客观，使得最终评价结果与实际不符的问题。

（二）模型算法简介

模糊综合评价模型是通过构造等级模糊子集，把反映被评事物的模糊指标进行量化，在确定隶属度后，利用模糊变换原理对各指标进行综合，一般需要如下步骤：[②]

（1）确定评价对象的因素论域，也就是评价指标集，即：

p 个评价指标，则 $u=\{u_1, u_2, \cdots, u_i\}$，其中，$i=1, 2, \cdots, p$。

（2）确定评语等级论域，对 m 个评价等级而言，即：

$v=\{v_1, v_2, \cdots, v_j\}$，其中，$j=1, 2, \cdots, m$。

（3）建立从 u 到 v 的模糊关系矩阵 R：

$$R=\begin{bmatrix} R|u_1 \\ R|u_2 \\ \vdots \\ R|u_p \end{bmatrix}=\begin{bmatrix} r_{11} & r_{12} & \cdots & r_{1m} \\ r_{21} & r_{22} & \cdots & r_{2m} \\ \vdots & \vdots & \vdots & \vdots \\ r_{p1} & r_{p2} & \cdots & r_{pm} \end{bmatrix}_{p\times m}$$

其中，r_{ij} 表示某个被评价对象从因素 u_i 来看对 v_j 等级模糊子集的隶属程度。在模糊综合评价法中，一个被评事物在某个因素方面 u_i 的表现是通过模糊向量 $(R|u_i)=(r_{i1}, r_{i2}, \cdots, r_{im})$ 来刻画的，而在其他评价方法中多是通过一个指标实际值来刻画的，因此，从这个角度来看，模糊综合评价法可以包含更多的信息。

①② 潘峰，付强，梁川. 模糊综合评价在水环境质量综合评价中的应用研究［J］. 环境工程，2002，20（2）.

矩阵 R 是通过隶属度函数，以各单要素评价向量为基础构造的。隶属函数的确定有多种方式，通常选用升（降）半梯形分布，以偏小型分布为例，其隶属函数为：

$$u_{i,1}=\begin{cases}1 & x\leqslant x_{i,2}\\(x_{i,2}-x)/(x_{i,2}-x_{i,1}) & x_{i,1}<x<x_{i,2}\\0 & x\geqslant x_{i,2}\end{cases}$$

$$u_{i,1}(x)=\begin{cases}(x-x_{i,j})/(x_{i,j+1}-x_{i,j}) & x_{i,j}\leqslant x<x_{i,j+1}\\(x_{i,j}-x)/(x_{i,j}-x_{i,j-1}) & x_{i,j-1}<x<x_{i,j}\\0 & x\leqslant x_{i,j-1},\ x\geqslant x_{i,j+1}\end{cases}$$

$$u_{i,n}(x)=\begin{cases}1 & x\geqslant x_{i,n}\\(x-x_{i,n-1})/(x_{i,n}-x_{i,n-1}) & x_{i,n-1}<x<x_{i,n}\\0 & x\leqslant x_{i,n-1}\end{cases}$$

（4）确定评价因素的模糊权向量 A：

$$A=(a_1,\ a_2,\ \cdots,\ a_p)，其中，\sum_{i=1}^{p}a_i=1，i=1，2，\cdots，p。$$

在模糊综合评价中，a_i 是因素 u_i 对模糊子集（对被评事物重要性）的隶属度，本书采用各指标实际值与标准值之间的关系，根据实际值与标准阈值差异越大对评价结果影响越大来确定模糊权向量 A。

（5）利用模糊矩阵的复合运算可以得出模糊综合评价的初始模糊综合评价结果向量 B：

$$B=A\cdot R=(b_1,\ b_2,\ \cdots,\ b_m)$$

（三）多层次模糊综合评价模型

通过对因素层的分层划分，可以将初始模型扩展为多层次模糊综合评价模型，即把下一层的评价结果作为上一层评价的输入，直到最上层为止。例如，二层次模糊综合评价模型为：

$$B=A\cdot R=A\cdot\begin{vmatrix}A_1\cdot R_1\\A_2\cdot R_2\\\vdots\ \ \vdots\\A_n\cdot R_n\end{vmatrix}$$

第四节　新型城镇化综合测度的研究框架

本书在构建新型城镇化综合测度的思路框架时，从相关研究综述出发，从定性分析起始，讨论新型城镇化综合测度的研究进展及目前面临的一些主要问题，在建立新型城镇化评价指标体系、选取算法建立评价模型的基础上，进一步展开新型城镇化的综合测度，进而为本书另一部分重点内容，即新型城镇化协调推进的相关研究提供定量分析支撑。

具体到综合测度的相关内容，重点从两个方面展开相关研究：一方面是将视角聚焦在对新型城镇化发展水平的评价上，主要采取多指标综合评价方法，在建立新型城镇化发展水平综合评价指标体系的基础上，分子系统进行综合评价，得出新型城镇化发展水平的量化评估结果。另一方面是基于“四化同步”的视角，充分考虑新型城镇化与新型工业化、信息化、农业现代化相互之间互动、融合、协调发展水平的测评，以及“四化”作为一个系统在同步发展水平方面的综合测评，进而期望以系统分析的方法，从系统与子系统之间、单一系统与多系统综合等不同层面、不同角度，来对新型城镇化发展状况进行一个比较全面、综合的测度和把握。图 5-1 为新型城镇化综合测度的思路构成和研究框架。

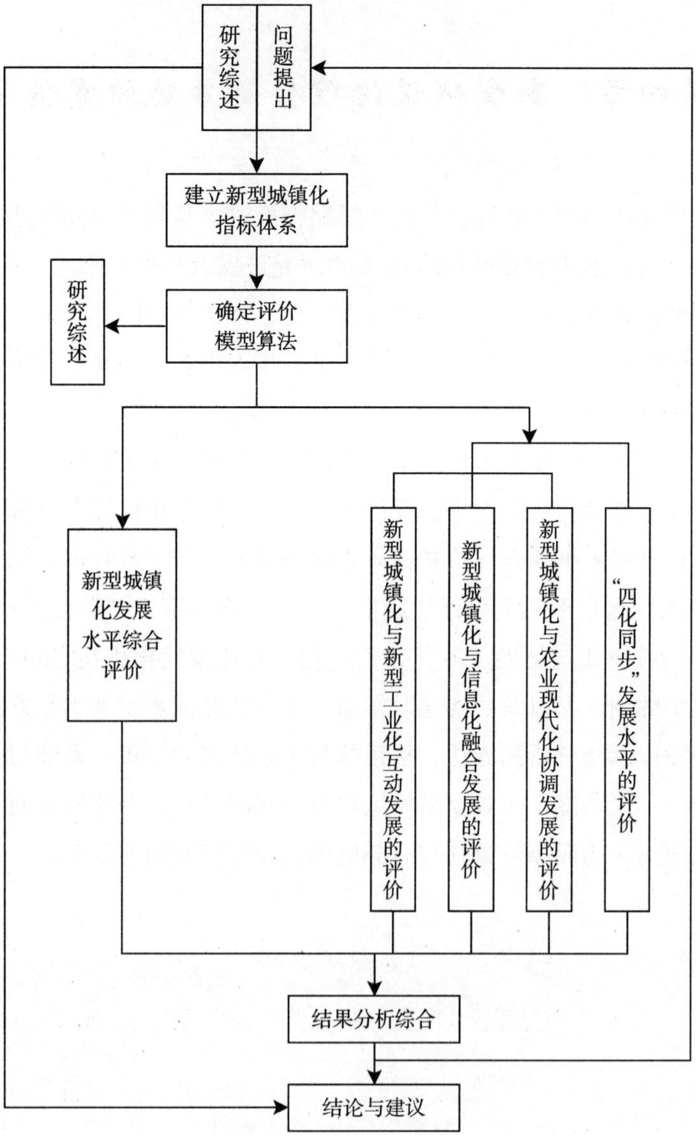

图 5–1　新型城镇化综合测度的研究体系框架

第六章 新型城镇化发展水平综合评价

对于新型城镇化发展水平的综合评价重点需要完成两部分内容，即建立指标体系和选取评价模型算法。在前面章节已经选取评价模型的基础上，本章主要完成新型城镇化发展水平综合评价指标体系的构建及指标的选取，进而以河南省为目标区域，对该地区的新型城镇化发展演进状况进行评价和分析，进而通过区域实证研究，对指标体系和模型算法的合理性、可行性进行检验和分析。

第一节 构建新型城镇化发展水平综合评价指标体系的思路

本节在构建新型城镇化发展水平综合评价指标体系时，以目标导向为基本思路，力图通过指标体系框架搭建和指标优化选取等工作，对新型城镇化及其发展状态进行较为全面的描述，对新型城镇化发展演进中的复杂作用关系进行评析，并通过指标体系为下一步进行综合评价及实证分析提供基础支撑。

一、新型城镇化评价指标体系框架构成思路

在设计新型城镇化发展水平综合评价指标体系时，基于目标导向性原则，考虑到所构建评价指标体系的目标是“新型城镇化发展水平综合评价”，那么由此得出构建指标体系要考虑的四个核心因素：“城镇化”、“发展水平”、“新型”、“综合评价”。

“城镇化”重点体现在指标体系构建及指标选择时，考虑通常意义上的城镇化发展演进及其表征指标，如城镇人口数量的变动以及城镇空间发展、产业发展以及经济发展、社会发展等常规内容。

“发展水平”重点体现在构建指标体系时从发展能力、发展质量、发展效益的角度出发，体现城镇化发展状况，尤其是质量效益状况的相关指标设置。考虑从两个方面切入，一个是选取质量效益型指标，另一个是选取人均指标，尽量充分体现以人为本和转型优化升级的理念。

“新型”重点体现在现阶段城镇化发展的新内涵、新目标、新特征等在构建指标体系和指标选取时的反映，考虑从城镇化的城乡统筹城乡一体发展、集约高效发展、绿色低碳发展等要求加以表征。

“综合评价”重点体现在构建指标体系时，不仅从城镇化的人口特征等基本特征出发，而且考虑城镇化进程中在经济发展、社会发展以及公共服务水平、基础设施建设、生态环境建设与保护等方面的发展状况体现，建立综合性的指标体系以得到综合性的评价结果。

二、新型城镇化发展水平综合评价指标体系的功能分析

新型城镇化发展水平综合评价指标体系的主要功能包括五个方面：第一是描述的功能，即通过新型城镇化发展水平综合评价指标体系对新型城镇化的发展状况进行较为系统、全面的体现，达到能够准确把握新型城镇化的发展历程、演进特征等的作用。第二是评价的功能，即通过建立指标体系进而对新型城镇化的发展水平、发展质量、发展效益以及发展的公平性、协调性、可持续性等多方面内容进行综合性的测度评价。第三是解释的功能，即通过新型城镇化发展水平综合评价指标体系中体现的结构关系、指标类型选取等，对新型城镇化发展进程中的重要相关关系、影响作用以及协调发展状态进行分析，进而能够解释发展进程中存在的问题并进行原因分析。第四是监测的功能，即通过建立指标体系进而对新型城镇化发展演进状况进行动态监测，以及时掌握城镇化变化状态。第五是其他功能，如新型城镇化发展水平综合评价指标体系还可以用来对城镇化发展进行发展模拟、趋势预测，或是用来作为考核的依据等。

三、新型城镇化发展水平综合评价指标体系的结构布局

根据前述新型城镇化发展水平综合评价指标体系的框架构成思路、功能分析以及建立指标体系的原则和方法，分目标层、准则层和指标层三个层次来建立新型城镇化发展水平综合评价指标体系。

目标层为新型城镇化发展度，用来对新型城镇化发展水平进行量化测度，重点体现新型城镇化的发展水平、发展态势、发展质量和发展效益等内容。

准则层包括人口发展、经济发展、社会发展、集约发展、融合发展和绿色发展共六个子系统，其中，人口发展、经济发展、社会发展这三个子系统是基于现代化进程构成要素的视角，主要用来反映城镇化演进及其经济社会发展变化状况。人口发展子系统重点表征随着城镇化发展演进，对人的发展的影响作用；经济发展子系统重点表征城镇化经济发展规模、经济结构、经济实力等方面内容；社会发展子系统重点表征城镇化进程中在社会保障和公共服务等方面的发展状态和水平。集约发展、融合发展和绿色发展这三个子系统是基于体现城镇化发展新内涵、新特征、新要求的视角，主要用来反映城镇化发展水平尤其是发展质量状况。集约发展子系统重点表征在空间布局、土地利用等方面的集约节约能力和水平，以及基础设施建设和利用状况；融合发展子系统重点表征城乡统筹发展和产城融合发展状况；绿色发展子系统重点表征在城镇化发展中，绿色发展、循环发展、低碳发展的能力和水平。

第二节　新型城镇化发展水平综合评价指标体系

根据新型城镇化发展水平综合评价指标体系的评价思路及框架构成，立足新型城镇化发展度的评价，按照人口发展子系统、经济发展子系统、社会发展子系统、集约发展子系统、融合发展子系统、绿色发展子系统这六个子系统，分别依据指标选取原则选取了 36 个指标构成新型城镇化发展水平综合评价指标体系。

人口发展指标：选取了城镇化水平、人口自然增长率、城镇居民人均可支配收入、农民人均纯收入、二产从业人口数、三产从业人口数、城镇登记失业率和高等教育毛入学率共 8 个指标。其中，城镇化水平和人口自然增长率用以表征城镇化进程中人口转移及人口数量发展状况，城镇居民人均可支配收入、农民人均纯收入用以表征城乡人口在城镇化进程中的经济状况，二产从业人口数、三产从业人口数、城镇登记失业率用以表征城镇化和工业化推进对人口的影响，高等教育毛入学率用以表征人口素质发展状况。

经济发展指标：选取了人均 GDP、人均地方财政收入、人均固定资产投资额、人均社会消费品零售额、规模以上工业增加值、外贸进出口总值共 6 个指标，用以表征城镇化与经济发展的影响和关系，并较多地选用了人均指标，以更真实地体现经济发展实力和质量状况。

社会发展指标：选取了参加养老保险人数、参加医疗保险人数、千人拥有医生数、千人医院卫生院病床数、小学适龄人口入学率、万人拥有大学生数共 6 个指标，用以表征在社会保障、医疗卫生、教育等方面的发展状况。

集约发展指标：选取了人口密度、建成区面积、人均道路面积、万人拥有的公共交通车辆数、本地移动电话用户数、燃气普及率、用水普及率共 7 个指标，用以表征在城镇化空间布局、土地集约利用以及基础设施建设方面的发展情况。

融合发展指标：选取了二产占 GDP 比重、三产占 GDP 比重、城乡居民收入比、城乡恩格尔系数比、城乡居民消费水平比共 5 个指标，用以表征城镇和农村之间在产业发展、收入水平、消费水平等方面的差异状况。

绿色发展指标：选取了单位 GDP 能耗、建成区绿化覆盖率、生活垃圾处理率和人均公园绿地面积共 4 个指标，用以表征在生态环境建设和保护方面的状况。

新型城镇化发展水平综合评价指标体系的框架结构及指标构成如表 6-1 所示。

表 6-1　新型城镇化发展水平综合评价指标体系

目标层	准则层	指标层
新型城镇化发展度	人口发展	城镇化水平
		人口自然增长率
		城镇居民人均可支配收入
		农民人均纯收入
		二产从业人口数
		三产从业人口数
		城镇登记失业率
		高等教育毛入学率
	经济发展	人均 GDP
		人均地方财政收入
		人均固定资产投资额
		人均社会消费品零售额
		规模以上工业增加值
		外贸进出口总值

续表

目标层	准则层	指标层
新型城镇化发展度	社会发展	参加养老保险人数
		参加医疗保险人数
		千人拥有医生数
		千人医院卫生院病床数
		小学适龄人口入学率
		万人拥有大学生数
	集约发展	人口密度
		建成区面积
		人均道路面积
		万人拥有的公共交通车辆数
		本地移动电话用户数
		燃气普及率
		用水普及率
	融合发展	二产占 GDP 比重
		三产占 GDP 比重
		城乡居民收入比（农民=1）
		城乡恩格尔系数比（农民=1）
		城乡居民消费水平比（农民=1）
	绿色发展	单位 GDP 能耗
		建成区绿化覆盖率
		生活垃圾处理率
		人均公园绿地面积

第三节 实证分析

在建立评价指标体系和选取评价模型的基础上，本节利用前文建立的新型城镇化发展水平综合评价指标体系，采用因子分析法、主成分分析法与层次分析法耦合模型，以河南省新型城镇化发展水平评价为例展开实证分析。评价时间段为2005~2010 年，评价模型中所用数据除注明外，均来自相关年度的《中国统计年鉴》和《河南统计年鉴》。

一、新型城镇化发展子系统评价

利用前文建立的评价指标体系，采用因子分析法和主成分分析法，先对人口发展、经济发展、社会发展、集约发展、融合发展、绿色发展这六个子系统分别进行评价，对各个子系统在评价期内的发展演进状况进行测度和分析。

根据特征值大于1、累计贡献率大于85%的原则，得到正交旋转后六个子系统评价的主成分分析法的特征值、方差贡献率和累计贡献率计算结果（见表6-2）。各子系统所提取的主成分累计方差贡献率均达到90%以上，能够代表绝大部分的信息。

表6-2 主成分分析法特征值、方差贡献率和累计贡献率计算结果

	特征值	方差贡献率（%）	累计贡献率（%）
人口发展	5.643	70.533	97.068
	2.123	26.535	
经济发展	4.019	66.984	99.899
	1.975	32.916	
社会发展	3.212	53.530	98.163
	2.678	44.633	
集约发展	3.240	46.290	91.365
	1.956	27.945	
	1.199	17.130	
融合发展	1.954	48.843	91.513
	1.707	42.670	
绿色发展	2.631	65.780	98.321
	1.302	32.541	

资料来源：《中国统计年鉴》（2008年、2011年）和《河南统计年鉴》（2008年、2011年）。

（一）人口发展子系统

从人口发展子系统的评价结果来看，在人口子系统评价因子得分系数矩阵中，第一公因子主要支配了城镇登记失业率、三产从业人口数、高等教育毛入学率这几个指标，第二公因子主要支配了农民人均纯收入、城镇居民人均可支配收入、二产从业人口数这几个指标。那么第一公因子主要体现的是在城镇化发展进程中，人口的就业状况、就业水平、就业能力这几方面对人口城镇化的重要影响，尤其是三产从业人口数成为第一公因子中的重要指标，充分说明了向新型城

镇化转型发展的过程中，现代服务业发展不仅是产业结构调整与优化升级的重要构成，而且对促进人口就业、提高人口城镇化水平具有重要作用。第二公因子主要体现的是城乡居民收入对人口城镇化的影响，第二产业一直是人口转移就业的主要方向，对转移人口的收入水平具有直接影响，这三个指标主要体现了收入水平对人口城镇化的影响作用。

对于人口发展的综合评价结果如图 6-1 所示。在选取人口发展子系统的评价指标构成时，包含了人口数量、人口结构和人口质量的相关指标，以期对人口发展状况有一个综合性的体现。总体上，在评价期内人口发展水平呈现稳步上升态势。

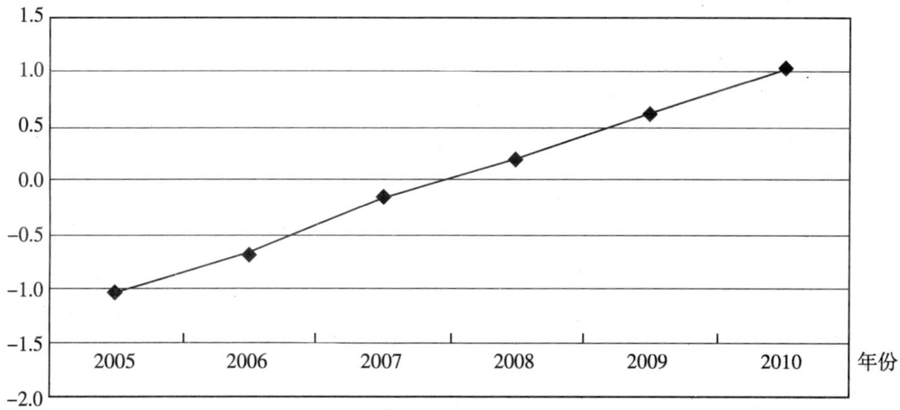

图 6-1　人口发展子系统评价结果

资料来源：《中国统计年鉴》(2008 年、2011 年) 和《河南统计年鉴》(2008 年、2011 年)。

(二) 经济发展子系统

从经济发展子系统的评价结果来看，在经济子系统评价因子得分系数矩阵中，第一公因子主要支配了人均固定资产投资额、人均社会消费品零售额这两个指标，第二公因子主要支配了外贸进出口总值这一指标。从第一公因子及其指标支配情况来看，主要体现的是投资和消费对于经济城镇化发展水平的影响。有意思的是，在经济子系统指标构成中，包括了人均 GDP、人均地方财政总收入、人均固定资产投资额、人均社会消费品零售额、规模以上工业增加值和外贸进出口总值这些体现宏观经济运行情况的关键指标。然而人均 GDP 和人均地方财政总收入这两个指标的因子得分却相对偏低，并没有进入第一公因子主要支配的指标之内。究其原因，应该与近年来固定资产投资重点倾向基础设施和民生领域，对于城镇化的影响显著，消费状况也是经济城镇化的重要影响指标，而人均 GDP 和人均地方财政收入等指标正在向惠民富民的导向加快转变等因素有关。从第二公因子及其指标支配情况来看，对外开放情况得分远远超过其他因子得分，成为主要因子构成。前文在分析新型城镇化内涵及对指标体系构成的影响，并对相关研究进展进行综述时就发现，对于新型城镇化的测度指标，从人口、经济、社会这几个常规构成，进而向民生城镇化、开放城镇化等含义拓展，影响城镇化发展质量和水平提升的一些重要因素都已经引起关注。开放发展不仅是三大需求之一，而且对新型城镇化发展具有重要而显著的影响，扩大开放既能通过加速人才、资金、技术等要素流动，为发展提供动力，又能通过开放促进城市基础设施和公共服务水平的提升，提高城镇发展综合实力和竞争力，并且扩大开放也是提升城市整体形象、增强凝聚力的重要途径。显然，在此处对于经济城镇化子系统各指标的测评结果也充分证明对外开放的重要影响作用。

对于经济发展的综合评价结果如图 6–2 所示。总体上，在评价期内经济发展水平也呈现稳步上升态势。

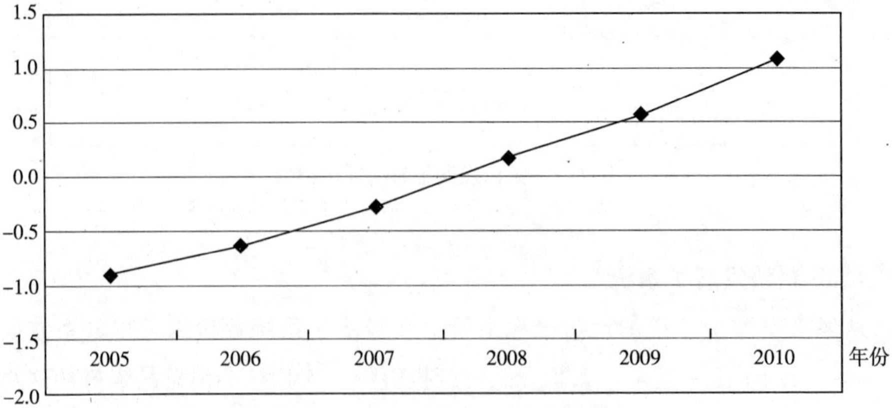

图 6–2　经济发展子系统评价结果

资料来源：《中国统计年鉴》（2008 年、2011 年）和《河南统计年鉴》（2008 年、2011 年）。

（三）社会发展子系统

从社会发展子系统的评价结果来看，在社会子系统评价因子得分系数矩阵中，第一公因子主要支配了千人拥有医生数、参加医疗保险人数这两个指标，第二公因子主要支配了小学适龄人口入学率、万人拥有大学生数和参加养老保险人数这三个指标。从第一公因子及其指标支配情况来看，城镇医疗卫生事业发展状况和发展水平对社会城镇化发展水平具有重要影响。医疗资源不足、服务水平有待提升等问题一直是影响城镇承载能力和民生改善状况的重要因素，加速医疗卫生制度改革、提升服务水平是提高社会城镇化发展水平的关键所在。从第二公因子及其指标支配情况来看，教育发展状况是主要因素，尤其在城镇化进程加快、转移人口增多的情况下，教育承载能力提升和水平提升是制约城镇化发展质量的突出矛盾和问题，从此次实证分析中，小学适龄人口入学率成为主要支配因子也可以有所体现。

对于社会发展的综合评价结果如图 6-3 所示。总体上，在评价期内社会发展水平保持上升态势，其中，2007~2010 年社会发展增速要高于 2005~2007 年，这一阶段也正是党的十七大之后，中国特色城镇化道路探索开始全面展开，社会事业发展加速的阶段，随着社会保障和公共服务水平不断提升，相应的 2007 年之后各年的评价结果也在加速提高。

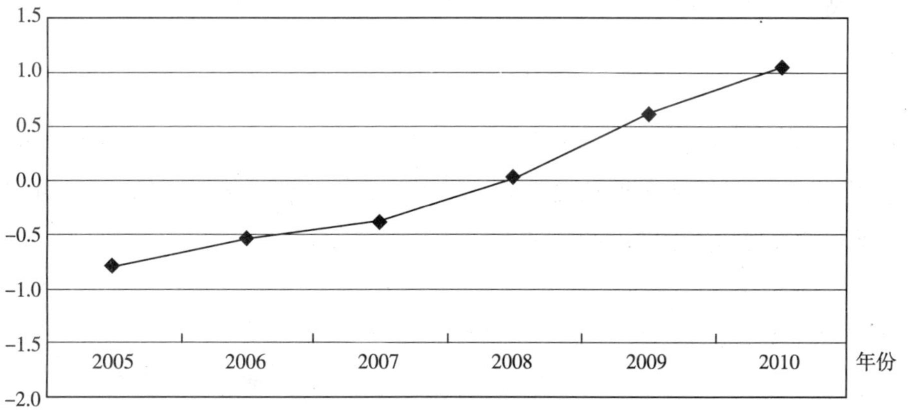

图 6-3　社会发展子系统评价结果

资料来源：《中国统计年鉴》（2008 年、2011 年）和《河南统计年鉴》（2008 年、2011 年）。

（四）集约发展子系统

从集约发展子系统的评价结果来看，在集约子系统评价因子得分系数矩阵中，第一公因子主要支配了人口密度、建成区面积、本地移动电话用户数这三个指标，第二公因子主要支配了万人拥有的公共交通车辆数这一指标，第三公因子主要支配了人均道路面积和用水普及率这两个指标。在进行集约发展子系统的指标选取时，主要是希望能对城镇化进程中的土地等资源集约节约利用、城市公共基础设施规模化集约化建设情况进行表征，重点选取了影响人民生活和提升生活质量的几个可得指标。从此次实证分析结果来看，第一公因子是方差贡献率最大的因子，也是影响最大的因子。显然，人口密度和建成区面积既是土地城镇化的重要表征因子，也是影响城镇化空间布局优化、土地集约利用的关键因素。在推进新型城镇化进程中，一个重要表现就是要从过去摊大饼式的空间粗放式扩张向布局优化、功能完善的集约式发展转变，逐步扭转以拥堵为重要特征的“城市病”发展蔓延问题，而合理控制人口密度和建成区面积是提高城镇化集约发展水平的重要因素。从第二公因子及其指标支配情况来看，城市公共交通发展水平对城镇化集约发展具有显著影响，推行公交先行、完善城市公交运行体系也是促进新型城市生活理念普及、提高绿色低碳发展水平，尤其是治理城市交通拥堵等民生突出矛盾的重要途径。从第三公因子及其指标支配情况来看，主要体现的是道路和供水等基础设施对城镇化集约发展水平的影响，应该说，这两个指标所反映的既是最“基础”的设施也是最直接影响民生的设施建设状况。从我国城镇化发展现状来看，城市公共基础设施在总体规划、服务水平等方面都还存在不足，是影响城市承载能力提升的“瓶颈”制约因素之一。

对于集约发展的综合评价结果如图 6–4 所示。与其他几个子系统多为平稳上升趋势不同，集约发展子系统评价结果表现出更为明显的波动发展态势，同时，在经历了 2005~2007 年的起伏波动后，该子系统发展水平虽然开始逐渐回升，但是增速依然表现出连续波动的情况。

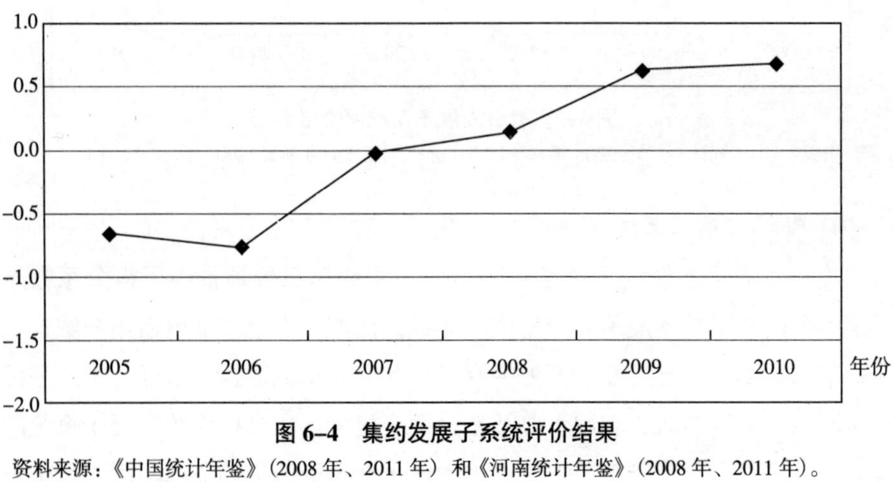

图 6–4　集约发展子系统评价结果

资料来源：《中国统计年鉴》（2008 年、2011 年）和《河南统计年鉴》（2008 年、2011 年）。

(五) 融合发展子系统

考虑到新型城镇化的“新型”内涵和探索有中国特色新型城镇化道路的目标要求，以统筹城乡发展、城乡一体化发展为核心内容，在构建新型城镇化发展水平综合评价指标体系时，设置了融合发展子系统来尝试对城乡融合发展状况进行表征。在选取融合发展子系统的相关指标时，纳入了城乡居民收入比、城乡居民消费水平比和城乡恩格尔系数比这几个相对指标，希望能尽量对目前城乡发展差距和城乡居民生活状况有所反映。还需要说明的是，从指标体系整体构成考虑，对于城乡在社会保障发展等方面的指标放在了社会发展子系统里，因此虽然城乡社会保障和公共服务差距明显，并已经成为城乡一体化发展的突出矛盾和问题，但是本子系统评价重点突出的是城乡之间在收入水平和居民生活方面的融合程度。

从融合发展子系统的评价结果来看，在融合子系统评价因子得分系数矩阵中，第一公因子主要支配了城乡居民收入比和三产占 GDP 比重这两个指标，第二公因子主要支配了城乡恩格尔系数比这一指标，第一个公因子的方差贡献率高于第二公因子，但差距不大，比较接近。由此来看，在统筹城乡发展方面，城乡居民收入状况，尤其是农村居民收入状况是影响城乡统筹发展、缩小差距的重要因素。城乡恩格尔系数对融合发展水平评价值的影响进一步说明，在现阶段，城乡居民在消费水平、消费结构上的差异，更多的是由于农村居民与城镇居民在收入水平上的显著差异，而不是城乡之间在现代生活方式、消费理念上的差异，如何加快城乡一体化发展、改善农村面貌、增加农民收入等都是亟待破解的问题。

对于融合发展的综合评价结果如图 6-5 所示。从考察期内融合发展水平变化情况来看，表现出了较为剧烈的起伏波动态势，在 2008~2010 年出现连续拐点，而出现这一现象的直接原因是 2008~2010 年的三产占 GDP 比重、城乡居民收入比、城乡恩格尔系数比这几个指标实际值均出现了连续起伏。从宏观经济发展背景来看，2008 年之后正是国际金融危机冲击影响凸显、国家强刺激政策出台及短期内止跌回升、后期深层次影响开始凸显等多方面因素的综合作用显现阶段，是各种经济社会问题相互叠加等的影响作用。

(六) 绿色发展子系统

从绿色发展子系统的评价结果来看，在绿色子系统评价因子得分系数矩阵中，第一公因子主要支配了生活垃圾处理率和建成区绿化覆盖率这两个指标，第二公因子主要支配了人均公园绿地面积这一指标。绿色发展子系统共选取了单位

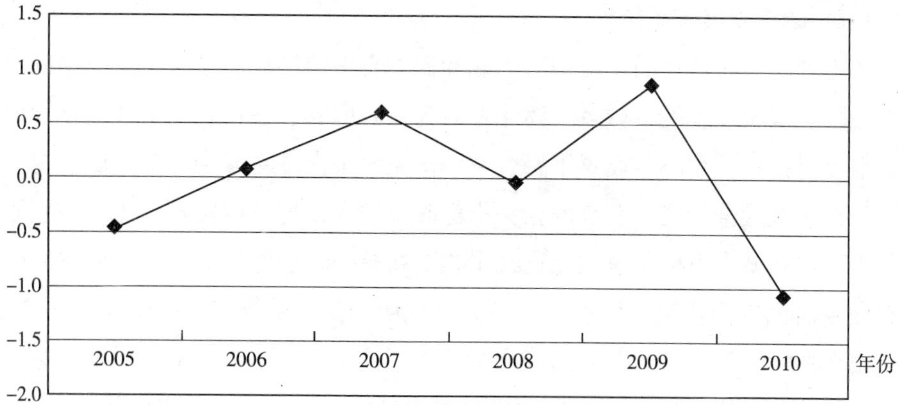

图 6–5　融合发展子系统评价结果

资料来源：《中国统计年鉴》（2008 年、2011 年）和《河南统计年鉴》（2008 年、2011 年）。

GDP 能耗、建成区绿化覆盖率、生活垃圾处理率、人均公园绿地面积 4 个重点反映城市生态环境建设和保护情况的指标，除了单位 GDP 能耗相对而言对绿色发展子系统评价结果贡献率偏低，其他三个指标构成了该子系统评价结果的重要数据信息来源。综合来看，绿色发展子系统所选取的这 4 个指标实际值在各评价年都呈平稳上升趋势，这也与最终系统评价结果保持了一致。

对于绿色发展的综合评价结果如图 6–6 所示。总体上，在评价期内绿色发展水平也是表现出了相对平稳上升的态势。

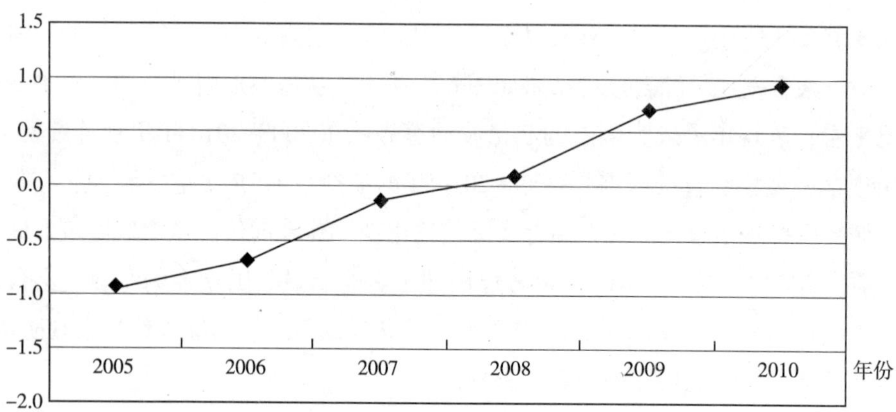

图 6–6　绿色发展子系统评价结果

资料来源：《中国统计年鉴》（2008 年、2011 年）和《河南统计年鉴》（2008 年、2011 年）。

（七）各子系统评价结果对比

综合这六个子系统的评价结果来看，如图 6–7 所示，在评价期内，融合发展子系统的评价结果数值最大，波动也最为剧烈；绿色发展、社会发展、经济发展、人口发展这四个子系统的评价结果数值差异不大，且均表现出平稳增长的态势；集约发展也出现一些波动，但波动幅度明显低于融合发展。总体上，六个子系统表现出小幅波动、总体上升的发展态势。

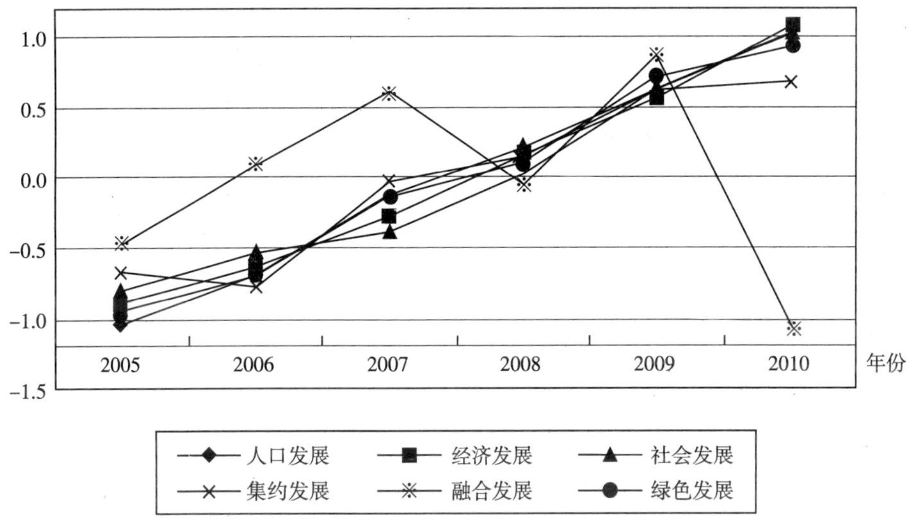

图 6-7 各子系统评价结果对比

资料来源：《中国统计年鉴》（2008 年、2011 年）和《河南统计年鉴》（2008 年、2011 年）。

二、新型城镇化发展水平综合评价

在完成了六个子系统评价的基础上，运用上一章建立的新型城镇化发展水平综合评价模型，采用层次分析法和主成分分析法，得到了新型城镇化发展水平综合评价结果，如图 6-8 所示。总的来看，2005~2010 年，河南省新型城镇化发展水平总体上升但存在小幅波动。随着 21 世纪第二个十年进入了有中国特色新型城镇化道路探索的关键阶段，党的十八大和十八届三中全会为全面深化各项改革明确了路线图和时间表，国家新型城镇化规划为今后推进城镇化进程明确了路径规划，河南推进新型城镇化的发展探索也将随之走向深入，可以预测“十二五”期间河南省的城镇化发展质量和水平都将得到较大提升，“十三五”也将成为新型城镇化取得突破性进展的重要阶段。

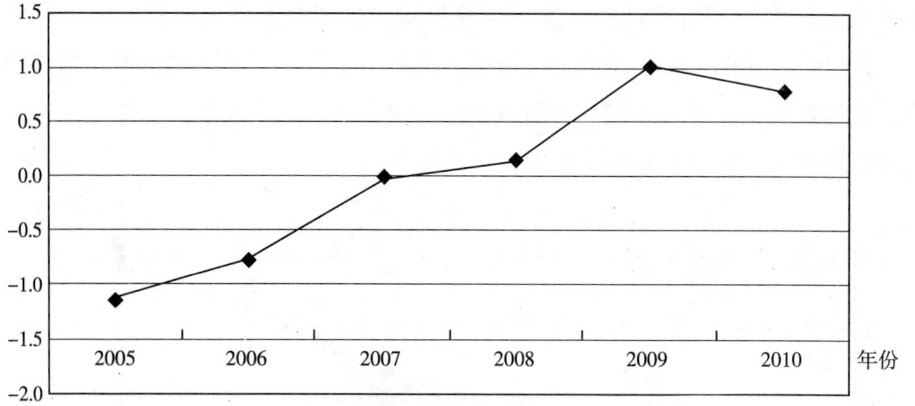

图 6–8 河南省新型城镇化发展水平综合评价结果

资料来源：《中国统计年鉴》（2008 年、2011 年）和《河南统计年鉴》（2008 年、2011 年）。

三、几点思考

建立评价指标体系不仅是进行量化评价的重要基础性工作，也是充分体现评价目标、真实反映发展状况，进而获得满足可靠性要求的评价结果的重要基础性工作。这其中包含了两个关键步骤，一个是确定指标体系的框架结构，另一个是指标的选取。本章在确定指标体系框架构成时，主要从问题导向出发，在前文分析的新型城镇化内涵特征、目标要求以及研究综述基础上，聚焦“新型”、“发展”等关键词，构建了包含人口发展、经济发展、社会发展等通常意义上的重要子系统，以及集约发展、融合发展、绿色发展等新型意义上的体现发展水平与发展质量的几个子系统。但是同时也要看到，这一体系框架虽然尽量充分体现新型城镇化的发展新思路、新要求，但从构成来看，是把系统要素和特征目标两个层面放在一起，因此在子系统的统一性、协调性等方面还存在完善提升的空间。

从融合发展子系统评价结果所表现出的突出的起伏波动问题来看，应该主要与三方面因素有关，第一方面因素是该子系统构成指标的历年数据起伏波动，且评价期相对较短，所以评价结果也是对指标数据变化状况的体现；第二方面因素应该与该子系统指标数量相对偏少有关，融合发展子系统只选取了二三产增加值占 GDP 比重和城乡之间在居民收入、消费水平和恩格尔系数上的比值这几个指标，相对而言指标数量偏少也会对评价结果产生直接影响；第三方面因素应该是与指标数据的相关性有关，城乡居民收入水平及其消费水平、消费结构之间存在显著相关关系，进而可能对指标数据处理及信息提取产生影响，对于这一问题的解决可以从算法优化的角度进行考虑和处理。

本章在建立指标体系的基础上，选取河南省“十一五”期间城镇化发展水平作为实证分析对象进行了综合评价。目前“十二五”已进入收官阶段，同时“十二五”期间不仅有党的十八大、十八届三中全会等重要会议，还有《国家新型城镇化规划》等影响城镇化发展演进的重要政策规划，此外“十三五”将是全面深化改革的重要五年，因此，无论是对城镇化发展的深化研究，还是对实证分析的拓展研究，都还有许多工作要做。要切实发挥实证分析对于定性定量理论分析的检验和完善作用，尤其是在量化实证分析的基础上进一步提出有针对性、可行性的对策建议，是今后进一步研究的重点所在。

第七章 “四化同步”发展的综合评价

“四化同步”发展蕴含复杂的相互作用和影响关系，既包含新型城镇化与新型工业化、农业现代化、信息化的两两之间的相互作用，也包含“四化”作为一个整体的综合发展演进过程。从系统的视角出发，对于“四化同步”发展的综合评价也应从不同的层面展开，进而对“四化同步”发展有一个全面、系统、深入的测度和认识。基于上述考虑，本书围绕新型城镇化发展测度的主题，对“四化同步”发展的综合评价从四个方面展开，包括了对新型城镇化与新型工业化互动发展的评价，对新型城镇化与信息化融合发展的评价，对新型城镇化与农业现代化协调发展的评价，在完成“两化”之间发展状态评价的基础上，最后对新型城镇化与新型工业化、信息化、农业现代化的同步发展水平进行综合测度。本章各节的实证分析部分均选取河南省作为各评价的目标区域，评价模型中所用数据除注明外，均来自相关年度的《中国统计年鉴》、《河南统计年鉴》和《中国科技统计年鉴》。

第一节 新型城镇化与新型工业化互动发展的评价

无论是经济理论还是实践经验都表明，工业化和城市化是世界各国经济发展的普遍规律，体现了一个国家或地区的现代化进程与水平。对于工业化、城镇化两者在发展进程或阶段判断、相互影响作用关系等方面的研究也由来已久。本节以新型城镇化与新型工业化互动发展关系的研究与阐释为核心内容，以“新型”作为分析工业化与城镇化相互影响关系的一个出发点，在进行相关研究进展综述的基础上，尝试建立新型城镇化与新型工业化互动发展的评价指标体系，并以新型城镇化与新型工业化的互动度作为两者之间影响作用状态的衡量标准，对两者之间的关系进行量化测度。

一、相关研究进展

从对新型城镇化与新型工业化两者之间相互关系展开研究的成果报告来看，应该说基本上都是起步于对工业化和城市化两者之间关系的分析，尤其是钱纳里提出的工业化和城市化之间在发展阶段、发展比率之间的标志或判断标准更是长期以来被国际国内普遍采用。城市化是工业化的伴生现象，一般情况下，工业化水平越高，城市化水平也越高。钱纳里等人研究了 1965 年 90 个国家和地区工业化、城市化之间的关系，得出了人均国民生产总值越高、工业化水平越高，城市化水平也越高的结论。[①] 现在国际上一般认为，在工业化的起点阶段，城市化率介于 10%~30%；工业化初期，城市化率在 30%左右；在工业化的实现和经济增长期（工业化中期），城市化率在 30%~60%；在工业化后期，即基本实现工业化时，城市化水平应在 60%以上；后工业化时期，城市化率在 80%以上。与城镇化相关的另一个角度是分析第一产业就业人数占比与工业化的关系。工业化的内涵并不仅仅限于工业本身，其实质表现是一个以农业为主的社会逐步转向以工业及其他非农产业为主的社会的演进过程。作为判断是否进入工业化的指标之一，当农业就业人数占全部就业人数的比重下降到 20%以下，就基本实现了工业化。此外，钱纳里等人提出的标准工业化结构转换模型中，还包括了利用人均 GDP、制造业增加值占总商品生产增加值的比重等指标来分析其与工业化演进的关系，并进行工业化阶段性的判断，在此不再详细介绍。此外，对于工业化和城市化两者之间作用关系的定性分析研究成果还有很多，考虑到本章节以量化测评作为核心内容，故此不再进行定性分析的研究综述。

从现有的对工业化与城镇化两者之间作用关系进行量化测度的研究成果报告来看，主要包含两种类型，一种是以工业化和城镇化发展关系评价为主要内容，另一种是在对城镇化与工业化、农业现代化“三化”之间发展关系进行测度时，城镇化与工业化的关系评价作为其中的一部分而出现的。

从对工业化与城市化两者之间关系模式的界定来看，主要包括了同步发展、协调发展、耦合发展三种类型。其中，有的研究是对工业化与城镇化同步发展状

① 霍利斯·钱纳里，莫伊思·赛尔昆. 发展的型式 1950~1970［M］. 北京：经济科学出版社，1988.

态的测度，如张建新等（2009）采用IU标准（劳动力工业化率与城镇化率的比值）、NU标准（劳动力非农化率与城镇化率的比值）及钱纳里标准，对1978~2007年全国及东部地区、中部地区、西部地区和东北地区的工业化与城镇化关系进行判断，指出我国城镇化的总体水平滞后于工业化，且不同的区域表现出不同的情况，东中部地区城镇化滞后于工业化、东北地区超前于工业化；李林杰等（2007）则是采用了IU比来作为评价标准，分析了我国工业化与城镇化之间是否存在滞后关系。不少研究是对工业化与城市化两者之间协调发展关系或水平的测度，称为协调度，如刘涛（2010）等的研究采用了NU比来对工业化与城镇化之间的协调发展关系进行衡量；张锦玲（2007）则是采用钱纳里修正值建立城镇化率与人均GDP之间的回归模型，对城镇化与工业化之间的协调发展关系进行了测评。有的研究是测度工业化与城市化两者之间的耦合发展关系，即耦合度。也有的研究是同时测度工业化和城市化两者之间的协调发展与耦合发展关系，如陈耀等（2014）的研究指出，耦合度仅是反映两者之间相互影响、相互作用的强度，很难反映两者之间的综合协调发展水平；两个区域可能出现耦合度与协调度不是同步发展甚至不是同向发展的情况，鉴于此，对耦合度和协调度同时进行了测评。

从工业化与城镇化发展综合评价指标体系建立情况来看，基本上现有定量研究成果中，建立综合评价指标体系的都是采用分别建立新型城镇化子系统评价指标体系和新型工业化子系统评价指标体系，然后求出两个子系统的协调度或耦合度等的评估值。其中，如王军（2013）从人口城镇化、经济城镇化和社会城镇化出发，建立了城镇化评价指标体系；从工业化规模、信息化水平和工业化效率出发，建立了新型工业化评价指标体系；进而通过建立的耦合协调度模型对新型工业化与城镇化的耦合关系进行测度。黄永兴等（2013）从工业化进程、经济发展水平、科技含量、资源环保能力、人力资本、信息化水平六个方面出发，建立了新型工业化水平指标体系；从人口城镇化、经济城镇化、空间城镇化和社会城镇化四个方面出发，建立了新型城镇化水平指标体系；进而通过协调发展度模型对新型工业化与新型城镇化的协调发展状况进行评价。郝华勇（2014）则是紧扣信息化与工业化融合、制造业与服务业融合以及科技含量高、经济效益好、资源消耗低、环境污染少、人力资源优势得到充分发挥这些新型工业化的内涵特征来建立新型工业化评价指标体系，紧扣中国特色城镇化道路统筹城乡、布局合理、节约土地、功能完善、以大带小、促进大中小城市和小城镇协调发展的要求，建立了包括经济绩效、社会发展、居民生活、生态环境、基础设施、空间集约、统筹城乡七个方面的新型城镇化评价指标体系。

综合来看，景普秋（2003）、郝华勇等（2014）在对工业化和城镇化协调发展关系的研究综述中都指出现有相关研究中的三个特点，或者说是三个突出问题：一是现有研究中定性分析多，而定量实证研究少；二是采用单一指标代表工业化或城市化水平进行测度的研究多，建立综合评价指标体系的研究少；三是指标体系停留于传统对工业化与城镇化的认识，“新型”的含义和特征未能切实体现。

二、评价指标体系

在建立新型城镇化与新型工业化互动发展评价指标体系时，从目标导向出发，根据前述评价指标体系的框架构成思路、功能分析以及建立指标体系的原则和方法，分目标层、准则层和指标层三个层次来建立新型城镇化与新型工业化互动发展评价指标体系。

目标层：新型城镇化与新型工业化互动度，用来对新型城镇化与新型工业化互动发展状况进行量化测度，重点体现“两化”之间相互作用、相互影响的水平、态势等内容。

准则层：包括两部分。一部分是新型城镇化发展度，与上一章对新型城镇化发展水平综合评价的指标体系构成一致，由人口发展、经济发展、社会发展、集约发展、融合发展、绿色发展六个子系统构成。但是在每个子系统的指标选取方面，考虑到上一章对新型城镇化发展水平进行综合测评时，选取指标覆盖面相对更系统全面，而本章是对新型城镇化与新型工业化、信息化、农业现代化相互之间的发展关系进行测评，有些指标更符合其他几方面评价的内涵要求，为避免指标重复出现，故在本章相关测评中，对新型城镇化的评价指标进行了删减，仅保留了对城镇化发展体现更充分、与其他几部分不重复的指标。另一部分是新型工业化发展度，按照以信息化带动工业化、以工业化促进信息化、科技含量高、经济效益好、资源消耗低、环境污染少、人力资源优势得到充分发挥等新型工业化的特征要求，将新型工业化发展度分为“两化”融合、科技含量、经济效益、资源环境、人力资源五个子系统。

指标层：在新型城镇化发展度的评价中，人口发展子系统包括城镇化水平、城镇居民人均可支配收入、三产从业人口数、高等教育毛入学率共 4 个指标；经济发展子系统包括人均地方财政收入、人均固定资产投资额、人均社会消费品零售额共 3 个指标；社会发展子系统包括参加养老保险人数、参加医疗保险人数、千人拥有医生数、小学适龄人口入学率共 4 个指标；集约发展子系统包括人口密度、人均道路面积、万人拥有的公共交通车辆数、用水普及率共 4 个指标；融合发展子系统包括城乡居民收入比、城乡恩格尔系数比共 2 个指标；绿色发展子系统包括建成区绿化覆盖率、生活垃圾处理率、人均公园绿地面积共 3 个指标。在新型工业化发展度的评价中，“两化”融合子系统包括规模以上通信设备计算机及其他电子设备制造业企业工业增加值、规模以上通信设备计算机及其他电子设备制造业企业从业人员数共 2 个指标；科技含量子系统包括研发经费投入强度、科技活动人员数、拥有发明专利数共 3 个指标；经济效益子系统包括人均 GDP、二产占 GDP 比重、规模以上工业增加值、外贸进出口总值共 4 个指标；资源环境子系统包括单位工业增加值能耗、能源消费弹性系数、工业废水排放达标率、环境污染治理投资占 GDP 比重共 4 个指标；人力资源子系统包括二产从业人口数、二产劳动生产率、万人拥有大学生数共 3 个指标。

表 7–1 所示为新型城镇化与新型工业化互动发展评价指标体系构成。

表 7–1　新型城镇化与新型工业化互动发展评价指标体系

目标层	准则层	指标层	
新型城镇化与新型工业化互动度	新型城镇化发展度	人口发展	城镇化水平 城镇居民人均可支配收入 三产从业人口数 高等教育毛入学率
		经济发展	人均地方财政收入 人均固定资产投资额 人均社会消费品零售额
		社会发展	参加养老保险人数 参加医疗保险人数 千人拥有医生数 小学适龄人口入学率
		集约发展	人口密度 人均道路面积 万人拥有的公共交通车辆数 用水普及率
		融合发展	城乡居民收入比（农民=1） 城乡恩格尔系数比（农民=1）

续表

目标层	准则层	指标层	
新型城镇化与新型工业化互动度	新型城镇化发展度	绿色发展	建成区绿化覆盖率 生活垃圾处理率 人均公园绿地面积
	新型工业化发展度	“两化”融合	规模以上通信设备计算机及其他电子设备制造业企业工业增加值 规模以上通信设备计算机及其他电子设备制造业企业从业人员数
		科技含量	研发经费投入强度 科技活动人员数 拥有发明专利数
		经济效益	人均 GDP 二产占 GDP 比重 规模以上工业增加值 外贸进出口总值
		资源环境	单位工业增加值能耗 能源消费弹性系数 工业废水排放达标率 环境污染治理投资占 GDP 比重
		人力资源	二产从业人口数 二产劳动生产率 万人拥有大学生数

三、实证分析

本小节实证分析部分选取河南省为评价对象，评价时间段为 2005~2010 年。评价模型采用前文介绍的系统协调发展评价模型，具体运算步骤不再重复介绍。

首先，计算得出新型城镇化与新型工业化的综合发展水平值，如表 7–2 所示。

表 7–2 综合发展水平值计算结果

	2005 年	2006 年	2007 年	2008 年	2009 年	2010 年
新型城镇化	–0.8028	–0.5763	–0.2634	0.1074	0.5082	1.0270
新型工业化	–0.9321	–0.5688	–0.2288	0.2091	0.4778	1.0429

资料来源：《中国统计年鉴》(2008 年、2011 年)、《河南统计年鉴》(2008 年、2011 年) 和《中国科技统计年鉴》(2008 年、2011 年)。

考虑到在拟合过程中新型城镇化与新型工业化之间的线性影响显著，为简便起见，采用了线性拟合方法，拟合结果如下：

$$\begin{cases} X_1 = 3.61E-015 + 0.949Y_1 \\ Y_1 = -3.8E-015 + 1.043X_1 \end{cases},\ R^2 = 0.990,\ F = 411.257^{***}$$

其中，X_1 为新型城镇化；Y_1 为新型工业化；*** 表示 $p<0.0001$。

根据拟合方程得出新型城镇化和新型工业化的互动发展水平值，进而求出新型城镇化和新型工业化的互动度，如图 7–1 所示。从图中显示的新型城镇化与新型工业化互动发展变化情况来看，呈现出明显的倒“U”形，2005~2007 年，新型城镇化与新型工业化互动发展呈现向好发展态势，2008~2010 年，两者互动发展水平则呈现下降态势，尤其是 2010 年出现明显下降。虽然综合来看，新型城镇化与新型工业化的互动发展度一直处于 0.9 以上，总体上为互动良好发展阶段，但是两者之间的互动关系变化走势值得关注。特别是从新型城镇化与新型工业化各自的系统发展度来看，两者均表现出稳步上升态势，但是两者之间的互动发展状态却表现出先升后降的显著起伏，说明新型城镇化与新型工业化之间还没有能够形成稳定的互促并进发展关系。尤其是 2010 年以来，河南已经进入城镇化与工业化加速转型、全面深化改革的攻坚阶段，在破解城镇化进程中面临的诸多矛盾问题、推动产业结构调整和优化升级的同时，如何促进新型城镇化与新型工业化之间形成良性互动发展关系是需要解决的现实难题。

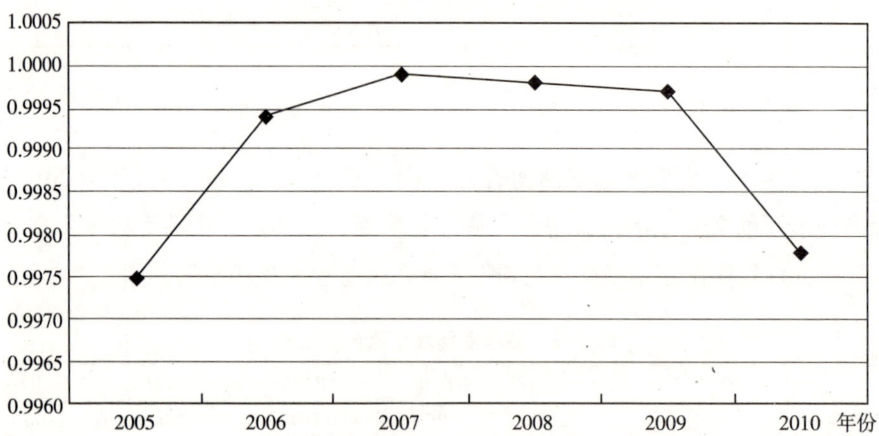

图 7–1　2005~2010 年河南省新型城镇化与新型工业化互动发展度评价结果

资料来源：《中国统计年鉴》（2008 年、2011 年）和《河南统计年鉴》（2008 年、2011 年）。

第二节　新型城镇化与信息化融合发展的评价

《国家新型城镇化规划（2014~2020 年）》中明确提出要顺应现代城市发展新

理念、新趋势，加快新型城市建设，其中，推动物联网、云计算、大数据等新一代信息技术与城市经济社会发展深度融合，建设智慧城市是重要目标要求之一。继国家提出以信息化带动工业化、以工业化促进信息化的新型工业化“两化融合”发展战略后，推进新型城镇化与信息化融合发展成为新型城镇化道路探索的新要求、新导向。在此背景下，对新型城镇化与信息化融合发展状况进行评价，对把握融合发展的进程与成效，分析存在的问题及原因，促进新型城镇化与信息化深度融合、提升城镇化发展水平都具有重要意义。

一、研究进展

在进行城镇化与信息化的发展关系评价时，必然涉及对信息化评价及其指标设计的思考。信息化发展水平测评的研究开始得较早、成果数量也较多，从现有成果来看，以企业信息化、教育信息化、政府信息化、产业信息化等为主题的文献成果占多数。从对区域信息化水平的测度来看，国家层面对于信息化评价指标体系的研究及应用起步较早，每年发布的信息化发展指数在测度和把握不同区域信息化发展水平方面发挥了重要作用。国务院、国家统计局、信息产业部等部门组织开展的系统化的信息化水平评价研究及其指标体系构建从 20 世纪 90 年代初就已经开始，1999 年提出了国家信息化指标体系，这第一套信息化水平总指数包括了信息资源开发利用、信息网络建设、信息技术应用、信息产业发展、信息化人才、信息化发展政策六个分类指数，并用于对我国 1995~2001 年 31 个省、市、自治区信息化水平的量化评价。2004 年初起，国家统计局、国家发展和改革委员会组织开展了“中国信息化水平评价研究”，提出了第二套信息化水平评价体系。第二套评价体系与第一套的不同之处就是更侧重于信息化应用水平的评价，在总指数指标体系中从信息化应用条件和应用状况出发来测度信息化水平。[①]同一时期对于城市信息化水平评价的研究还在不断深入，2001 年在上海市召开的第二届亚太地区城市信息化高级论坛市长圆桌会议上发表了城市信息化水平评价指标体系，这也是我国第一个公开发布的城市信息化指标体系。此外，在信息化水平评价相关文献研究中，对区域信息化、城市信息化、农村信息化、农业信息化的评价研究及其指标体系构建也出现了一批相关成果报告。

①《中国信息化水平评价研究》课题组. 中国信息化水平评价研究报告［J］. 统计研究，2006（2）.

新型城镇化与信息化融合发展自党的十八大明确提出相关要求后，已经成为研究的热点问题。但是从现有的成果报告来看，对于城镇化与信息化融合发展的成果报告较少，且其中定性分析占绝大多数，而对两者融合发展状态进行定量评价的研究报告更少。姜爱林（2003，2004）是较早开始探讨信息化与城镇化相互发展关系的学者之一，在其2003年和2004年的研究中，分别以城镇化、信息化的互动关系和协调发展作为主题进行了阐述。毛智勇等（2013）分析了信息化与工业化、城镇化融合发展面临的问题，阐述了信息化对中部地区城镇化、工业化、农业现代化发展的带动作用。从对信息化与城镇化发展关系的测度来看，不同的研究得到了不同的结论。如张兰婷等（2013）的量化测度表明，短期内信息化对城镇化会产生负的影响，长期来看则其正效应会逐步替代负效应。另外，现有的城镇化与信息化量化评价研究基本上都出现在对新型城镇化与新型工业化、信息化、农业现代化“四化同步”发展测度的研究中，如黄安胜等（2013）在建立“新四化”综合发展水平评价指标体系中，设计了信息化发展指数，包括电信和其他信息传输服务业就业人数、互联网宽带接入端口、电话普及率、互联网普及率等指标。综合来看，对于信息化与城镇化融合发展的相关研究，尤其是定量评价研究成果较少，在定量分析的基础上对于两者融合发展关系机理的分析也还有待深入。

二、评价指标体系

在建立新型城镇化与信息化融合发展评价指标体系时，从目标导向出发，根据前述评价指标体系的框架构成思路、功能分析以及建立指标体系的原则和方法，分目标层、准则层和指标层三个层次来建立新型城镇化与信息化融合发展评价指标体系。

目标层：新型城镇化与信息化融合度，用来对新型城镇化与信息化融合发展状况进行量化测度，重点体现“两化”之间融合发展的水平、程度等内容。

准则层：包括两部分。一部分是新型城镇化发展度，由人口发展、经济发展、社会发展、集约发展、融合发展、绿色发展六个子系统构成。另一部分是信息化发展度，按照信息化发展的特征及要求，将信息化发展度分为基础设施、使用普及、产业投入三个子系统。

指标层：在新型城镇化发展度的评价中，人口发展子系统包括城镇化水平、城镇居民人均可支配收入、三产从业人口数、高等教育毛入学率共 4 个指标；经济发展子系统包括人均地方财政收入、人均固定资产投资额、人均社会消费品零售额共 3 个指标；社会发展子系统包括参加养老保险人数、参加医疗保险人数、千人拥有医生数、小学适龄人口入学率共 4 个指标；集约发展子系统包括人口密度、人均道路面积、万人拥有的公共交通车辆数、用水普及率共 4 个指标；融合发展子系统包括城乡居民收入比、城乡恩格尔系数比共 2 个指标；绿色发展子系统包括建成区绿化覆盖率、生活垃圾处理率、人均公园绿地面积共 3 个指标。在信息化发展度的评价中，基础设施子系统包括长途光缆线路长度、广播人口覆盖率、电视人口覆盖率共 3 个指标；使用普及子系统包括固定电话普及率、移动电话普及率、国际互联网用户共 3 个指标；产业投入子系统包括信息传输计算机服务和软件业城镇投资额指标。

表 7–3 为新型城镇化与信息化融合发展评价指标体系构成。

表 7–3 新型城镇化与信息化融合发展评价指标体系

<table>
<tr><th>目标层</th><th>准则层</th><th colspan="2">指标层</th></tr>
<tr><td rowspan="9">新型城镇化与信息化融合度</td><td rowspan="6">新型城镇化发展度</td><td>人口发展</td><td>城镇化水平
城镇居民人均可支配收入
三产从业人口数
高等教育毛入学率</td></tr>
<tr><td>经济发展</td><td>人均地方财政收入
人均固定资产投资额
人均社会消费品零售额</td></tr>
<tr><td>社会发展</td><td>参加养老保险人数
参加医疗保险人数
千人拥有医生数
小学适龄人口入学率</td></tr>
<tr><td>集约发展</td><td>人口密度
人均道路面积
万人拥有的公共交通车辆数
用水普及率</td></tr>
<tr><td>融合发展</td><td>城乡居民收入比（农民=1）
城乡恩格尔系数比（农民=1）</td></tr>
<tr><td>绿色发展</td><td>建成区绿化覆盖率
生活垃圾处理率
人均公园绿地面积</td></tr>
<tr><td rowspan="3">信息化发展度</td><td>基础设施</td><td>长途光缆线路长度
广播人口覆盖率
电视人口覆盖率</td></tr>
<tr><td>使用普及</td><td>固定电话普及率
移动电话普及率
国际互联网用户</td></tr>
<tr><td>产业投入</td><td>信息传输计算机服务和软件业城镇投资额</td></tr>
</table>

三、实证分析

本小节实证分析部分选取河南省为评价对象，评价时间段为2005~2010年。评价模型采用前文介绍的系统协调发展评价模型，具体运算步骤不再重复介绍。

首先计算得出新型城镇化与信息化的综合发展水平值，如表7-4所示。

表7-4　综合发展水平值计算结果

	2005年	2006年	2007年	2008年	2009年	2010年
新型城镇化	−0.8028	−0.5763	−0.2634	0.1074	0.5082	1.0270
信息化	−0.9028	−0.9508	−0.2390	0.2619	0.8932	0.9375

资料来源：《中国统计年鉴》（2008年、2011年）和《河南统计年鉴》（2008年、2011年）。

考虑到在拟合过程中新型城镇化与信息化之间的线性影响显著，为简便起见，采用了线性拟合方法，拟合结果如下：

$$\begin{cases} X_2=2.01E-015+0.790Y_2 \\ Y_2=-2.2E-015+1.173X_2 \end{cases},\ R^2=0.926,\ F=50.168^*$$

其中，X_2为新型城镇化；Y_2为信息化；* 表示$p<0.01$。

由上述拟合方程可以得出新型城镇化与信息化的融合发展水平值，进而得出两者之间的融合发展度，如图7-2所示。从图中新型城镇化与信息化融合发展度的变化趋势来看，总体表现为波动发展态势，尤其是2006年和2009年，新型城镇化与信息化融合发展度出现明显下降。另外还有一点值得关注的就是，在完成新型城镇化与新型工业化、新型城镇化与信息化、新型城镇化与农业现代化的两两之间发展水平测度后，从得到的三组数据来看，新型城镇化与信息化的融合度得分值是三组数据里面最低的，这也从一方面反映了评价期内信息化发展以及与城镇化进程的融合还处在起步阶段。应该说，随着21世纪第二个十年进入信息技术、信息产业迅猛发展阶段，信息化对城镇化发展的支撑作用、提升作用以及互相融合、互相促进程度的深化，都将使新型城镇化与信息化融合度在之后的评价期内表现出更好的增长态势。

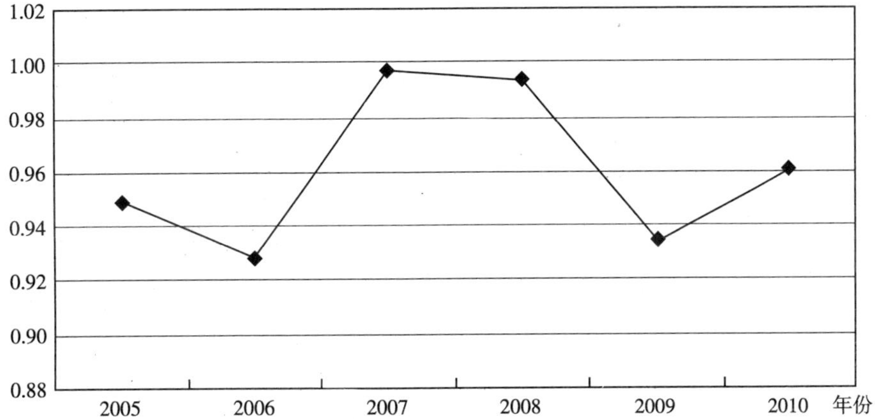

图 7-2 2005~2010 年河南省新型城镇化与信息化融合发展度评价结果

资料来源：《中国统计年鉴》（2008 年、2011 年）和《河南统计年鉴》（2008 年、2011 年）。

第三节 新型城镇化与农业现代化协调发展的评价

国家提出的新型城镇化发展战略的一个重要特征就是要推动城乡统筹、城乡一体化发展。城市和农村作为城镇化发展演进过程中在地理空间上变化的两个基点，也是经济社会问题、城乡发展问题等各种矛盾的聚焦点。如何推动城镇化与农业现代化协调发展，促进城乡之间形成互为支撑、互促并进的良性互动发展关系是现代化进程中的突出问题。本节主要围绕新型城镇化与农业现代化协调发展的量化评价，在建立评价指标体系的基础上，对“两化”之间的协调发展水平进行测度，并希望从中分析城镇化与农业现代化的相互作用关系和状态，为之后的“四化同步”发展测度打下基础。

一、研究进展

对于城镇化与农业现代化的量化测度主要包括两大类：一类是进行“两化”之间的关系测评，如衡杰（2014）建立了包括人口城镇化、经济城镇化、居民生活城镇化和基础设施与服务城镇化在内的新型城镇化综合发展水平指标体系，包括了农业生产条件现代化和农业综合产出效益的农业现代化综合发展水平指标体系，并对安徽省新型城镇化与农业现代化关系分若干协调等级、利用耦合协调度计算进行了量化评价。孙云霞等（2009）建立了区域城市化与农业现代化发展指数，并根据对全国31个省市区的量化评估结果，将全国城市化与农业现代化协调发展分为12种基本类型，分析了其中城市领先型、农业领先型和同步型等不同类型的发展特点、趋势和问题。另一类是对城镇化与农业现代化协调发展水平的测评，如赵颖智（2013）在分别构建了城镇化系统评价指标体系和农业现代化系统评价指标体系的基础上，利用协调度测度函数计算了中国近20年来城镇化与农业现代化之间的协调度发展变化状态，其结果显示，城镇化与农业现代化之间的协调度呈现先下降后上升的趋势。

从城镇化与农业现代化协调发展评价指标体系的建立及指标的选取来看，不同的研究报告选取了不同的指标作为评价依据。鉴于本书以新型城镇化为研究主题，前文有专门章节对新型城镇化评价指标进行综述和分析，这里重点对农业现代化评价指标的选取进行简单介绍。在现有研究成果报告中，本书比较赞同徐君（2012）对农业现代化评价指标体系构成的框架思路，即在农业现代化评价指标体系中设置了农业生产现代化、农村现代化和农民现代化三个分项。与有些研究在进行农业现代化测评时，主要围绕农业和粮食生产相关内容来选择指标不同，徐君的研究纳入了农村发展、农民发展与农业发展系统协同的思路，而这也显然更符合农业与农村、农民之间密不可分的协同发展关系机理。但是同时，该文献在农村现代化分项中选取的是农民人均纯收入和恩格尔系数，在农民现代化分项中选取的是每万人普通中学毕业生数和每万人拥有医生数，这两个分项所纳入的指标是否能对各自的分项主题提供较为契合的解释值得商榷。例如，农村现代化选取农民收入水平和消费状况的指标，对于农村在基础设施等生活条件、生活环境方面的变化就较难体现。因此，在本节进行新型城镇化与农业现代化协调发展评价中，在建立农业现代化评价指标体系时采用了徐君的框架构成方法，但是在设置各分项指标时，按照农业生产、农村发展、农民生活等相关内涵重新进行了指标选取。

二、评价指标体系

在建立新型城镇化与农业现代化协调发展评价指标体系时，从目标导向出发，根据前述评价指标体系的框架构成思路、功能分析以及建立指标体系的原则和方法，分目标层、准则层和指标层三个层次来建立新型城镇化与农业现代化协调发展评价指标体系。

目标层：新型城镇化与农业现代化协调度，用来对新型城镇化与农业现代化的协调发展状况进行量化测度，重点体现“两化”之间协调发展的水平、状态等内容。

准则层：包括两部分。一部分是新型城镇化发展度，由人口发展、经济发展、社会发展、集约发展、融合发展、绿色发展六个子系统构成。另一部分是农业现代化发展度，采用徐君的分层思路，将农业现代化发展度分为农业生产现代化、农村现代化和农民现代化三个子系统。

指标层：在新型城镇化发展度的评价中，人口发展子系统包括城镇化水平、城镇居民人均可支配收入、三产从业人口数、高等教育毛入学率共 4 个指标；经济发展子系统包括人均地方财政收入、人均固定资产投资额、人均社会消费品零售额共 3 个指标；社会发展子系统包括参加养老保险人数、参加医疗保险人数、千人拥有医生数、小学适龄人口入学率共 4 个指标；集约发展子系统包括人口密度、人均道路面积、万人拥有的公共交通车辆数、用水普及率共 4 个指标；融合发展子系统包括城乡居民收入比、城乡恩格尔系数比共 2 个指标；绿色发展子系统包括建成区绿化覆盖率、生活垃圾处理率、人均公园绿地面积共 3 个指标。在农业现代化发展度的评价中，农业生产现代化子系统包括一产从业人员比重、一产占 GDP 比重、人均农林牧渔业增加值、人均粮食产量、农业机械总动力、农田有效灌溉面积共 6 个指标；农村现代化子系统包括通汽车村数、通电话村数、自来水受益村数、农村用电量共 4 个指标；农民现代化子系统包括一产劳动生产率、农民人均纯收入、农村居民恩格尔系数共 3 个指标。

表 7–5 为新型城镇化与农业现代化协调发展评价指标体系构成。

表 7–5 新型城镇化与农业现代化协调发展评价指标体系

目标层	准则层	指标层	
新型城镇化与农业现代化协调发展度	新型城镇化发展度	人口发展	城镇化水平 城镇居民人均可支配收入 三产从业人口数 高等教育毛入学率
		经济发展	人均地方财政收入 人均固定资产投资额 人均社会消费品零售额

续表

<table>
<tr><th>目标层</th><th>准则层</th><th colspan="2">指标层</th></tr>
<tr><td rowspan="8">新型城镇化与农业现代化协调发展度</td><td rowspan="4">新型城镇化发展度</td><td>社会发展</td><td>参加养老保险人数
参加医疗保险人数
千人拥有医生数
小学适龄人口入学率</td></tr>
<tr><td>集约发展</td><td>人口密度
人均道路面积
万人拥有的公共交通车辆数
用水普及率</td></tr>
<tr><td>融合发展</td><td>城乡居民收入比（农民=1）
城乡恩格尔系数比（农民=1）</td></tr>
<tr><td>绿色发展</td><td>建成区绿化覆盖率
生活垃圾处理率
人均公园绿地面积</td></tr>
<tr><td rowspan="3">农业现代化发展度</td><td>农业生产现代化</td><td>一产从业人员比重
一产占 GDP 比重
人均农林牧渔业增加值
人均粮食产量
农业机械总动力
农田有效灌溉面积</td></tr>
<tr><td>农村现代化</td><td>通汽车村数
通电话村数
自来水受益村数
农村用电量</td></tr>
<tr><td>农民现代化</td><td>一产劳动生产率
农民人均纯收入
农村居民恩格尔系数</td></tr>
</table>

三、实证分析

本小节实证分析部分选取河南省为评价对象，评价时间段为 2005~2010 年。评价模型采用前文介绍的系统协调发展评价模型，具体运算步骤不再重复介绍。

首先计算得出新型城镇化与农业现代化的综合发展水平值，如表 7-6 所示。

表 7-6 综合发展水平值计算结果

	2005 年	2006 年	2007 年	2008 年	2009 年	2010 年
新型城镇化	-0.8028	-0.5763	-0.2634	0.1074	0.5082	1.0270
农业现代化	-0.9882	-0.5541	-0.1611	0.2195	0.5718	0.9120

资料来源：《中国统计年鉴》（2008 年、2011 年）和《河南统计年鉴》（2008 年、2011 年）。

考虑到在拟合过程中新型城镇化与农业现代化之间的线性影响显著，为简便起见，采用了线性拟合方法，拟合结果如下：

$$\begin{cases} X_3 = 2.57E - 015 + 0.956Y_3 \\ Y_3 = -2.6E - 015 + 1.015X_3 \end{cases}, \quad R^2 = 0.970, \quad F = 130.884^{***}$$

其中，X_3 为新型城镇化；Y_3 为农业现代化；*** 表示 $p<0.0001$。

由上述拟合方程进而可以得出新型城镇化与农业现代化的协调发展度，如图 7-3 所示。从图中表现出来的发展变化趋势来看，新型城镇化和农业现代化的协调度与新型城镇化和新型工业化的互动度出现了无论是走势还是拐点位置都比较相似的变化曲线，都是在 2005~2007 年逐年上升，而 2008~2010 年逐年下降，均呈现倒“U”形，只不过新型城镇化和农业现代化协调度的走势相对平缓一些。2008 年开始，城镇化与工业化、农业现代化的协调互动发展均出现下行特征，这也很容易会让人联系到 2008 年国际金融危机冲击影响下，一方面危机倒逼机制加快了结构调整、方式转变的步伐和力度；另一方面危机影响下，宏观经济虽然企稳回升，但是总体上开始进入调速换挡期，各种因素也都会对城镇化与工业化、农业现代化的发展产生显著影响，体现在“两化”之间的协调互动发展度评价数据上，也就出现了如图 7-3 所示的波动起伏现象。

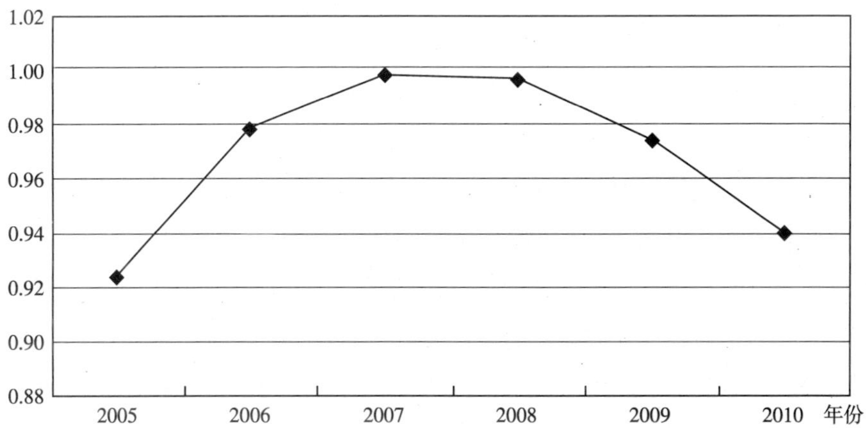

图 7-3 2005~2010 年河南省新型城镇化与农业现代化协调发展度评价结果

资料来源：《中国统计年鉴》（2008 年、2011 年）和《河南统计年鉴》（2008 年、2011 年）。

第四节 “四化同步”发展水平的综合评价

国家提出“四化同步”发展战略以来，无论是相关研究还是实践探索都开始逐步深入。“四化同步”实际上也是对之前工业化、城镇化、农业现代化及其“三化”之间相互协调演进发展的延伸拓展，是由于大数据时代随着信息技术、信息产业迅猛发展，信息化对现代化进程的影响日益深刻，所以将信息化与工业化、城镇化、农业现代化作为一个系统整体来谋划发展，以新动力、新机制推动经济社会在转型升级中提升发展质量和水平。也正是由于这种考虑，对于“四化同步”发展水平进行综合评价，既可以通过量化测度来对“四化同步”发展的进程、水平等进行总体把握，也可以通过系统分析、系统评价的视角和方法，来对“四化”之间作为一个整体在相互作用机理、运行机制及综合效应等方面的内容进行剖析，进而对更合理有效地推进“四化同步”发展起到支撑作用。本节在前面分别对新型城镇化与新型工业化、信息化、农业现代化两两之间发展作用关系及水平进行评价的基础上，建立“四化同步”发展的综合评价指标体系，尝试对“四化同步”发展水平进行量化测度。

一、研究进展

从现有的城镇化、工业化、信息化、农业现代化“四化同步”发展相关研究成果来看，总体上表现为数量不断增多、区域实证分析不断增多的特点。从研究方法来看，定性分析占据多数，定量分析数量偏少。在定性研究方面，大多研究是从内涵分析、关系分析以及作用机理、关联机制等方面对“四化”及其交互作用关系进行理论阐释。如蓝庆新（2013）、李仕波（2014）、毛智勇等（2013）的研究剖析了工业化、信息化、城镇化和农业现代化同步发展的内涵、运行机制、作用机理等。冯献等（2013）提出“两个融合”，即以工业化与信息化的融合，推进新型工业化发展；以城镇化与农业现代化的融合，推进城乡一体化发展。崔凯等（2013）对新中国成立以来“四化同步”推进的历史进程和发展趋势进行了回顾总结。

在对“四化同步”发展的定量分析方面，一些研究者根据内涵分析或作用关系建立了各具特色的评价指标体系进行“四化”发展关系的测度，如张兰婷等（2013）选取了第二产业工业产值占 GDP 的比重、人均邮电业务额、城镇人口占总人口的比重、农业部门就业人员的人均产值四个指标，分别标准化工业化、信息化、城镇化和农业现代化，进而建立向量自回归模型来对“四化”之间的关系进行量化测评，并得到信息化分别与工业化、城镇化及农业现代化之间存在稳定均衡关系的结论。但其研究主要是从两两关系分析出发的，而“四化”之间作用影响的多元性较难得到体现，且选取单一指标进行评价，面临着方法思路都简单明了，但指标的解释能力是否充分等两难问题。黄安胜等（2013）则是从指数的视角出发，建立了包括工业化发展指数、信息化发展指数、城镇化发展指数、农业现代化发展指数四个指数的“新四化”综合发展指数，并针对每个指数分别选取了四个指标，构成了综合评价指标体系，对全国省域“四化”发展水平进行了评价，并对区域水平差异进行了分析。

此外，还应注意到的是在近几年“四化同步”发展研究开始逐步深化之前，对于城镇化、工业化、农业现代化“三化”协调发展的许多定性定量研究分析，为“四化同步”发展相关研究奠定了重要基础。在量化评价方面，对于指标体系的构建主要包括两种类型：一种是针对工业化、城镇化和农业现代化三个方面分别选取单一指标后进行“三化”发展水平评价，如万春林等（2014）在衡量农业现代化、工业化、城镇化的众多指标中各寻找一个代表性的变量，以农业从业人员的生产效率来反映农业现代化发展，以第二产业人均增加值来反映工业化发展，以城镇人口占总人口的比重来反映城镇化发展，从而对“三化”协调发展状况进行测度。另一种类型是针对工业化、城镇化、农业现代化分别建立多指标评价体系，然后对“三化”发展状况进行综合评价，如魏佩瑶（2013）、李伯华等（2012）、喻金田等（2014）的研究都是建立了包括农业现代化、工业化、城镇化三个子系统的综合评价指标体系，进而对“三化”协调发展进行评价。此外，徐君（2012）的研究进一步将新型工业化分为经济效益状况、科技与信息化水平、资源利用与环保能力、人力资源利用程度四个子系统，将新型城镇化分为城市化人本化、经济发展、社会发展三个子系统，将农业现代化分为农业生产现代化、农村现代化和农民现代化三个子系统，在指标体系的针对性、解释性方面有了较强的体现。吴振明（2012）建立了包括总量指标、速度指标、质量指标等 31 个指标在内的工业化、城镇化、农业现代化综合发展水平指标体系，通过系统协调状态测度模型，对我国西部地区进行了实证测评，结果表明，工业与农业发展的不协调是制约西部地区协调发展的关键因素，统筹城乡发展对促进城镇化与农业现代化协调发展有重要作用。

二、评价指标体系

在建立“四化同步”发展评价指标体系时，从目标导向出发，根据前述评价指标体系的框架构成思路、功能分析以及建立指标体系的原则和方法，分目标层、准则层和指标层三个层次来建立“四化同步”发展评价指标体系。

目标层：“四化同步”发展度，用来对新型城镇化与新型工业化、信息化、农业现代化“四化”之间的同步发展状况进行量化测度。

准则层：包括四个部分，即新型城镇化发展度、新型工业化发展度、信息化发展度和农业现代化发展度。

指标层：在新型城镇化发展度的评价中，包括人口发展、经济发展、社会发展、集约发展、融合发展、绿色发展共 6 个子系统及其指标。在新型工业化发展度的评价中，包括“两化”融合、科技含量、经济效益、资源环境、人力资源共 5 个子系统及其指标。在信息化发展度的评价中，包括基础设施、使用普及、产业投入共 3 个子系统及其指标。在农业现代化发展度的评价中，包括农业生产现代化、农村现代化、农民现代化共 3 个子系统及其指标。

如表 7–7 所示为“四化同步”发展评价指标体系构成。

表 7–7　“四化同步”发展评价指标体系

目标层	准则层	指标层
“四化同步”发展度	新型城镇化发展度	人口发展
		经济发展
		社会发展
		集约发展
		融合发展
		绿色发展
	新型工业化发展度	“两化”融合
		科技含量
		经济效益
		资源环境
		人力资源
	信息化发展度	基础设施
		使用普及
		产业投入
	农业现代化发展度	农业生产现代化
		农村现代化
		农民现代化

三、实证分析

利用前文建立的评价指标体系，采用因子分析法和主成分分析法，先对新型城镇化发展度、新型工业化发展度、信息化发展度、农业现代化发展度分别进行评价。根据特征值大于 1、累计贡献率大于 85%的原则，得到正交旋转后的主成分分析法的特征值、方差贡献率和累计贡献率计算结果（见表 7–8）。各子系统所提取的主成分累计方差贡献率均达到 90%以上，能够代表绝大部分的信息。

表 7–8 主成分分析法特征值、方差贡献率和累计贡献率计算结果

	特征值	方差贡献率（%）	累计贡献率（%）
新型城镇化发展度	12.185	60.925	95.286
	3.657	18.286	
	3.215	16.076	
新型工业化发展度	8.971	56.069	93.116
	5.928	37.047	
信息化发展度	5.247	74.957	91.458
	1.155	16.501	
农业现代化发展度	6.945	53.424	98.832
	5.903	45.408	

资料来源：《中国统计年鉴》（2008 年、2011 年）、《河南统计年鉴》（2008 年、2011 年）和《中国科技统计年鉴》（2008 年、2011 年）。

从新型城镇化发展度在评价期内的发展变化情况来看（见图 7–4），保持了稳步增长态势，与上一章对同一评价期内新型城镇化发展水平的综合评价结果走势一致。在新型城镇化发展度评价因子得分矩阵中，第一公因子主要支配了千人拥有医生数、人口密度、参加医疗保险人数这几个指标，主要代表了社会发展子系统对新型城镇化发展水平的影响。第二公因子主要支配了城乡居民收入比、城乡恩格尔系数比和万人拥有的公共交通车辆数这几个指标，主要代表了统筹发展子系统对新型城镇化发展水平的影响。第三公因子主要支配了人均道路面积、人均公园绿地面积这两个指标，主要代表了集约发展、绿色发展的影响。总体上看，集约发展、统筹发展、社会发展这几方面的指标，是影响新型城镇化发展度的重要因素。

从新型工业化发展度评价结果来看（见图 7–5），总体也是表现出稳步上升态势。在新型工业化发展度评价因子得分矩阵中，第一公因子主要支配了规模以

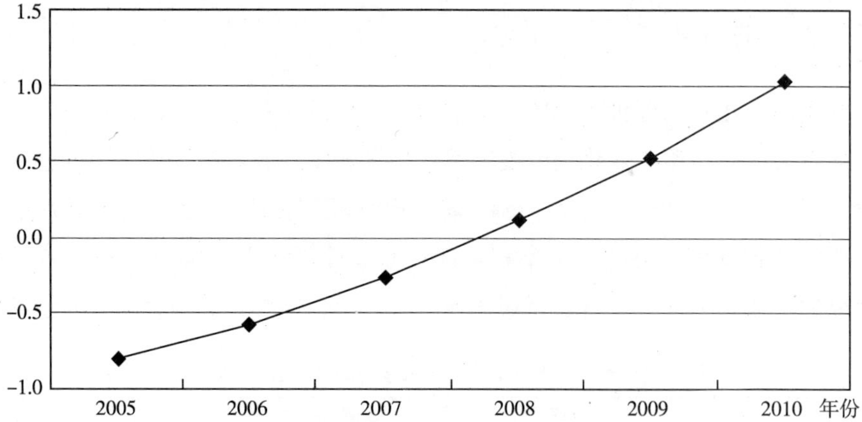

图 7–4　2005~2010 年河南省新型城镇化发展水平评价结果

资料来源：《中国统计年鉴》（2008 年、2011 年）和《河南统计年鉴》（2008 年、2011 年）。

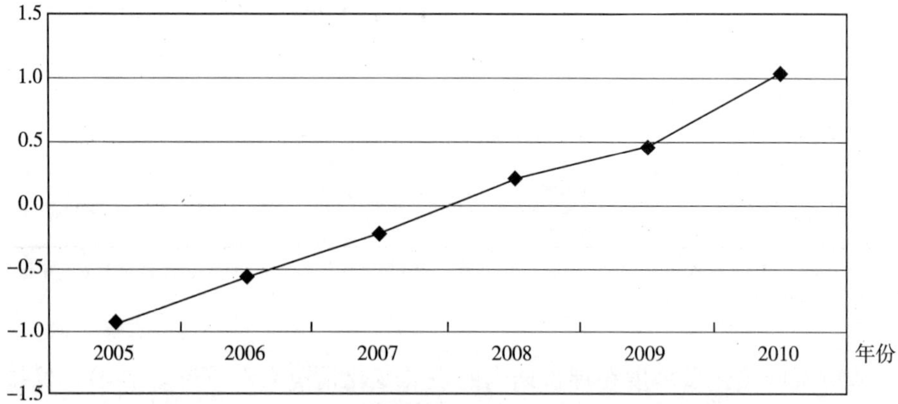

图 7–5　2005~2010 年河南省新型工业化发展水平评价结果

资料来源：《中国统计年鉴》（2008 年、2011 年）和《河南统计年鉴》（2008 年、2011 年）。

上通信设备及其他电子设备制造业企业从业人员数和能源消费弹性系数这两个指标，体现了“两化”融合和资源环境子系统的影响作用。第二公因子主要支配了外贸进出口总值和规模以上通信设备及其他电子设备制造业企业工业增加值这两个指标。从这两个公因子所综合反映的指标情况来看，“两化”融合是影响新型工业化发展水平的最重要因素，而新型工业化的路径要点就是要以信息化带动工业化，以工业化促进信息化，通过“两化”融合加速推进工业转型升级步伐。其次是新型工业化要求资源消耗低、环境污染少，在主成分分析中，资源环境子系统的指标在公因子上有较大载荷，这也说明在新型工业化进程中，强化绿色发展、循环发展、低碳发展理念的重要性。

从信息化发展度评价结果来看（见图 7–6），相对新型城镇化、新型工业化和农业现代化的发展水平评价结果而言，信息化发展水平各评价年的数据结果具有波动发展的特点。在信息化发展度评价因子得分矩阵中，第一公因子主要支配了长途光缆线路长度、广播人口覆盖率和电视人口覆盖率这几个指标，重点体现了信息化基础设施发展水平对信息化的重要影响。第二公因子主要支配了信息传输计算机服务和软件业城镇投资额这一指标，主要代表了产业投入对信息化发展水平的影响。从这些分析结果来看，应该说，现阶段信息化的发展水平更多地还是受到信息基础设施建设水平的影响，同时信息产业投资规模的扩大，也直接推动着信息化水平的提升。

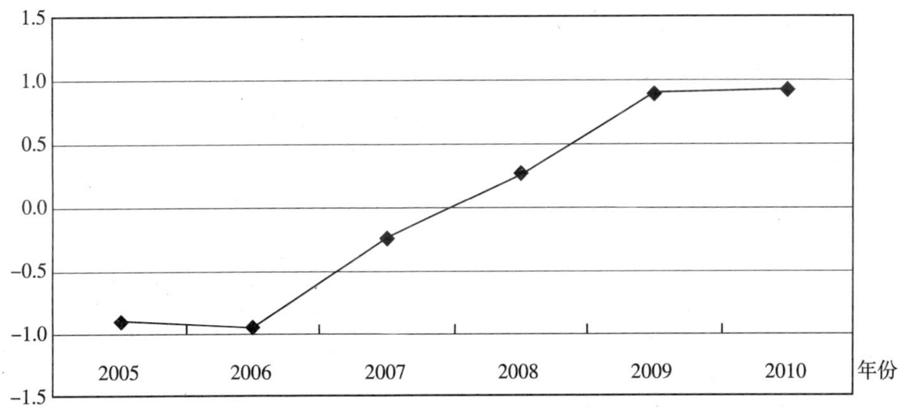

图 7–6 2005~2010 年河南省信息化发展水平评价结果

资料来源:《中国统计年鉴》（2008 年、2011 年）、《河南统计年鉴》（2008 年、2011 年）和《中国科技统计年鉴》（2008 年、2011 年）。

从农业现代化发展度评价结果来看（见图 7–7），各评价年农业现代化发展度基本保持了直线快速上升的良好态势。但是与新型城镇化、新型工业化和信息化的发展水平评价结果相比较，总体上农业现代化发展度的评价值是四个子系统里面最低的。在农业现代化发展度评价因子得分矩阵中，第一公因子主要支配了一产占 GDP 比重、人均农林牧渔业增加值、一产劳动生产率、农村居民恩格尔系数这几个指标，主要代表了农业生产现代化和农民现代化相关指标的影响。第二公因子主要支配了通汽车村数、通电话村数这几个指标，主要代表了农村现代化相关指标的影响。

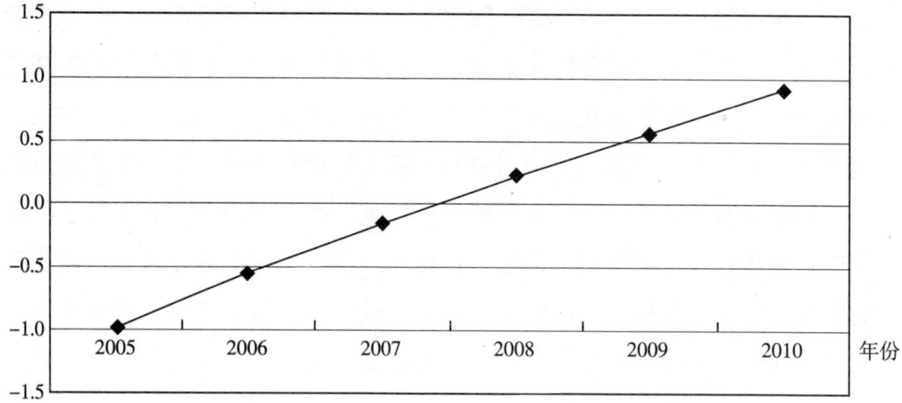

图 7–7　2005~2010 年河南省农业现代化发展水平评价结果

资料来源：《中国统计年鉴》（2008 年、2011 年）、《河南统计年鉴》（2008 年、2011 年）和《中国科技统计年鉴》（2008 年、2011 年）。

从“四化同步”发展度综合评价结果来看（见图 7–8），2005~2010 年，河南省“四化同步”发展水平持续稳步上升。总体上看，对于“四化同步”发展水平的综合评价与新型城镇化发展水平、新型工业化发展水平、信息化发展水平和农业现代化发展水平各子系统评价的结果走势基本一致。

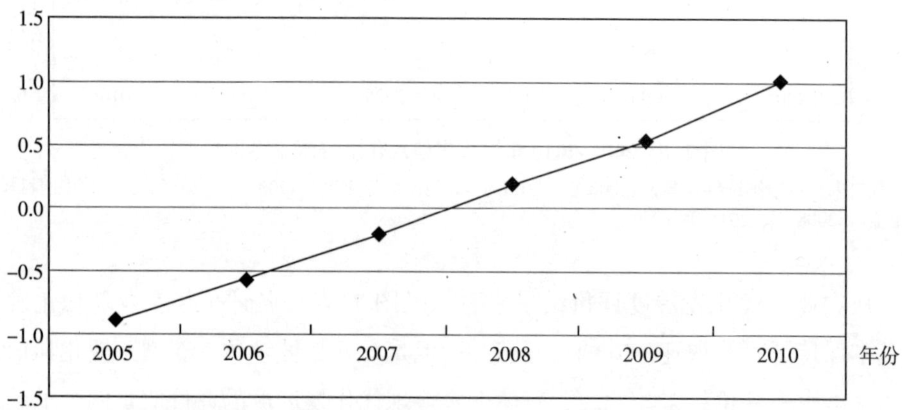

图 7–8　2005~2010 年河南省“四化同步”发展水平评价结果

资料来源：《中国统计年鉴》（2008 年、2011 年）、《河南统计年鉴》（2008 年、2011 年）和《中国科技统计年鉴》（2008 年、2011 年）。

还需要说明的一点是，在本章的实证分析中，均是对评价期内的发展度进行量化评估和纵向比较为主，最终度值更多的是用来进行走势分析和相互比较，而不代表着绝对的正负或是大小，从选取的单指标评价和模型算法来看，从平均水平的角度来进行数值相对性的理解可能更合理一些。

第八章　新时期推进新型城镇化的路径分析

城镇化既是我国现代化建设的历史任务，也是内需的最大潜力所在。反思以往城镇化发展历程，总结国内外城镇化发展实践，传统城镇化模式虽然也实现了人口的快速集聚和城镇化率的显著提高，但由于无序蔓延、粗放增长，高消耗、高排放、高扩张带来“城市病”及社会失衡、生态失谐等突出问题，不平衡、不协调、不可持续的传统城镇化模式显然难以为继。随着我国进入经济社会转型升级的关键时期，探索新型城镇化道路成为稳增长、调结构、促改革的战略选择。特别是在国际经济环境发生深刻变化、我国进入中等收入国家行列以及进入经济新常态的新形势下，如何把握新时期推进新型城镇化的重点难点问题，进而采取切实可行的措施以提高城镇化发展质量，发挥新型城镇化促进经济增长和结构调整的重要引擎作用,[①] 具有重要的理论和实践意义。

第一节　新时期推进新型城镇化的背景及意义分析

2014 年 5 月，习近平总书记在河南考察时指出，“我国发展仍处于重要战略机遇期，我们要增强信心，从当前我国经济发展的阶段性特征出发，适应新常态，保持战略上的平常心态”。目前，中国正处在增速换挡期、转型阵痛期、改革攻坚期，各种深层次矛盾问题积累叠加，稳增长、调结构、促转型面临日趋严峻的挑战。但是同时，在经济新常态下，也要看到重要的战略机遇和发展空间，尤其是尚待进一步激发的市场活力、消费潜力和创新动力，这些都给在新时期新

① 李克强. 协调推进城镇化是实现现代化的重大战略选择［J］. 中国报道，2013（3）.

阶段下推进新型城镇化、加快转型升级提出了新目标、新问题、新思路。

一、我国城镇化演进阶段性特征分析

在我国的不同发展阶段，面临不同的矛盾和问题，采取了不同侧重点的城镇化发展策略。从我国城镇化发展进程及其特点来看，大致可以分为四个阶段：

第一个阶段是改革开放以前，以封闭的计划经济为国情背景，农业在二元分割体制下为工业和城市发展提供支撑，城市化发展出现过停滞期甚至实行过“反城市化”战略，与此同时，重工业畸形发展，城镇化与工业化、农业现代化“三化”总体发展特征集中表现为低速度、低水平下的不均衡。

第二个阶段是从改革开放到 20 世纪末，以开放的市场经济为背景，中国在快速增长下实现了由农业大国向工业大国的转变，改革重心逐渐从农村转向城市，城镇规模不断扩大，但城乡二元体制制约效应依然明显，这一时期城镇化与工业化、农业现代化“三化”总体发展特征集中表现为增长型、恢复型和传统型。

第三个阶段是 21 世纪头十年，以科学发展观指引下探索中国特色社会主义道路为背景，我国城镇化与工业化、农业现代化同时开始全面加速，在这十年间，我国城镇化率年均提高 1.3 个百分点，比 1978~2000 年的平均速度提高了 65%，到 2010 年已经达到 49.68%。与此同时，到 2010 年，按当年汇率计算我国人均 GDP 已经超过 4500 美元，工业占 GDP 比重超过 40%，进入工业化中后期阶段，但是城镇化发展则明显滞后于工业化和农业现代化。这一阶段城镇化发展特征集中表现为高速度、粗放型和滞后性。

第四个阶段是“十二五”开局以来，如何破解“三农”难题，摒弃无序蔓延、粗放增长的传统城镇化模式，统筹城乡、工农发展，激活并发挥城镇化的活力、潜力，成为我国实现科学发展、持续发展面临的主要难题，城镇化进入了从传统城镇化向新型城镇化转型发展的关键阶段。

二、新时期推进新型城镇化面临的主要挑战

进入新时期新阶段后，世情国情发生深刻变化，新老问题相互交织，城镇化发展的外部条件和内在动力正在变化，推进新型城镇化进程，需要抓住的重点领域和关键环节也有所不同。与其他国家或地区相比，我国在相对较短的时间内，在更为薄弱的基础上，在加快推进城镇化发展方面进行了积极探索，取得了突出

成就，但是同时也面临着严峻的问题和挑战，例如，如何兼顾产业结构的调整和社会结构的演进，促进城乡和谐稳定，加快推动城镇化发展方式转变的重要挑战；如何适应国际需求结构调整和国内发展方式转变，激活城镇化的引擎效应，为经济社会发展注入内生动力的重要挑战；如何在加快信息化进程中统筹协调产城、城乡之间的关系，让新型城镇化与新型工业化良性互动、与农业现代化协调发展，形成互为支撑、同步推进的有机统一体的重要挑战。

其中，最为突出的现实难题集中表现为三对矛盾，第一对是保护耕地硬性约束与建设用地刚性需求之间的矛盾。人多地少是我国的基本国情，而城镇化加速推进必然伴随土地占用加速扩大，直接影响国家粮食安全、生态安全，因此加快推进城镇化进程与确保耕地红线成为突出两难。第二对是城镇化快速发展与资源环境"瓶颈"制约之间的矛盾。我国总体生态承载力原本已比较脆弱，在经济多年来保持高速发展的背景下，同时在传统工业化和传统城镇化发展模式下，高速度产生高消耗，低水平又造成高排放，资源耗竭、环境破坏、生态污染等一系列问题已经成为制约城镇化发展进程的主要"瓶颈"。第三对是农村劳动力亟待转移与城镇承载能力不足之间的矛盾。世界城市发展经验表明，城镇化率超过30%后，城镇化就进入快速发展阶段。2011年，我国城镇化率突破了50%，但是距离成熟城镇化70%的目标还有较大差距。那么如果保持近年来1个百分点左右的增速，每年就会有超过1000万人口进入城市，给城市本就薄弱的配套设施建设和公共服务水平带来巨大压力。

三、推进新型城镇化对加快转型升级的作用与意义

进入新时期新阶段，深度调整期和矛盾凸显期带来的新老问题相互交织，转方式、调结构、促升级成为推动经济长期持续健康发展的核心要求，而新型城镇化正是加快经济转型升级的一个重要突破口和着力点。

（一）新型城镇化为加快转型升级提供动力

加快经济转型、打造升级版，需要培育形成新动力来推动实现更高水平、更高质量的发展。新型城镇化不仅是扩大内需的最大潜力所在，更能通过带动现代服务业发展、推动新型工业化进程，在加快产业结构调整和优化升级中为经济转型提供持久动力。

从产业发展普遍规律看，服务业发展水平与城镇化率呈正相关，即城镇化率

越高，第三产业的比重和发展水平就越高。①而服务业作为最大的就业容纳器和科技创新重要的驱动力量，正是推动经济转型升级的动力所在。②与传统的以物质资本积累为主要动力的发展模式截然不同，以科技、信息为核心的现代服务业发展需要建立在新型城镇化的土壤和基础上，通过城镇化水平不断提升，加快城市向服务型经济的转型，伴随新型城镇化的不断推进，现代服务业也同步发展壮大。另外，现代工业发展的动力也越来越多地来自城镇发展和服务业发展。作为知识经济、信息经济、网络经济的必然产物，现代服务业推动产业分工的深化、产业规模的扩大，尤其是金融、信息、科技、物流等现代服务业，有力推动工业化由低级阶段向高级阶段的演进，进而加快新型工业化进程，为产业结构调整和经济转型升级注入新动力。

（二）新型城镇化为加快转型升级提供平台

新型城镇化是对传统城镇化的突破与创新，其核心是围绕城镇化发展质量的提高，致力于城镇结构的优化、城镇功能的增强、城镇环境的改善、城镇个性和特色的塑造，以及城镇各种资源的集约节约使用等。推进新型城镇化的进程，同时也是项目集中布局、产业集群发展、资源集约利用、功能集合构建的过程，通过加快基础设施建设，提升公共服务水平，创造良好的人才环境，提供优良的社会服务，可以为项目引进和发展创造优越的条件，从而吸引和壮大一批能够引领、带动产业升级的龙头项目和骨干企业。同时，通过拓展城镇发展空间、增强承载承接能力，借助城镇发展环境优化、综合功能完善的优势，可以为经济转型升级提供开放发展的平台、承接转移的平台，吸引产业向城市新区、中心商务区、产业集聚区等平台集聚，进而拓展产业链条、打造现代产业体系，在增量优化中形成新的经济增长点，成为经济转型升级的核心区域。

（三）新型城镇化为加快转型升级提供支撑

经济转型升级的一个重要目标就是要实现从劳动、资源密集型向资本、技术和知识密集型的转型升级。要实现这一目标，就必须发挥城镇集中、集聚、集约效应，吸引和集聚土地、资金、人才、技术等要素，尤其是强化创新驱动力的高端要素，为加快经济转型升级提供必要的创新、人才、信息等要素支撑。

---

① 河南省社会科学院课题组. 实现“三化”协调发展的战略抉择［N］. 河南日报，2012-08-17.

② 李克强. 在改革开放进程中深入实施扩大内需战略［J］. 求是杂志，2012（4）.

从作用机理来看，以要素集中集约利用为着眼点的新型城镇化不仅带来了新的产业空间格局，同时有效增强了土地节约集约利用能力和水平，节约出大量农村建设用地，可以有效缓解建设用地刚性需求与土地资源“瓶颈”制约之间的矛盾。同时，新型城镇化加快发展带来巨大的人流、物流、资金流、信息流，放大了城市集聚效应和辐射效应，集聚又促使各类企业在激烈的竞争中进行技术创新，使先进技术更为迅速地发展并传递，成为经济转型升级的创新支撑。通过推进新型城镇化进程，促进土地流转、规模经营，可以把大量农村富余劳动力从土地上解放出来，形成新的人力资源红利。伴随现代城镇体系建设和城镇化内涵式发展，也为高端人才集聚提供了发展基础和良好环境，进而为经济转型升级提供人才支撑。

第二节　新时期推进新型城镇化的路径选择

《国家新型城镇化规划（2014~2020 年）》明确提出要紧紧围绕全面提高城镇化质量，加快转变城镇化发展方式，以人的城镇化为核心，以城市群为主体形态，以综合承载能力为支撑，以体制机制创新为保障，走以人为本、四化同步、优化布局、生态文明、文化传承的中国特色新型城镇化道路。显然，新时期推进新型城镇化的路径选择，要坚持以人为核心，优化城镇空间布局，建设现代城镇体系，增强城镇综合承载能力，全面深化改革，充分发挥新型城镇化在稳增长、调结构、转方式中的重要引擎作用。

一、新型城镇化的发展思路

（一）以人的城镇化为核心，有序推进农业转移人口市民化

新型城镇化与传统城镇化不同之处的一个核心体现就是新型城镇化坚持以人为核心，把民生民本作为推进新型城镇化的重中之重。改革开放以来，随着我国城镇化进程不断加快，城镇化率快速增长，城镇规模不断扩大，以农业转移人口市民化为代表的一些突出矛盾和问题成为提高城镇化发展质量和水平的制约“瓶颈”。《国家新型城镇化规划（2014~2020 年）》指出，受城乡分割的户籍制度影响，被统计为城镇人口的 2.34 亿农民工及其随迁家属，未能在教育、就业、医

疗、养老、保障性住房等方面享受城镇居民的基本公共服务，城镇内部出现新的二元矛盾，给经济社会发展带来诸多风险隐患。

以人的城镇化为核心，有序推进农业转移人口市民化，第一是要坚持以人为本，使新型城镇化成为城乡居民共享经济社会发展成果的路径而不是藩篱，在推进城镇化的同时促进人的全面发展，实现全面建成小康社会的目标。第二是要加快推进以实现公共服务均等化为重点的配套改革，首当其冲的就是要破除城乡二元户籍制度，逐步推进符合条件的农业转移人口落户城镇，同时还要加快推动城镇基本公共服务由主要对本地户籍人口提供向对常住人口提供的转变，在教育、医疗、住房、社会保障、就业创业等重点领域，逐步实现基本公共服务全覆盖。第三是要加快推进体制机制创新，建立健全由政府主导，企业、个人、社会等多方参与，根据农业转移人口市民化成本分类，划分合理、权责一致的多元化成本分担机制。第四是要坚持因地制宜、有序推进，也就是要在尊重意愿、自主选择的基础上，根据城乡之间、区域之间、不同类型农业转移人口之间的特点和差异，分类型、分区域、分步骤，采取因地制宜、渐进有序的策略来推进新型城镇化进程。

（二）以城市群为主体形态，推动大中小城市和小城镇协调发展

以城市群为主体形态是提高城镇化发展质量、增强城镇承载能力的重要选择。中国城镇化在初期阶段以粗放型为主，在东南沿海经济先发地区，随着人口快速涌入，城镇规模随之快速膨胀，但是由于城市本身在基础设施、公共服务、生态环境等方面的发展滞后或是承载能力有限，导致在这些地区虽然城市经济发达却伴随着人口过于密集、道路拥堵、环境恶化等“城市病”的出现，人口发展与经济、社会、生态等难以实现协调。与此同时，由于没有形成大中小城市联动协调发展的格局，在大城市人口压力剧增、资源环境约束趋紧的同时，中小城市由于与大城市之间没有构筑分工协作的发展模式，产业发展与集聚人口没有形成良性互动关系，尤其是公共服务等方面与大城市的差距明显，出现了人口不断涌向少部分特大城市，而大城市发展压力不断增加，中小城市发展缓慢等现实问题。

以城市群为主体形态，推动大中小城市和小城镇协调发展，第一是要形成大中小城镇集群联动发展的空间格局，依托综合交通网络、现代信息网络消除城市群内部的地理空间影响，依托产业体系建设和产业集群发展、产业链式分工在大中小城镇之间形成产业分工协作发展模式。第二是要在城市群中形成以大带小、互补发展的作用与关系，大城市或区域性中心城市不断强化辐射带动作用，中小城市发挥承接大城市产业转移、为人口转移提供中转并满足不同特点人口对转移目的地的不同需求等作用，小城镇成为连接城乡、一体化发展的重要节点。第三是要坚持集约高效发展，也就是要根据生态环境和自然资源的承载能力对城市群进行科学合理的规划布局，坚持土地资源的集约高效利用，严格控制城市边界“摊大饼”式无序扩张，切实加强生态保护和环境治理。

（三）以综合承载能力为支撑，提升城市可持续发展水平

全面提升城市综合承载能力。推动城市经济发展与提高人口承载能力相协调，通过加快产业结构调整和优化升级，在增强城市产业支撑的同时，不断扩大就业吸纳能力，为促进创业提供优良的发展环境。加快发展现代服务业，发挥服务业作为最大的就业容纳器的作用。加快提升城市基础设施建设水平，加快构建以公共交通为主体的城市机动化出行系统，有效调控、合理引导个体机动化交通需求，解决交通拥堵和出行难等问题。加快建设安全、高效、便利的生活服务和市政公用设施网络体系，科学合理、统筹规划电力、通信、给排水、供热、燃气等地下管网建设，满足城市发展需求。以社区为基本单元，打造便民利民生活服务网络。加快提升城市公共服务水平，创新公共服务供给方式，加快完善以义务教育、就业服务、基本养老、基本医疗卫生、保障性住房等为重点的基本公共服务体系，稳步推进城镇基本公共服务全覆盖，满足人民群众学有所教、劳有所得、病有所医、老有所养、住有所居等的需求。

加快建设绿色城市、智慧城市、人文城市。城镇化发展方式转变的导向就是要实现集约、智能、绿色、低碳发展，建设绿色城市，也就是要坚持绿色发展、循环发展、低碳发展，将生态文明理念融入生产方式、生活方式、消费方式从传统向现代的转变之中，以发展低碳交通、低碳建筑、低碳能源等为抓手，提高资源能源利用效率，增强城市生态安全水平，全面推进可持续发展。建设智慧城市，就是要抓住新一轮科技革命、产业革命、信息革命的重大战略机遇，利用物联网、云计算、大数据等新兴科技成果，加强城镇信息基础设施建设，推动信息化、数字化与城市经济社会发展深度融合，以城市规划管理信息化、基础设施智能化、公共服务便捷化、产业发展现代化、社会治理精细化等为抓手，全面提升城市建设、管理和服务水平。建设人文城市，也就是要将文化建设作为城市建设的精神内核，避免贪大求洋、千城一面等问题，坚持文化资源的开发与保护并重、传统文化的传承与创新并重，并体现在从旧城改造、新城新区建设到文化产业发展、公共文化服务等各层面中，以文化资源保护和传承创新为重点，以历史文化名城名镇、历史文化街区等的建设为抓手，把城市建设成为历史底蕴厚重、时代特色鲜明的人文魅力空间。

（四）以体制机制创新为保障，通过改革释放城镇化发展潜力

统筹推进人口管理、土地管理、财税金融、城镇住房、行政管理、生态环境等重点领域和关键环节的体制机制改革，通过改革释放城镇化发展潜力，形成有利于城镇化健康发展的制度环境。推进人口管理制度改革，促进人口有序流动、合理分布和社会融合，推行城乡一元化户籍登记管理，逐步消除城乡区域间户籍壁垒。健全人口信息管理制度，整合公安、民政、人社、计生、卫生等部门的人口基础信息，加快人口基础信息库建设。深化土地管理制度改革，按照管住总量、严控增量、盘活存量的原则，建立城镇用地规模结构调控机制，探索实施“增量挂钩”政策，严格执行城市用地分类和土地使用标准，建立健全节约集约用地制度，建立存量建设用地退出激励机制，盘活城镇存量建设用地。实行最严格的耕地保护制度，建立健全耕地保护共同责任机制。建立兼顾国家、集体、个人的土地增值收益分配机制，深化征地制度改革。创新城镇化资金保障机制，完善财政转移支付制度，建立健全城镇基本公共服务支出分担机制。加快财税体制和投融资机制改革，理顺市政公用产品和服务价格形成机制，建立规范透明的城市建设投融资机制，放开市场准入，鼓励社会资本参与城市公用设施投资运营。实行最严格的生态环境保护制度和环境监管制度，实行资源有偿使用制度和生态补偿制度，建立资源环境产权交易机制，把资源消耗、环境损害、生态效益纳入城镇化发展评价体系，全面反映市场供求、资源稀缺程度、生态环境损害成本和修复效益。严格环境影响评价制度，完善以预防为主的环境风险管理制度。

二、新时期新型城镇化的推进路径

（一）城镇体系发展集群化

进入发展新阶段后，城镇空间格局演变正由城市单体发展为主向集群、集约发展转变，其中，城镇体系发展集群化的核心是现代城镇体系建设。

根据城镇化发展的一般性规律，伴随工业化进程，产业集聚与产业结构演进的同时，城市也由小到大不断发展。在区域中心城市不断加快扩张的同时，辐射带动能力随之提升，但同时中心城市人口承载压力、产业布局压力、资源环境压力的增加也促使其产业、人口向周边城镇扩散发展，一定区域范围内不同规模大小的城镇之间经济社会联系日益紧密。不仅如此，由于交通设施不断完善，信息科技使得时间空间距离的影响不断降低，不同城镇规模、经济特征、资源要素条件的城镇通过分工合作、要素整合、联动发展，形成城市群、城市带、城市圈等集群化、体系化、网络化空间发展格局，通过中心城市带动中小城镇加快发展，中小城镇为中心城市提供产业配套和资源支撑，从而有效增强城镇体系的整体优势和竞争力。另外要看到，目前现代城镇体系建设发展的最大短板在中小城镇。中小城镇普遍存在产业发展落后、基础设施建设落后以及吸纳就业能力不足、对中心城市的承载承接能力不足等突出问题，加快中小城镇发展是提高城镇体系综合承载能力的关键所在。

（二）城镇产业发展高级化

从产业发展演变的普遍规律看，三次产业比重变动的总体趋势是由“一、二、三”向“三、二、一”转变。在推进城镇化的过程中，城镇产业结构也朝着高级化的方向优化升级，其中，城镇产业发展的重点在于服务业发展，活力在于中小企业发展。

服务业发展水平与城镇化率呈正相关，即城镇化率越高，第三产业的比重和发展水平就越高。同时，服务业作为最大的就业容纳器和科技创新重要的驱动力量，已经成为城镇实力提升、功能完善，以及促进产业结构调整与优化升级的动力所在。服务业发展还是提高居民生活水平和生活质量的重要途径，是提高城镇化质量的发展要求。因此，城镇产业发展的重点是要加快服务业，尤其是现代服务业的发展。另外，中小企业发展明显滞后是制约城镇产业支撑能力提升的重要因素，必须通过扶持引导中小企业加快发展，进而有效激活民间投资、提高就业弹性、促进创新创业，培育壮大推动经济增长的动力活力。

（三）城镇人口发展市民化

城镇化的核心是人的城镇化，目的是造福百姓。这其中，关键是加快推动农业转移人口市民化。如何把符合条件的农业转移人口逐步转为市民，让农民工也能享受到与城镇居民一样的基本公共服务，已经成为我国加快城镇化进程中面临的重要任务。

仅 21 世纪头十年，中国城镇化率就提高了超过 11 个百分点，城镇人口增加了近2亿人。尤其在一些沿海发达城市，出现了城市户籍人口与外来常住人口严重倒挂的现象。大批农村富余劳动力进入城市后，在现行的户籍政策、社会保障政策等二元政策下，虽然能够实现职业转换，但是身份转换成为难以突破的障碍，进而难以享受到与户籍挂钩的各种福利待遇，这被称为城市二元结构。对这一大批城市新生人口而言，市民化的问题，也就是如何从进入城市到融入城市，如何从完成身份、职业转换到实现社会、文化融合，已经成为推进新型城镇化亟须破解的最严峻问题。

（四）城镇生态发展绿色化

中央明确指出，要把生态文明理念和原则全面融入城镇化全过程，走集约、智能、绿色、低碳的新型城镇化道路。城镇生态发展绿色化，就是要以科学发展、可持续发展为指引，开发与保护并重、节约与利用并举，大力发展循环经济、低碳经济，通过资源集约利用、功能集合构建、生态有效保护、环境不断优化，着力控制开发强度、优化城镇空间布局；强化土地集约节约利用，保护城市生态空间；落实节能减排目标，提高资源利用效率，逐步消除交通拥堵、资源紧张、污染严重等“城市病”，提高城镇化发展的生态效益，全面改善人居环境质量。

三、新时期推进新型城镇化的重点任务

（一）核心围绕人的城镇化

我们强调的新型城镇化，是以人为核心的城镇化，即城镇化的根本出发点和着眼点是以人为本。要以农业转移人口为重点，统筹推进户籍制度改革和基本公共服务均等化，在消除城乡二元结构的同时，克服城市二元结构问题。通过加快农民工市民化进程，让大批农业转移人口能转得出、进得来、留得住、过得好。要以促进就业为关键点和工作抓手，将城镇发展和人口集聚结合起来、产业发展和吸纳就业结合起来，坚持就业为本，积极建立城乡就业促进体系，形成多层次、有活力的就业结构。要以解决民生领域突出问题为着力点，通过完善公共服务、强化社会保障、优化人居环境等务实举措，满足人民群众过上更好生活的期盼，这也正是推进城镇化的根本动力与核心目标。

（二）全面提升城镇化发展质量

党的十八大明确提出，要“积极稳妥地推进城镇化”，把城镇化质量明显提

高作为重要的战略目标。新时期推进新型城镇化，重点就是要以城镇化发展质量的提升来为经济结构调整和发展方式转变提供平台和动力。不仅要构筑现代城镇体系，促进区域协调发展、城乡协调发展；而且在加快城镇化的同时推动产业转型升级，促进现代农业、新兴产业和服务业加快发展。不仅以城镇化作为扩大内需的最大引擎，为保持平稳较快发展提供强大动力；而且着力促进资源优化配置和综合利用，增强可持续发展能力和水平。城镇化发展质量的全面提升，也就意味着经济发展、社会进步、文化繁荣、生态保护与人的全面发展同步推进，其突出的复杂性、全面性、重要性，也充分说明了提升城镇化发展质量既是战略目标，也是难点所在。

（三）坚持统筹城乡、城乡一体发展

解决好农业、农村、农民问题是全党工作重中之重，城乡发展一体化是解决“三农”问题的根本途径，而统筹城乡、城乡一体正是新时期推进新型城镇化的重点所在。城乡发展一体化，核心是要形成以工促农、以城带乡、工农互惠、城乡一体的新型工农、城乡关系，继续坚持工业反哺农业、城市支持农村和多予少取放活方针，在加快推进城镇化进程的同时，全面改善农村生产生活条件，实现城镇的辐射带动作用与农村的基础支撑作用互促并进。体现在现实举措中，就是既要在城乡规划、基础设施、公共服务等方面推进一体化，以不断缩小城乡差距，促进城乡共同繁荣；还要积极推动城乡发展一体化体制机制创新，加快先行先试步伐，释放并用足用好改革红利，进而促进城乡要素自由流动、平等交换和公共资源均衡配置。

（四）发挥城镇化在推进“四化同步”中的作用

党的十八大明确提出要坚持走中国特色新型工业化、信息化、城镇化、农业现代化道路，推动信息化和工业化深度融合、工业化和城镇化良性互动、城镇化和农业现代化相互协调，促进工业化、信息化、城镇化、农业现代化同步发展。新的发展阶段和发展环境下，要实现“四化同步”，就需要充分发挥新型城镇化的关键作用、引领作用。在拉长城镇化发展短板的同时，以新型城镇化带动产业结构调整和优化升级，为新型工业化发挥主导作用提供升级平台、技术支撑和资源保障；以新型城镇化促进农业生产方式转变，通过人口转移促进土地流转、规模生产和现代农业发展，通过消费升级、技术升级推动农业现代化进程，强化农业基础作用；以新型城镇化发展为信息化提供市场和需求动力，在城镇化与信息化相辅相成、融合发展中全面提升发展质量和水平。

（五）落实绿色低碳发展理念

面对资源约束趋紧、环境污染严重、生态系统退化的严峻形势，推进新型城镇化必须坚持绿色发展、循环发展、低碳发展。一方面，要构建科学合理的城镇化空间格局，加快城镇化发展模式转变，促进资源集约高效利用；另一方面，要通过产城一体、融合发展，增强产业体系和城镇发展之间的协调性、持续性。同时，还应从发展理念的宣传引导进一步落实到生产方式和生活方式的根本性转变中去，让资源节约、环境友好、生态保护融入生产生活的方方面面，融入经济社会发展的全过程，从源头上扭转生态环境恶化趋势。

第三节　新时期推进新型城镇化应关注的几个问题

新型城镇化是以城乡统筹、城乡一体、产城互动、节约集约、生态宜居、和谐发展等为基本特征的城镇化，具有协调发展、融合发展、有序发展、可持续发展等突出特征。在推进新型城镇化的进程中，如何构建现代城镇体系、促进人口有序转移、推动产城融合发展、深化绿色低碳发展等问题，都是必须关注和亟须破解的现实难题。

一、城镇体系发展的失衡

城镇体系是城镇化的现实体现和发展载体，构建协调互动、合理有序的城镇体系是加快推进城镇化进程的必然选择和重要支撑。因此，探索有中国特色的新型城镇化道路，就需要防止城镇体系发展的失衡，着力构建空间分布有序、职能分工互补，大中小城镇协调发展、城乡协调发展的现代城镇体系。

防止城镇体系发展的失衡，就是要防止各级城镇之间职能分工不清晰、经济联系不紧密，防止城镇体系内部的要素流动无序化、产业培育趋同化，防止中心城市过度膨胀、中小城镇发展滞后，导致中心城市辐射带动作用不强、中小城镇承载承接能力不足，城镇体系内难以实现功能互补、优势互补，城镇之间难以实现有机联动、协同发展。目前我国正处在城镇化加速发展阶段，大多数城市尤其是中小城镇都正在积极、快速地扩张，而这不仅是着手整合优势资源、促进联动发展，进而优化城镇体系的最佳时机，同时也是容易出现由于缺乏区域观、大局观、长远观，重自身短期需要、轻区域持续发展，或是贪大贪新、求高求全等问题，进而导致城镇体系发展失衡的关键阶段。因此，防止城镇体系发展失衡是必须引起各方关注的重点问题之一。

防止城镇体系发展的失衡，就是要形成互补、联动、协同式城镇体系分工格局，推动大中小城镇之间组团式、协同式发展，统筹协调城市之间的资源配置、空间布局和产业结构，促进城市之间合理分工、互促共进，形成科学合理的现代城镇体系。其中，既有中心城市发挥龙头重心和辐射带动作用，作为实现依城促产、以城带乡的主导力量，增强城镇体系的区域影响力和核心竞争力；也有中小城镇发挥重要节点和承载承接作用，增强承接中心城市辐射和带动农村发展的能力，着力形成大中小城镇协调发展、互促共进的新型城镇体系。

二、城镇产业支撑的失衡

产业是立城之基、兴城之本，加快推进新型城镇化进程必须强化产业支撑。只有产业持续健康发展，才有城镇化的持续健康发展。产业发展失衡，直接影响城镇经济实力、发展动力和承载吸纳能力的提升，不仅不能发挥城镇作为经济社会发展中心的作用，而且会导致城市发展停滞乃至衰败。

防止城镇产业支撑的失衡，一是要防止重城镇规模扩张、轻产业发展支撑，把推进城镇化进程更多地倚重于城市框架拉大、规模快速膨胀，把盖高楼、扩马路、建广场等视为城镇化水平的提升，而忽视产业支撑的重要性和必要性。没有产业集聚，就难以实现人口集聚。没有产业带动就业、带动发展，也难以凝聚人才、科技等生产要素。二是要防止重工业发展、轻服务业发展，工业发展是有效积累城市发展的经济物质基础的根本路径，但是进入新的发展阶段，就需要依靠服务业的快速发展为城镇发展方式转型、工业优化升级提供必要的市场、科技、人才等要素或平台支撑，而服务业发展滞后，不仅阻碍城镇化、工业化协调发展与转型升级，而且难以激活城镇发展的潜力、活力。三是要防止重产业规模增长、轻产业优化升级，低水平、高消耗的产业粗放增长只会产生短期效益，难以持续发展，更难以为城镇化提供有效支撑。

防止城镇产业支撑的失衡，就要加快构建现代产业体系，推进产业结构优化调整与加快城镇化进程互促共进。通过加快新型工业化进程，加快传统产业转型升级，推动产业发展向高科技含量、高附加值、资源节约、环境友好、绿色低碳方向转变。重点加快服务业发展，在大力发展第三产业的同时，增强城镇化对农业转移人口的吸纳能力。加快发展金融、科技、信息、物流等现代服务业，促进高端生产要素成长汇聚，提高经济集聚度，提升城市产业能级，推进城市向服务型经济转型，增强城市综合竞争力。

三、人口转移流向的失衡

大批农村富余劳动力进入城镇，成为推动我国工业化、城镇化高速发展的主要力量，同时，我国人口转移速度之快、数量之多，都是前所未有的。随着经济社会发展进入转型期，城镇化进程进入新阶段，人口转移流向问题已经成为影响城镇化进程健康、有序推进的重要因素。我国东中西部地区城镇化发展很不平衡，呈明显的东高西低特征，长三角、珠三角、环渤海三个相对成熟的城市群都分布在东部地区，而中西部地区城市发育明显不足，这导致了人口长距离大规模流动、资源大跨度调运，极大增加了经济社会运行和发展的成本。

防止人口转移流向的失衡，重点是要防止人口转移流向的单一化，避免由于过度依赖中心城市、大城市来吸纳数以亿计的转移人口，而导致交通拥堵、环境恶化等“城市病”的进一步加剧。同时，人口转移流向的失衡不仅会直接导致人口空间分布失衡，还往往伴生着城镇体系结构和产业空间结构的失衡，影响城镇化进程中对经济资源、社会资源、自然资源的优化配置和城镇体系整体功能、综合效益的提升。此外，从系统发展、协调发展的视角看，也需要发挥中小城镇在农村人口转移中的中转、衔接和纽带作用，通过提供异地、就地或省内、省外等多元化转移路径选择，来满足不同就业能力、消费水平下的转移意愿。

防止人口转移流向的失衡，就要加快推动三个转变，首先是由异地转移为主向异地与就地、就近多元化转移的转变；其次是由向大城市转移为主向大中小城镇多极化转移的转变；最后是由向东南沿海地区转移为主向内陆中西部地区扩散式转移的转变。在提升中心城市、大城市吸纳能力的同时，要不断改善中小城镇的产业结构及基础设施、公共服务能力，形成转移人口与城镇体系发展及产业、资源等优化协调的发展格局，让更多农民可以实现就近就业、就近转移。

四、城镇生态环境的失衡

长期以来，我国快速推进的城镇化建立在对土地等资源能源的粗放消耗基础上，由此导致生态环境污染、资源供需矛盾均日益加剧。新型城镇化不同于传统城镇化之处不仅在于在产业发展、人口集聚、城市扩张的基础上强调产城、城乡之间的互动、融合发展，而且在于新型城镇化更加注重节约集约、生态宜居、和谐发展，更加注重自然环境、人文环境的持续改善，更加注重在提高人民物质生活水平的同时提供更优美的生存空间和生态环境。

在城镇化进程中，防止生态环境的失衡，就是要防止城镇扩张与土地利用的失衡、产业发展与环境保护的失衡、人口集聚与资源消耗的失衡，防止由于城镇人口集中过快而配套设施建设不足、建筑密度过大而绿地面积缩小、资源能源利用低效而污染治理滞后等，导致空气污染、水质破坏、噪声超标、垃圾围城乃至居住环境恶化、环境事故频发等影响生态宜居目标实现的现实问题。同时还要避免在城镇发展中由于重视经济效益、忽视生态效益而导致高投入、高消耗、高排放，导致环境承载力不断下降、生态赤字不断增加等与绿色发展、可持续发展背道而驰的城镇化发展道路。

防止生态环境的失衡，就是要走以内涵式、紧凑型、生态化、可持续为方向的，集约、智能、绿色、低碳的新型城镇发展道路，努力实现城镇发展、经济增长与人口、资源、环境相协调。以结构合理、功能完善、管理先进、生态和谐为目标，以低碳理念引导城市交通、建筑布局，着力提高资源利用效率，集约节约利用土地，优化城镇空间结构。加强城镇自然资源、人文资源和生态系统保护，充分考虑保留原有的绿地、水系等自然美景，提升生态宜居功能，改善城市生产生活环境。

第九章 坚持“四化同步”推进新型城镇化

党的十八大明确提出，要“积极稳妥地推进城镇化，着力提高城镇化质量”。这一要求明确了要抓住制约经济社会发展的突出短板和各种矛盾的聚焦点，加快推进新型城镇化进程，以激活内需潜力、促进结构调整，进而破解诸多现实难题，使新型城镇化成为推动“四化同步”发展、加快经济转型升级的新引擎、新动力。而要积极引导新型城镇化健康发展，发挥新型城镇化的重要作用，就需要深入剖析新型城镇化的作用机理，把握突出矛盾、重点领域和关键环节，因势利导、趋利避害，全面提高新型城镇化的质量和发展水平。

第一节 新型城镇化在“四化同步”发展中的作用与关系

党的十八大明确提出要促进工业化、信息化、城镇化、农业现代化同步发展。推进“四化同步”，关键是要立足“四化”之间互促并进、相辅相成的发展特征，在互动中推进协调，在协调中实现同步，不能单兵突进，而是要协同作战。加快推进“四化同步”发展，就要充分发挥新型城镇化在“四化同步”中的关键作用，着力推进城镇化与工业化良性互动、城镇化和农业现代化相互协调、城镇化与信息化互促并进。

一、新型城镇化与新型工业化良性互动发展

工业化是城镇化的经济支撑，城镇化是工业化的空间依托。城镇化与工业化良性互动发展，既为新型工业化创造了条件，也符合新型城镇化发展的内在规

律，是推进“四化同步”发展的必然要求。从发展现状及阶段性特征来看，促进新型城镇化与新型工业化良性互动发展，面临的首要挑战是要扭转城镇化明显滞后于工业化的问题。城镇化滞后难以为传统工业化向新型工业化演进积累规模效应和集聚效应，难以为新型工业化发展提供科技创新等高端要素集聚平台。要在拉长城镇化短板的同时，推动新型城镇化与新型工业化良性互动发展，就要求突出依城促产、以产兴城、产城融合的发展理念，推动产业选择与城镇定位相衔接、产业集聚与人口集聚相同步、产业功能与社会功能相协调，发挥规划的科学引导作用，处理好城镇体系空间结构与产业空间布局的关系，促进现代产业体系构建和现代城镇发展互为依托、互相促进，成为实现“四化同步”发展的核心支撑。

二、新型城镇化与农业现代化协调发展

城镇化是缩小城乡差距、消除城乡二元结构、破解“三农”难题的有效途径，同时，农业现代化也是推进城镇化的基础支撑和保障。推动城镇化与农业现代化协调发展，就是要通过城镇化促进农村富余劳动力转移，使一家一户分散式小农生产方式向规模化生产演进，推动农业生产方式转变；通过城镇化提升农业科技水平，在城镇化演进的同时加快推动现代科学技术向农村扩散，为发展现代农业提供必需的科技支撑；通过城镇化带动现代经营管理模式在农业生产中的应用，提升农业生产的信息化、标准化、规范化能力和水平，有效推动农业生产管理方式转变。与此同时，农业现代化水平和农业综合效益的不断提升，也为城镇化发展奠定了坚实基础。因此，要以城镇化推进产城、产业和城乡协调发展，以产业集聚带动人口转移、以人口转移促进农业现代化，推动城镇化与农业现代化互动互促、协调发展。

三、新型城镇化与信息化互促并进

信息科技是先进生产力的代表，信息化是世界经济发展的必然趋势。信息时代的城镇化发展转型，也同样要充分利用现代信息技术作为城镇化的发展支撑，而同时，随着城镇化的快速推进，也会给信息化发展和进步提供市场、激活潜力、拓展空间。以信息化推动城镇化，关键是要推动城镇发展方式转变。目前，城镇化发展面临的一个现实难题就是交通拥堵、资源高耗、环境污染等“城市

病”，而通过信息技术可以改变城镇生产生活组织形式，随着云计算、物联网、移动互联网、大数据等新一代信息化技术的加速创新与应用普及，城镇基础设施建设和公共服务等都借助信息化朝着更方便、快捷、高效的方向快速发展，城镇更加智能化，空间布局更加合理、功能更加完善，城镇管理效率和服务水平有效提高，也能更好地满足城镇居民多元化生活需求。与此同时，在城镇化与信息化的融合发展中加快数字城市、无线城市、智慧城市建设，增强城镇综合实力和竞争力，促进城镇经济社会可持续发展，也是提升城镇化发展水平和发展质量的必然选择。

第二节　坚持“四化同步”推进新型城镇化的路径分析

党的十八大明确提出要坚持走中国特色新型工业化、信息化、城镇化、农业现代化道路，并从“四化”的两两之间互动发展、互促并进的角度，指出推动“四化同步”的关键是要实现信息化和工业化深度融合、工业化和城镇化良性互动、城镇化和农业现代化相互协调，促进工业化、信息化、城镇化、农业现代化同步发展；并提出到2020年的发展目标，即工业化基本实现，信息化水平大幅提升，城镇化质量明显提高，农业现代化和社会主义新农村建设成效显著。根据党的十八大提出的总体战略思路和目标要求，在坚持“四化同步”的基础上，新型城镇化的路径选择需要坚持以人为本的根本导向，从统筹协调、互动融合的角度出发，推动城镇化的模式转变、水平提升、质效升级，并充分体现绿色、低碳、可持续发展思路。

一、坚持民生民本民享导向

国家明确了新型城镇化的导向就是要推进以人为核心的城镇化，在坚持“四化同步”推进新型城镇化的进程中，主线就是要坚持以人为本、改善民生，让人民群众共享改革发展成果，通过“四化同步”发展，在信息化和工业化深度融合中，促进先进技术、先进产业、先进业态的发展，进而以产业升级和高端发展吸引并带动人力资源能力提升；在工业化和城镇化良性互动发展中，以产城融合发展促进城镇二产优化、三产升级，为居民创造更多就业机会，同时还可以不断优化城市发展环境，提升城镇承载能力，提高居民生活质量；在城镇化和农业现代化相互协调发展中，提高农业劳动生产率，扩大市场需求，在富裕农民的同时满足人民群众日益增长的物质需要。

二、深化互动融合协调发展

“四化同步”的核心内涵就是“四化”之间通过互促并进、协调发展进而实现总体质量、效益水平的提升。首先就要推动城乡融合发展，促进城乡之间资源合理流动、优化配置，加快推进城乡公共服务和社会保障一体化，在互动融合中推动城镇化健康发展。要推动产城融合发展，通过规划引导等措施，促进城镇空间布局和产业布局相互协调，城镇产业发展规划与土地利用规划相互衔接，城镇发展导向和主导产业发展相互促进，产城互动、依城促产、以产兴城。要推动产业融合，促进农业与二三产业融合，加快农业现代化进程，以现代服务业促进一产、二产优化升级，培育发展 1.5 产业、2.5 产业，为新型城镇化发展强化产业支撑。要推动信息化与城镇化融合发展，加快发展信息产业、建设智慧城市，促进居民生活方式、消费方式转型，提高生活质量。

三、扩容提质增效升级并举

2013 年我国城镇化率为 53.7%，户籍人口城镇化率仅有 35.7%左右，仍处于城镇化快速发展阶段，离成熟城镇化还有较大距离，依然面临着较大的农业转移人口数量压力。在此情况下，就需要加快推动城镇化进程，坚持提高城镇化水平与提高城镇化质量效益并举。既要着力提高大城市综合承载能力，又要推动中小城市加快发展，着力增强小城镇承载承接能力；推动东、中、西部不同类型特点的城市群优化布局、协同发展，促进大中小城市和小城镇功能互补、协调发展。要坚持新型城镇化绿色发展、低碳发展、循环发展导向，全面提高资源能源利用效率，深化生态建设和环境治理工作，增强抵御和减缓自然灾害能力，改善城镇生态环境质量。要保护和弘扬传统优秀文化，延续城市历史文脉，增强城市文化软实力，发展有历史记忆、地域特色、民族特点的美丽城镇，塑造城市品牌和形象。

四、推进集中集聚集约发展

推进人口集中、产业集聚、资源集约，是提升城镇化发展质量的内在要求。引导人口向城镇集中、向社区集中，形成规模经济效应，统筹优化布局公共服务设施，提高服务水平，加快改善城乡生活质量。推进产业集聚发展，在培育壮大产业集群、延伸产业链条中加快产业优化升级步伐，同时在产业集聚发展中形成集聚效应，有效提高基础设施和公共服务效率及水平。节约集约利用土地、水、能源等资源，以提高城镇土地利用效率为重点，加强对“三区四线”的规划管理，以人口密度、产出强度、资源环境承载力等指标为基准，严格控制用地类型和用地规划。按照促进生活空间宜居适度、生态空间山清水秀的总体要求，形成生产、生活、生态空间的合理结构。

第三节　建设完善推进新型城镇化的支撑保障

推进新型城镇化进程，促进新型城镇化与新型工业化、农业现代化、信息化同步发展，需要完善提升相关的支撑条件和保障措施。通过全面增强创新能力，形成提高城镇化发展质量的内生动力；通过强化人力资源支撑，培育壮大人才队伍；通过完善现代市场体系，提高资源配置和利用效率；通过提升信息服务水平，促进信息化与城镇化、工业化、农业现代化深度融合；通过加快推进金融创新，破解目前发展面临的资金“瓶颈”制约；通过完善公共服务平台，为“四化同步”发展打造优良的发展环境。

一、坚持科技创新驱动

城市是科技创新的重要载体，而推进新型城镇化进程、实现“四化同步”发展，需要依靠科技引领，走创新驱动发展道路。要着力推动协同创新，探索建立产学研深度结合、协同创新的有效模式和长效机制，强化新型产业组织在产学研合作中的作用，引导扶持企业与高等院校、科研院所等建立创新战略联盟，联合攻关突破关键技术和核心技术。积极培育和发展新型研发机构，加强企业技术中心、研发中心、试验室等技术创新载体建设，不断强化企业的创新主体地位和企业研发中心在科技创新体系中的核心作用。要着力扶持自主创新，深入实施知识产权战略，保护创新权益，激发中小企业创新活力，提升创新创业孵化器、加速器发展水平。要着力推动开放创新，扩大对外科技合作和交流，积极引进海外高端科技人才、技术、信息等创新要素，促进引进消化吸收再创新。推动建立分工协作和优势互补的区域创新协作新格局，促进区域间科技成果转移和产业化。要优化创新环境，完善创新服务体系，打造公共研发平台，落实创新优惠扶持政策。推动科技成果转移转化，建立完善高校、科研院所科技成果技术转移和产业化的有效机制，建立监督激励机制，鼓励智力要素和技术要素以各种形式参与创新收益分配，促进重大科技创新和产业化项目落地。

二、强化人力资源支撑

城镇化的过程就是农村人口向城镇转移的过程，也就是为城镇化、工业化发展集聚人力资源的过程。要树立人才资源理念，大力加强职业技能培训，建立完善就业市场，扩大人才资源总量，提高人才队伍素质，将城镇化进程中的人力资源数量优势转化为人口红利，为推进新型城镇化和“四化同步”发展提供人才和智力支持。要着力建立覆盖对象广泛、培训形式多样、管理运作规范、保障措施健全的职业培训机制，以就业技能培训、专业技能提升培训等为重点，满足农业转移人口掌握专业技能的多元化要求，建立完善城乡一体的就业培训体系。鼓励专业院校、企业或各种职业培训机构有效整合、统筹发展，提高教育资源利用效率，提升培训水平。建立健全城乡一体、规范有序、机制灵活的人力资源市场，着力消除人力资源市场城乡分割、身份分割和地区分割的现象，促进人力资源优化配置和合理流动。加强信息引导，打造服务平台，促进农业转移人口尽快融入城市。大力发展现代服务业、小型微型企业，拓展就业空间，提升城镇化的就业吸纳能力。着力破解就业结构性矛盾，把城乡职业教育培训与产业优化升级和结构调整、城市建设管理、农业现代化发展等方面的需求对接，提高就业水平和就业质量，为农业转移人口进得来、留得住、过得好奠定基础。

三、健全现代市场体系

党的十八大报告提出了健全现代市场体系的任务，党的十八届三中全会将加快完善现代市场体系单列为一大点，以市场作为核心着力点，针对我国市场体系发展中的薄弱环节和主要问题，提出了建立公平开放透明的市场规则、完善主要由市场决定价格的机制、建立城乡统一的建设用地市场、完善金融市场体系、深化科技体制改革等举措，为加快完善我国现代市场体系指明了方向和路径。立足“四化同步”推进新型城镇化，需要重点考虑如何促进现代市场体系与现代产业体系、城镇体系、自主创新体系等的互动融合，不仅要以全面推进市场化改革促进传统城镇化向新型城镇化转型、传统工业化向新型工业化转型、传统农业向农业现代化转型，而且要加快培育劳动力市场、土地市场、技术市场等生产要素市场，以统一开放、竞争有序为导向，引导资源合理流动，提高资源配置效率；完善提升商品市场，创新业态、优化布局、增强功能，建立完善、现代、开放的流通市场体系；创新发展资本市场，促进金融创新，为“四化同步”发展破解资金“瓶颈”制约；可持续发展资源市场，促进绿色、低碳转型发展，以市场化为新型城镇化与新型工业化、农业现代化、信息化的互相融合、协调发展提供资源支撑、市场平台和发展载体。

四、提升信息服务水平

根据大数据时代信息服务发展的新趋势、新技术、新要求，立足新型城镇化与智慧城市建设、新型工业化与“两化”融合、农业现代化与智慧农业等的建设发展需求，以“海量、高效、便捷、共享”为目标，以云计算、云服务平台为支撑，以建立完善协调运行机制为保障，整合经济社会发展领域及与推进新型城镇化和新型工业化、农业现代化、信息化密切相关的国土资源、水文气象、产业发展、政务综合、医疗卫生、公共服务、科技文献、生态环境保护、疫情灾害控制、应急服务体系等各相关领域的数据信息，建设综合信息服务数据库，全面提高信息采集、储存、处理、传递等的综合服务能力和水平，为推进新型城镇化、实现“四化同步”发展提供信息服务支撑保障。

五、完善公共服务平台

建立健全各类公共服务平台，基于新型城镇化发展需求以及提升新型城镇化与新型工业化互动发展水平、新型城镇化与信息化融合发展水平、新型城镇化与农业现代化协调发展水平等的要求，以科技创新公共服务平台、人力资源公共服务平台、产业或企业公共服务平台、“三农”公共服务平台、信息公共服务平台、市场化公共服务平台、政府云服务平台、电子商务云服务平台八大平台建设为重要内容，以提高资源配置效率和公共服务水平为核心，以资源开放共享和合理流动为基础，全面提升新型城镇化发展水平，提高城乡居民生活质量。以提高公共服务平台服务能力和水平为目标，在对平台建设进行统筹规划、科学布局的基础上，建立健全对公共服务平台协调运转的宏观调控、综合协调、监测评估机制，开展动态化、连续化、多元化的评估监测活动，引入社会机构参与监督评估活动，确保公共服务平台的高效运行，为推进“四化同步”发展、提高新型城镇化发展质量、改善城乡居民生活完善相关平台建设。

第四节　推动“四化同步”发展的区域探索与调研分析

中国是人口大国，也是农业大国，农业、农村、农民发展问题，是“四化同步”发展进程中面临的突出矛盾和问题。推进新型城镇化进程，是统筹城乡发展、破解二元结构的关键路径，但是推进新型城镇化与推进农业现代化相辅相成、互促并进，推进农业现代化要求发挥新型工业化在以工带农、以工强农中的重要作用，显然，推动“四化同步”是一个复杂的系统工程。河南作为中部地区的人口大省、农业大省和发展中大省，近年来一直在探索发挥新型城镇化引领作用，推进“三化协调”、“四化同步”发展。作为国家重要的粮食生产核心区，传统农区在不牺牲粮食和农业、资源和环境的基础上，在起步晚、层次低、基础弱的情况下，如何立足传统农区发展特色和发展需求，向新型工业化、新型城镇化和农业产业化转型发展，如何充分利用、发挥比较优势和后发优势，抓重点、抓关键、抓要害，力争在推进新型城镇化上找到新办法，在推进新型工业化上探索新思路，在推进农业产业化上做出新成绩，都是探索“三化协调”、“四化同步”发展中面临的重大现实问题。本节围绕近年来河南省几个传统农区的探索实践，以及笔者在实地调研中的感受体会，尝试通过对几个传统农区的特色案例分析，提出几点思考和建议。

一、传统农区推进“三化协调”、“四化同步”发展面临的主要难题与制约因素

（一）主要难题

1. 要实现传统工业化向新型工业化的跨越发展

工业化进程的推进存在着一般的规律性，但在不同阶段、不同体制、不同基础下有不同的发展道路和模式。尤其对传统农区而言，走新型工业化道路就不能拘泥于传统工业化路径，而应在尊重工业化一般演进规律的前提下，考虑如何发挥后发优势，如何通过走信息化与工业化融合发展、服务业适度超前发展和可持续发展等新的发展道路，以科技含量高、经济效益好、资源消耗低、环境污染少、人力资源优势得到充分发挥为新的要求和新的目标，实现传统农区从传统工业化向新型工业化的跨越发展。

2. 要推动农业产业化与人口城镇化的互促并举

传统农区要推进“三化协调”、“四化同步”发展，必须从根本上解决众多人口争夺有限农业自然资源和市场的矛盾，从根本上解决小规模、分散型农业生产和以适度规模经营为基础的现代农业发展之间的矛盾，通过把大量农村富余劳动力转移到生产率增长和市场空间可以无限扩张的工业和服务业中，以加快人口有效转移带动现代农业发展，以现代农业发展牵动人口加快转移，推动农业产业化与人口城镇化之间的良性互动、互促并举，这样才能走出一条工业与农业、城市与农村、市民与农民尽可能协调发展的道路。

3. 要坚持新型工业化与新型城镇化的联动发展

如何以新型工业化支撑城镇化，以适度超前的城镇化带动工业化，把两者有机结合起来，推动新型工业化与新型城镇化的联动发展，是传统农区探索“四化同步”发展道路面临的一个主要挑战。只有走新型工业化道路，传统农区才能从根本上转变发展方式，才能有效弥补工业短板，通过工业做大做强为城镇化发展提供支撑和动力。同时只有加快城镇化进程，抓好城市扩容，增强吸纳能力，才能有效推动传统农区改变落后面貌，为发展工业、繁荣服务业、转移农村富余劳动力提供载体。

4. 要统筹经济建设与社会建设的协调推进

传统农区面临的二元结构问题更加突出、更加严峻，在这种情况下，要推进

城乡协调发展、产业协调发展，一个重大难题就是如何在加快推进新型工业化、新型城镇化和农业产业化的同时，争取实现经济建设与社会建设的协调发展、同步发展。尤其是传统农区普遍经济实力较弱、社会建设欠账多，而在目前这个发展阶段，经济转轨和社会结构转型的问题相互交织，带来了更为错综复杂的各种社会矛盾，因此，如何科学统筹经济发展和社会发展，是实现人民新期待新要求、保障和谐稳定的必然要求。

（二）制约因素

1. 发展基础上的硬伤

对传统农区而言，面临的是在产业层次低、农业基础弱、社会建设欠账多的基础上向新型工业化、新型城镇化和农业产业化的跨越发展，这些发展基础上的硬伤严重制约着传统农区“三化”协调发展进程的推进。由于产业结构失调，工业不大不强，所以低科技含量、低附加值、高资源消耗的低层次低水平产业发展特征明显。由于农业基础设施建设远不能满足稳定高产的需要，所以严重制约农业综合生产力的稳步提高。受经济欠发达的制约，传统农区公共服务设施建设严重滞后，就业压力大、城乡居民收入偏低、社会事业欠账较多，与“三化”协调发展的要求有较大差距。

2. 发展步伐上的滞后

以产业发展滞后、城市建设滞后和农村建设滞后等为代表的发展滞后问题也是传统农区推进“三化协调”、“四化同步”发展面临的重要制约因素。工业起步晚、基础弱，服务业发展滞后，反哺农业、统筹城乡发展的能力不足。城市建设滞后，承载能力不足，难以为发展工业、繁荣服务业、转移农村富余劳动力提供有效载体。农村经济虽然有了很大增长，农村面貌虽然有了很大改善，但是总体上仍然明显滞后，要与全省同步走城乡一体化和农业产业化道路任务十分艰巨。

3. 支撑条件上的软肋

探索“四化同步”发展道路是一项系统工程，需要土地、资金、技术和劳动力等资源要素的优化配置以提供有力支撑。然而，由于科技创新能力低下、文化素质普遍较低、土地资源“瓶颈”制约、可持续发展压力不断增强、发展建设投入不足、思想观念保守落后等多种因素制约，传统农区普遍在人力资源、土地资源、资金以及思想意识等方面难以为推进“四化同步”发展提供有效支撑。

二、以统筹协调发展破解现实难题——平顶山市推进“三化协调”、“四化同步”的探索

平顶山市是一个正处在加快转型发展进程中的资源型城市。近年来，该市积极探索推进新型城镇化与新型工业化、农业现代化协调发展，统筹推进城乡一体化发展进程，尤其是平顶山市在城镇建设、新村建设、产业体系建设等方面进行了一系列实践探索，为推进新型城镇化与新型工业化、农业现代化“三化”协调发展提供了一些有益的借鉴和启示。

（一）聚焦能力建设，推进新型城镇化

1. 推进城市扩容，增强城镇承载能力

平顶山市坚持走新型城镇化道路，加强区域功能分工与合作，推动中心城区、县城和中心镇互促共进、协调发展。一方面，以城市新区为载体，推进平宝叶鲁一体化发展，推进交通一体、产业链接、服务共享、生态共建，促进城市形态由单中心、高集聚向组团式、开敞型转变，使传统的带状城市拉开框架，组团布局格局基本形成，有效拓展中心城市发展空间，全面提升城市服务功能，显著增强城市承载力和辐射力。另一方面，加快县城和小城镇建设，以县城扩容和中心镇建设为重点，加强道路以及水、电、污水处理等基础设施建设，加快完善医院、商业网点、公交枢纽站等配套服务设施，提高公共服务水平，加速产业和人口集聚，提升吸纳就业能力，进一步增强县城和小城镇的吸纳承载能力。

2. 持续创建活动，增强公共服务能力

平顶山市继续深化城市创建活动，以创建活动为契机和抓手，充分挖掘平顶山地区各类资源的价值，实现整合利用，将“资源优势”培育成城市的“核心竞争力优势”；以创建活动为督促和激励，助推城市特色的塑造，打造城市发展新名片，促进平顶山城市形象转型。在全面巩固中国优秀旅游城市、国家园林城市成果的同时，全面开展国家卫生城市和国家森林城市创建工作，以建设宜居城市为目标，狠抓市容市貌和环境卫生综合整治，加大卫生小区、卫生单位和卫生村镇创建力度，根治脏乱差堵等问题。不断完善城市公共服务，健全城市的交通、环保、就业、教育、文化以及其他社会功能，提高城市管理水平，提升市民文明素质，营造城市人文氛围，改善城镇发展软环境，在持续创建中不断完善城市功能、提升城市品位。

3. 建设和谐社区，增强协调发展能力

社区是城市的细胞，城市管理重心在社区，改善民生依托在社区，维护稳定根基在社区。平顶山市针对近年来社区的硬件条件建设很有成效，而管理水平还没能同步提升的问题，通过强健队伍、延伸职能，积极推进行政服务进社区；通过市场机制、产业运作、精细化管理，积极推进物业管理进社区；通过强化群众性精神文明创建活动，积极推进文明教育进社区；通过健全完善基层党组织，积极推进党建进社区。“四进社区”为社区的持续、协调发展提供了有力保障，也为推动和谐社会建设奠定了坚实基础。

（二）聚焦新村建设，统筹化解“三农”问题

1. 强化规划引导作用

平顶山市坚持“政府引导、群众自愿、量力而行、因地制宜”原则，确立了“规划先行、科学发展、分类指导、整体推进”的新农村建设思路，下发了《关于编制社会主义新农村经济发展规划和中心乡（镇）中心村建设规划的意见》，规范了规划的编制评审工作。五县（市）依据规模、区位、产业、文化、习惯等因素，确定了 36 个中心镇（乡）、539 个中心村，并已全部完成规划的审批工作。平顶山市通过坚持规划先行，统筹协调居民点与区域内产业布局、基础设施布局及土地长期利用的关系，促进旧村改造与新村建设、农村经济快速发展与农民收入持续增长协调推进。如张庄社区邀请了国内一流规划设计单位和知名专家进行多番论证，最终确定充分利用张庄依山傍水的自然条件，以打造精品现代农村社区为目标，以徽派建筑为特色，以农家乐为产业支撑，规划建设了具有江南风格的新型农村社区。如今聚居到张庄社区的群众既实现了安居，又实现了发家致富，成为中心镇和中心社区建设的一个成功范例。

2. 建设优美新农村

围绕适宜创业发展和生活居住的新农村总体建设要求，平顶山市以生产发展、生活富裕、生态良好为目标，明确了“整合自然村，确定中心村，抓好示范村”的新村建设发展路径，从社区经济稳步发展、社区居民生活富足方便、社区管理高效有序、社区环境整洁美观几方面着手，深入推进新村建设。

如舞钢市作为示范试点，在新村建设中重点抓住“三个建好”、严把“六关”。“三个建好”：一是建好新房，充分尊重群众意愿，分别设计大中小套以及多层楼房等不同档次住房，满足农户需求；二是建好基础设施，通盘考虑生产、

生活需要，将道路、能源、供水、通信、排污等基础设施建设一步到位，真正让农民享受到优美宜居的人居环境；三是建好公益事业，逐步让聚居农民享有同城市一样的教育水平、一样的医疗条件、一样的文体设施、一样的娱乐项目，提高聚居农民幸福指数，增强中心镇、中心社区的示范引导能力和辐射带动能力。“严把六关”：一是坚持集约节约用地原则，严把土地使用关，已开工的社区人均占用集体建设用地由全市平均 1.1 亩降低到不超过 0.5 亩；二是坚持质量第一原则，严把工程质量关，确保群众住上放心房；三是坚持中心社区服务农民原则，住房分配公开透明，严把入住对象关；四是坚持一户一宅原则，交还原宅基地、限期拆除旧房后方可搬迁入住、兑现奖补奖金，严把搬新拆旧关；五是坚持统筹兼顾原则，提供不同档次、户型、面积的住房供农户选择，妥善安置孤寡老人等特殊群体，严把扶弱济贫关；六是坚持示范引导原则，不搞“一刀切”，不搞强迫命令，严把农民意愿关。

3. 推进农业现代化进程

平顶山市着眼实际、聚焦工作，重点抓好土地流转、农业产业化和农民培训三件事。其中，土地流转突出抓扩大规模、规范管理，通过种养大户承包、农民专业合作社带动、高效农业示范园区建设等形式，实现土地规模化和集约化经营，促进土地、资金、技术等生产要素的优化配置。农业产业化突出抓规模化、标准化、专业化三个要点，把农业规模化与培养龙头骨干企业、发展农民合作组织、培育名特优农产品结合起来，把推进农业标准化与农产品基地、科技示范区、农业综合开发和其他农业项目结合起来，把提高农业专业化与提高土地生产率、资源利用率和农产品商品率等结合起来，加快推动传统农业向现代农业的转变。农民培训重点从“四新”（用新观念改造农民，用新技能武装农民，用新文化塑造农民，用新组织引领农民）切入，鼓励和引导农民积极参加农业实用技术技能培训以适应现代农业发展的需要；培养具有新理念、掌握新技术的新型农民，为农村二三产业发展提供人力和智力支持；加强输出劳务的培训管理，使劳动力输出成为农民增收的一种重要渠道。

（三）聚焦体系建设，加快产业优化升级

1. 构建新型工业体系

第一，平顶山市以打造“品牌集聚区”为重点，按照“一突出三统一”，即“突出主导特色产业，坚持立足资源优势与培育主导产业相统一，产业集中度与产品关联度相统一，同行业技术先进性与单位面积投入产出效益最大化相统一的原则”，积极推进“四集一转”，坚持高起点、高标准、适度超前建设基础设施，抓好公共服务平台建设，促进产城融合，全面提升产业集聚区发展水平，打造平顶山加快转型升级的平台载体。第二，加快传统产业升级改造，采用高新技术和先进适用技术，加快实施能源化工、装备制造、特种钢材、新型建材、农副产品深加工支柱产业规划，提升传统产业规模和层次。第三，培育壮大战略性新兴产业，把握新时期发展机遇和政策导向，以规模化、高端化、基地化为方向，努力在新能源、新材料、节能环保、生物医药等重点领域发展上实现新突破，提升产业核心竞争力。

2. 构建现代服务业体系

平顶山市大力提高第三产业比重，把发展服务业作为扩大消费需求的重要抓手，编制完成了《现代服务业发展规划》，以物流、文化、旅游、金融、现代商贸等为重点，以省、市、县级服务业特色园区和亿元以上服务业重点项目建设为着力点和支撑点，构建现代服务业体系。一是以平西综合物流园区、大香山物流园区、叶县和平东物流园区等为平台载体，以煤炭、粮食、盐业、钢铁、医药、食品等行业物流为重点，进一步完善场站设施功能，提高物流配送能力，大力发展现代物流。二是以曲艺文化、魔术文化为龙头，积极开发汝瓷、金镶玉等地方特色文化产品，深入推进宝丰文化改革发展试验区建设，大力发展演艺、动漫、工艺品等文化产业。三是整合旅游资源，加大宣介力度，构建“一个中心、三大板块”旅游格局，叫响“山水鹰城、近悦远来”旅游品牌，围绕七大旅游精品景区，加快推进市旅游服务中心、白龟湖国家湿地公园、大香山寺、尧山景区等重点项目建设，积极引进战略投资者，促进旅游龙头企业发展，壮大A级景区和星级酒店队伍，全面提升旅游业。四是着力优化金融生态环境，积极引进各类金融机构，办好市中小企业金融超市，推进新城区金融中心建设工作，培育发展金融业。

3. 构建自主创新体系

平顶山市加快推进自主创新体系建设，通过高新技术产业化和运用高新技术改造传统产业，通过科技创新和产业链上下游环节的延伸，打造能源化工产业与新材料、装备制造产业紧密结合的、跨行业的新兴产业集群。编制了《自主创新体系建设十年规划》，明确了两大重点工作，一是大力支持企业研发中心建设，积极培育壮大创新主体，鼓励和支持企业与高校、科研院所合作组建各类研发机构，形成一批拥有自主知识产权和核心技术的创新型企业，在高压电器、瓦斯防治、尼龙化工等领域突破一批关键技术，使科技对工业发展的支撑能力不断增强。二是提升产品生产标准，加快与国际标准和国家标准接轨的步伐，积极采用国际标准和国家标准组织生产，以有效提高产品质量和市场竞争力。

（四）平顶山统筹协调推进“四化同步”发展的启示

1. 以“两个转变”为主线

统筹推进“三化”协调发展是一个涉及经济、社会、人口、生态与资源环境的系统工程，要求各子系统以及系统组成要素之间在协调推进中达到和谐一致、互利互促。实现这一目标，不仅要求生产方式的转变，同时要求生活方式的转变，“两个转变”正是新型工业化、新型城镇化、农业现代化这“三化”中的“新型”与“现代”的核心内涵与根本要求，是增强发展的协调性和可持续性的根本要求。其中，生产方式转变要求产业发展要从中心环节、动力机制、支撑体系等各个方面向结构优化、效益增长、创新驱动、开放带动、资源节约、环境友好的新型发展道路转变；生活方式转变要求从城镇到农村、从生活理念到消费模式，从完善基础设施、健全公共服务、培育文化氛围、提升文明素养着手，向和谐文明、绿色低碳的现代生活方式转变。

2. 以“两个引导”为切入

加强规划引导、投资引导，有利于准确把握统筹兼顾走“三化”协调发展新路子的着力点和切入点。从规划引导来看，规划时间跨度长、涵盖范围广，通过科学规划可以明确发展蓝图，引导空间布局、产业发展、建设时序、资源分配等各方面内容。在推进“三化”协调发展中加强规划引导，不仅可以统筹利用各方多种资源，而且具有突出的超前性和指导性，从而降低或是减少各种不确定性、不稳定性因素的影响。从投资引导来看，投资导向是落实科学发展、以人为本、统筹全局、把握关键的重要现实体现，一方面突出了“三化”协调发展的重点和难点，另一方面也是“三化”协调发展从加快启动、推进到提升质量、效益的一个重要抓手。通过规划引导、投资引导，有助于实现城镇布局、产业发展、基础设施建设、社会事业、就业和劳动保障、政策措施等方面的协调统一。“两个引导”的背后，是着眼长远、着眼全局、统筹兼顾、持续协调的发展思路和路径选择。

3. 以“两区建设”构筑平台载体

积极推动产业集聚区建设、新型社区建设，构筑推进“三化”协调发展的重要载体和平台。在产业集聚区建设中，按照项目集中布局、产业集群发展、资源集约利用、功能集合构建和促进农村人口向城市转移的要求，将产业集聚区作为中原经济区促进产业集聚、人口集聚、资源集聚的重要载体和平台，作为城乡一体、统筹发展的先行区和示范区，加强产业链接、产城互动、功能提升、设施完善、服务共享和生态共建。在新型社区建设中，以空间布局合理、基础设施和公共服务设施齐全、社区服务和管理体系完善、居住方式和产业发展协调为导向，统筹道路交通、水电能源、教育卫生、文化体育等基础设施、服务设施和公益事业建设，着力改善城乡居民生活居住条件、缩小城乡差距。

4. 以“两个集中”把握关键环节

统筹化解“三农”问题是推进“三化”协调发展的重要目标，而实现这一目标就要求城镇发展和农村发展统筹、经济发展与社会发展协调以及产业集聚、资源集聚与人口集聚互动，这其中土地向规模经营集中、农民向中心社区集中是两个关键环节。土地向规模经营集中可以通过转租、转包、转让、合作等方式，进一步巩固企业带动型、合作社带动型、大户带动型等发展模式，加快土地经营权的流转，促使土地向种田能手和经营大户集中，提高农业生产规模化程度，为专业化生产和现代农业发展奠定基础。农民向中心社区集中可以采取园区带动、城镇辐射、迁村并点等模式，根据交通区位条件、产业集聚程度和乡镇特色，把地理上相连、空间上相接、经济上关联、人员往来上频繁的自然村庄聚集到一起，按照“文化、特色、生态、宜居”的要求，配套完善基础设施和公共服务设施，把中心镇和中心社区建设作为转移农民、加速城镇化的重要平台。

5. 以“两个创新”培育动力活力

把科技创新、体制创新作为推动“三化”协调发展的持久动力和活力。科技创新作为提升核心竞争力的根本驱动和主要支撑，重在树立创新理念、培育创新主体、凝聚创新人才，切实增强自主研发能力和水平。体制创新重点通过深化综合配套改革，围绕“三化”协调中心任务，在企业改制、土地管理以及社会领域等方面，强化体制保障，充分激发经济社会发展的动力活力和全社会的积极性、创造性。

6. 以“两个提升”强化支撑能力

提升人力资源素质和提升文化软实力是推进“三化”协调发展的两个重要支撑。应着力通过提升人力资源素质，优化人力资源配置，切实做好育才、引才、聚才和用才工作，加快形成人才竞争比较优势。以文化人、以德育人，提升全社会文明素质；重视凝聚文化特色、传承文化精髓、繁荣文化事业、推动文化创新，提升文化软实力。

三、以市场化激活现代农业发展动力——商丘市转型发展的调研及思考

发展现代农业，是促进粮食稳定发展、农民持续增收、农村面貌有效改善的重要途径。商丘市作为农业和粮食生产大市，以推进市场化为发展导向，以专业化、规模化为重要形式，以推进组织化为能力保障，以推进标准化为提升路径，积极探索农村土地流转，坚持龙头带动、科技驱动，在以市场化激活现代农业发展的动力活力方面做出了一些积极探索。

（一）商丘市以市场化提升现代农业发展能力和水平的主要举措

1. 积极探索推进农村土地流转

商丘市适应农业和农村经济发展新形势的要求，牢牢把握“依法、有偿、自愿”的原则，积极探索创新土地经营权流转机制，采取转包、互换、出租等形式，推动土地资源优化配置，最大限度地发挥土地的使用效益。随着商丘流转规模日趋扩大化，流转速度日益加快，有效提升了农村土地规模经营水平，促进了现代农业的发展，带动了农业增效和农民持续增收。如宁陵县阳驿乡后陈村现已成功流转了 1200 亩土地，不但使 900 名村民每亩得到了 350 公斤小麦的保底收入，享受国家的各种补贴，还吸引资金建成 1000 多亩良种繁育基地和 100 亩温棚种植小区。据专家估算，该村土地整合后每亩每年至少收益 6000 元。

2. 建设规模化种植养殖小区

商丘市政府先后出台了《关于加快现代农业种植小区建设的意见》、《2009 年现代农业种植小区建设考核办法》、《关于加快标准化养殖小区建设的意见》、《2009 年标准化养殖小区考核办法》，每年拿出 300 万元专项资金予以扶持。种植业主要根据生态自然条件，结合龙头企业发展需求和区域布局，大力发展规模化种植、专业化生产。畜牧养殖业通过实行千家万户饲养与适度规模饲养相结

合，大力发展养殖小区。近几年来，商丘市已建成600万亩优质小麦基地、200万亩优质棉花基地、100余万亩优质果品基地和以黄河故道为中心的2万头绿色奶业基地等。

3. 引进培育农业产业化龙头企业

商丘市针对现代农业发展缺资金、缺龙头、缺技术，导致农业资源优势难以转化为农业产业优势的突出问题，坚持分类指导、重点扶持、加快发展，积极引进具有市场开拓、科技创新、资金融通、资产整合和现代管理能力的龙头企业，扶优扶强规模实力大、经济效益高、带动能力强的龙头企业集群。

4. 发展各类农民专业合作社

商丘市近年来采取依托龙头企业、依托农业大户或个体、依托集体经济组织、依托农技部门等多种途径，创办发展各类农民专业合作组织近2000个，加入农户10万余户，带动农户接近50万。推行了“主导产业+专业合作社+农户”、“龙头企业+专业合作社+基地+农户”、“专业合作社+农户”等多种发展模式，指导农户科学种植养殖、加工、标准化生产等，入社农民比入社前的收入都有大幅增长。

5. 着力发展农产品市场

商丘周边地区人口密集，拥有辐射半径150公里内近亿人口的消费市场，被河南省确定为物流枢纽城市。商丘市充分发挥优势条件，积极支持商丘农产品中心批发市场健康快速发展，形成辐射周边的农产品物流中心，“商丘价格”占据一席之地。同时，商丘还加大资金扶持力度，对县级农产品批发市场进行改扩建，继续推进“万村千乡”市场工程。其中，商丘农产品中心批发市场年交易额超百亿元，与全国30多个省市进行贸易往来，为全国农产品批发市场前三强，被确定为“首批农业部定点农产品批发市场”和“农业产业化国家级重点龙头企业”，为商丘发展现代农业奠定了良好基础。

6. 扩大绿色食品规模

商丘市无公害农产品、绿色食品的发展规模迅速扩张，通过大力推进无公害农产品产地、无公害农产品、绿色食品等的认证工作，既为发展现代农业提供了技术支撑和品牌支撑，也为提高市场竞争力奠定了基础。

7. 打造名特优品牌

通过政策扶持与企业自身努力，商丘市现已形成了一批在国内外有较大影响力的名特优产品，如宁陵、永城的反季节蔬菜，睢阳区、夏邑、永城的脱毒土豆，宁陵、虞城、夏邑、民权的优质果品，夏邑的食用菌、白菜，梁园区的草莓、辣椒，虞城的花卉、山药、甜玉米，睢阳区李口的西瓜等，注册生产的“龙雨”粉丝、“梁苑”番茄、“代庄”草莓、“故道情”香蒜等10个产品被评为“河南省名牌农产品”，这类产品不仅打入全国20多个省、市，还进入日本、韩国、新加坡等国外市场。

（二）商丘市“六化联动”模式分析

商丘市坚持以城带乡、以工促农，以市场化与农业产业化、专业化、规模化、组织化、标准化的“六化”联动式发展路径，加快推动传统农业向现代农业的转变。

1. 产业化发展

商丘作为传统农区，传统农业所占比重较大，农业结构不尽合理、农民收入偏低等问题突出。在加快构建现代农业产业体系的过程中，坚持农业产业化发展是首要路径选择。通过以工业化思维谋划农业发展，充分发挥商丘明显的后发优势，进一步深化农业结构调整，强化社会服务，开发特色农副产品，积极推广龙头带基地，公司、合作社连农户等多种模式，完善企业和农户利益联结机制，以大幅提高农业综合生产能力，实现农业增效、农民增收，推动商丘农业产业化经营向更高层次发展。

2. 专业化集中

发展现代农业要求提高劳动生产率、土地生产率、资源利用率和农产品商品率等，这些都需要通过专业化才能实现。特别是作为农业产业化经营基础的农副产品生产，要求把小而分散的农户组织起来，在保持家庭承包责任制稳定的基础上，扩大农户外部规模，进行专业化生产，在一定区域范围内相对集中连片，避免生产布局过于分散造成管理不便和生产不稳定，从而解决农户经营规模狭小与发展现代农业要求的适度规模之间的矛盾。如宁陵程楼的黄瓜、夏邑车站的食用菌、梁园区双八代庄的草莓、虞城惠楼的山药、睢阳区李口的西瓜等，均为善用资源比较优势，通过专业化集中生产进而形成的特色鲜明、形式多样、有一定竞争力的典型乡村。

3. 规模化建设

生产经营规模化是发展现代农业的必要条件。传统农业农民生产规模小，农产品批量小，质量差，履约率低，很难进入大市场、大流通。农业产业化只有具备了一定的规模，才能增强辐射力、带动力和竞争力。商丘市正是通过大力扶持规模化种植养殖小区建设，按照有一定规模、有地方特色、有产品认证、有品牌名称、有商标注册的“五有”标准，重点培育一批产出能力强、科技含量高、示范作用大的农产品基地，形成一批在市场上叫得响、过得硬、打得开的农产品知名品牌，进而形成规模优势，提高规模效益。

4. 组织化经营

分散农户抵御市场风险的能力较弱，在市场交易谈判中的地位低下，权益保障能力较差。而组织化经营主要是以各类农民专业合作社为载体，将一家一户的生产组织起来，为分散的农户提供农资、技术、资金、信息服务，解决分户经营与统一市场的对接问题，能够有效解决以往农业生产一哄而上、一哄而下、大贵大贱、大起大落的问题。① 同时还把农业的产前、产中、产后环节有机地结合起来，使各环节参与主体真正形成风险共担、利益均沾、同兴衰、共命运的共同体，以解决传统农业向现代农业转化中政府部门“包”不了、单个农户办不了的事情。如商丘市睢阳区祥发种植服务农民专业合作社带动1300多户农民种植红薯、油菜达3296亩，并且通过农业专家引进高产种植新品种，采取统一保护价收购、加工、销售。合作社生产的粉条、粉皮等系列产品成功打入郑州、北京等大市场，入社农户每年收入在5000元/亩左右，不仅促进了生产发展，而且增加了农民收入，还有利于农业科技成果的推广应用。

5. 标准化生产

标准化生产是提升现代农业发展质量、发展水平的关键所在，也是增强农产品市场竞争力、应对绿色贸易壁垒、确保食品安全的科学手段。商丘市把推进农业标准化与农产品基地、科技示范区、农业综合开发和其他农业项目结合起来，现已建成农业标准化生产示范基地10个、省级农业标准化生产示范基地4个，全面推动农业标准化工作。同时，加强农业质量标准体系、农产品检验检测、农产品质量安全和标准、动物防疫和植物保护、认证认可等服务体系和农村经济信息应用系统建设，以助推农业标准化生产。虞城县阿健生态养殖专业合作社通过统一生产技术标准、统一操作规程、统一产品质量、统一饲料供应、强化生产过

① 回良玉. 大力扶持农民专业合作社 加快发展现代农业经营组织［J］. 中国农民合作社，2009（1）.

程监督，生产的“阿健”牌无公害鸡蛋有很高的知名度和市场占有率，已成功进入了郑州、济南、合肥、上海等大市场，使入社社员销售的鸡蛋在市场上比非社员销售的鸡蛋价格高出20%，收入明显增加。

6. 市场化推进

市场是农业产业化的起点和归宿。现代农业发展要求实现资源、生产要素组合、生产资料和产品购销等的市场化配置，通过推进市场化，改变传统小农经济自给自足、自我服务的封闭式状态。商丘市高度重视对国内外市场的开拓，大力加强农产品市场建设，不断完善农产品流通体系，以提高市场占有率，提升商丘农产品的知名度和竞争力。以商丘市农产品中心批发市场为龙头的各级各类农产品市场，为广大农户和农产品加工销售经营户提供了一个良好、方便、快捷的交易平台，加快了商品流通，有效地解决了农民“卖难”问题，在繁荣市场、稳定物价、搞活流通、带动农业增效和农民增收等方面发挥了重要作用。

（三）几点思考和建议

1. 坚持集中集聚集约发展

资源集约利用、要素高度集聚、产业有机融合是现代农业的重要特征。发展现代农业既需要土地等自然资源作为基本依托，也需要有资本、技术、管理、人才等要素的有效支撑。而商丘市在现代农业发展过程中存在着小规模经营特征较为明显、布局分散、农业资金紧张、资源综合利用水平不高等问题，这些既制约着商丘现代农业产业体系的有效构建，也影响着资源配置效率和农业比较效益。① 商丘要克服“瓶颈”制约、转变农业发展方式，就必须走优质优效、集聚集约的发展道路，通过政府的规划引领和政策导向，促进产业布局集中和资源配置优化，提高农业规模化、集约化水平，从而更好地将商丘农业资源优势转化为农业产业和经济效益优势。

2. 提升农业科技发展水平

从商丘现代农业的发展现状来看，无论是延伸农业产业链条、增强龙头带动能力，还是实现农业产业化发展、标准化生产，科学技术都是其中的根本驱动力和主要支撑点。尤其是目前商丘还面临着农民增收任务较为艰巨、农业资源约束加剧、农村生态环境压力加大的严峻挑战，在此背景下，着力提升农业科技发展

① 宋再钦. 我国中部地区建设现代农业的模式与对策研究［J］. 农业现代化研究，2004（1）.

水平，是拥有高土地产出率、劳动生产率和资源利用率的重要支撑，是建设发达的农业基础设施、高效的农业组织方式和完善的农业服务体系的重要支撑。一方面，依靠农业科技水平的持续提升来创新农业发展理念，开发农业多种功能，提高农产品品质；另一方面，在提升粮食综合生产能力的同时，依托河南科研优势，整合科技力量，组织攻关一批设施农业、农产品精深加工、标准化生产等重大技术，突破一批节肥、节药、循环农业等关键技术，建立健全农业科技创新体系、农业技术推广体系和农民教育培训体系，切实提高商丘现代农业的创新发展能力和发展水平。①

3. 建立健全规模经营机制

商丘市现代农业发展，从一开始的“龙头企业+农户”，到“龙头企业+基地+农户”，再到“龙头企业+基地+专业合作组织+农户+国外市场”，在实践中不断探索前进，解决了千家万户小生产和千变万化大市场之间的对接问题，逐步形成了“企业跟着市场跑，结构围绕企业调，项目依托基地建，农民照着订单干”的经营发展格局。进一步提升商丘农业规模化、组织化经营管理水平，就必须建立健全规模经营机制，在探索农企利益联结方式上，由松散型联结逐渐向产权式的紧密型联结转变，确保农户由最初的卖出农产品获得一次性收益，逐步发展到与龙头企业共同分享加工、销售环节的利润。此外，还应引导构建明晰的产权制度，健全民主管理和监督制度，完善投入、经营和管理机制，按照生产规模化、经营产业化的要求，引导通过土地流转、农民合作、统一服务等形式，提高商丘现代农业规模经营运行质量与效益。

4. 进一步完善以工补农机制

以工补农机制对于推动工业化与现代农业联动发展、协调发展具有重要作用，是引导公司—基地—农户之间实现互利互促良性循环的重要保障。商丘市在发展现代农业中，应进一步完善村企互动的以工补农机制，有效发挥工业对农业的支持和反哺作用、城市对农村的辐射和带动作用，引导企业依靠自身的资金优势和当地自然条件改善农村基础条件，发展绿色农业、健康产业，进而带动周边农村的可持续发展。还应形成互动“双赢”的以工补农利益驱动机制，由单纯的企业投资帮扶农村发展，转向以工带农、以工建农，变“输血”为“造血”，真

① 李燕凌，唐庆熹. 我国现代农业发展现状及其战略对策研究［J］. 农业现代化研究，2009（6）.

正提升农民自身创造财富的能力。

5. 提高政府引导政策支撑力度

在由传统农业向现代农业的转变过程中，政府引导与政策支撑都起着重要的推动作用。一要强化组织领导，科学制定规划。增强推进农业产业化经营的自觉性、责任感和紧迫感，抓好典型示范，加强督导检查，同时要加强调研，以规划引导现代农业科学发展。二要落实优惠政策，加大扶持力度。认真落实中央、河南省扶持农业产业化经营的优惠政策，拿出专项经费，在资金、项目、税收、土地等方面向农业产业化经营倾斜，并力求使之具体化、效益最大化。三要优化发展环境，提供优质服务。从政府自身出发，通过改进工作方法，为农业调整和企业发展提供信息、技术、项目、资金等服务，切实帮助企业、农户解决发展中遇到的各种问题。四要坚持发展思路，实现持续推动。统一思想认识，始终把加快发展现代农业作为转变农业发展方式和调整农业产业结构的主旋律，并由政府一届一届持续推动，加速现代农业发展并使之成为商丘市的一个强项和亮点。

四、以生态产业发展带动生态县建设——新蔡县聚焦生态建设推动产城融合发展的探索

加快推进生态产业发展，是贯彻落实党的十八届三中全会精神，加快推进“四化同步”和生态文明建设，形成人与自然和谐发展的现代化建设新格局的重要举措，也是推进生态省、生态市（县）建设的必然要求。新蔡县是黄淮海地区河南省直管县试点县之一，同时也被国家列为第七批生态建设示范区，对新蔡县率先建设生态县的目标任务做出了明确要求。近年来新蔡县着力优化产业空间布局、提升产业发展质量，促进新型工业化与新型城镇化互动协调、产业优化升级与生态环境建设“共赢”，对于不断强化生态产业发展对城乡建设的动力支撑作用，实现资源集约高效利用、生态环境有效保护，进而全面提升可持续发展能力和水平具有重要意义。

（一）新蔡县生态产业体系建设发展的总体思路

新蔡县生态产业体系建设发展的重点是充分发挥新蔡县的特色和优势，坚持资源高效利用、产业链式延伸，走产业新型化、生态化发展道路。在生态产业建设发展中，重点是积极发展以绿色食品、有机食品为主的生态农业；以循环经济、绿色养殖为主的生态畜牧业；以循环经济、清洁生产为特征的生态工业；以

绿色消费、低碳消费为特征的现代生态服务业。通过优化产业空间布局，不断提升资源有效利用、环境有效保护、生态有效建设的能力与水平，强化生态县建设发展的产业支撑和综合竞争力。

1. 产业体系现代化

构建现代产业体系是生态省（市、县）建设及其产业升级的必然要求。产业体系现代化就是要立足生态省（市、县）发展基础和产业特色，以农业现代化为重点推动现代农业发展，以新型工业化为重点推动工业升级，以现代服务业为重点推动服务业发展壮大，促进三次产业比例合理、科技创新能力增强，进而推动产业体系的现代性和核心竞争力也不断增强。

2. 产业发展生态化

生态产业建设的一个重要导向和要求就是生态化，即以循环经济、低碳经济为基本理念，全面深化清洁生产，延伸产业链条，构建循环型产业体系，推动产业低碳化转型，不断提高产业发展对资源能源的利用效率和效益，更好地保护环境、减少污染，建设资源节约、环境优化的生态产业体系。

3. 产业结构升级化

加快推动产业结构优化升级是生态产业发展的根本路径。关键是要加快推动三次产业从“一二三”型，向“二三一”型，进而向“三二一”的结构调整和升级，也就是在不断强化农业基础地位的同时，加快推进新型工业化，第三产业加速发展，现代服务业逐渐成为新的经济增长点，对拉动经济发展的贡献率不断提升，产业结构不断向高级化演进。

4. 产业布局集约化

要推动生态产业建设发展的生态化目标和要求，就需要立足本区域资源环境和经济社会发展基础、发展现状，以生态功能区划为指引，科学合理地布局产业发展及相关社会经济活动，通过项目集中发展、企业集聚发展、产业集群发展，同时推动功能集合构建、资源集约利用，在不断优化产业空间布局的同时，以集中布局推动集约发展，以集约发展推动生态环境建设和保护。

（二）新蔡县生态产业规划布局

新蔡县是河南省直管试点县市之一，同时已经被国家列为第七批生态建设示范区。在《河南省生态功能区划》中，新蔡县属于农业生态功能区和洪水调蓄生态功能区，在一级分区中被列在黄淮海平原农业生态区，其主要生态功能是农、林、畜、果产品提供和洪水调蓄。遵循新蔡县生态功能区划及各功能区主导功能定位、生态建设保护主导方向，根据新蔡县发展目标及产业布局与生态功能区划的一致性分析，其产业发展方向、布局以及优先、禁止、限制发展的领域，应从新蔡县的资源基础、区位特征、产业基础等发展实际出发，大力发展清洁生产、循环经济，加快发展方式转变，调整优化产业结构。其中，在农业发展及布局方面，以小流域为单元，立足生态功能定位，因地制宜发展经济林果、生态畜牧，促进农、林、牧结合，开展多种形式的综合治理；在工业发展及布局方面，以集中布局、集群发展为导向，以节能降耗、减污减排为重点，以生态示范园区、循环经济产业园等为发展载体和引领，积极发展生态工业；在服务业发展及布局方面，以中心城区和特色商业街等为核心区域，加快发展以绿色消费、低碳生活为特征的现代生态服务业。在此基础上，形成布局合理、结构优化、资源节约、环境优化的现代生态化产业体系，推动新蔡县实现健康、持续发展。

（三）新蔡县生态产业体系发展路径

1. 生态农业

（1）生态农业发展思路。加快推动生态农业发展应立足于转变农业发展方式、提升农业现代化水平和推进农业转型升级等核心任务，以发展生态循环农业为关键，以科技创新为动力，以生态循环农业示范园区建设为平台，以“三品一标”认证（无公害、有机、绿色产品；地理标志性认证）为抓手，着力形成资源节约、环境友好的生态循环农业发展新格局。

（2）新蔡县农业发展概况。新蔡县位于河南省东南部，境内气候温和，雨量充沛，土壤肥沃，盛产小麦、玉米、芝麻、棉花、水稻、红薯、大豆、油菜和绿色小杂粮等农作物，是典型的平原农业大县，获得了全国商品粮生产基地县、全国优质棉生产基地县、全国农业综合开发高标准农田建设示范县、全国粮食生产先进县、全国科技进步先进县等称号。近年来，新蔡县着力推动农业规模化发展，在顿岗、关津等乡镇建立水稻标准化基地10万亩，在黄楼、棠村等乡镇发展无公害标准化红薯生产基地6万亩，在关津、宋岗、练村等乡镇建立优质棉生产基地10万亩，在余店、宋岗、关津、韩集、砖店、今是等发展无公害蔬菜基地5万亩；着力推动农业产业化发展，积极培育莹坤薯业、亨通粮油、麦佳制粉、兴棉棉业、顿岗米业、未来高效农业示范园等农业产业化龙头企业，逐步发展壮大面食品深加工、薯品深加工、油脂深加工、棉品深加工、米品深加工以及生态观光休闲循环农业产业集群，不断增强新蔡县现代农业发展能力和水平。

（3）新蔡县生态农业发展措施。一是加快发展生态循环农业。新蔡县作为农业大县、畜牧大县，一方面，依托本地资源优势和地理优势，大力发展优质粮棉、红薯及小杂粮等种植业，加快建设集中连片、环境良好、设施精良、生产标准、高产高效的种植基地，全面提升生态农业的规模化、生态化、标准化水平；另一方面，立足本县农作物秸秆与畜禽粪便资源丰富的特色，坚持“减量化、资源化、再利用”的原则，加强废物处理及利用，推广循环农业发展模式，把沼气建设与改善农村生态环境、开发农村清洁能源、减少农村环境污染结合起来，形成生态环保、循环利用、集约高效的生态循环农业发展模式，如图 9–1 所示。

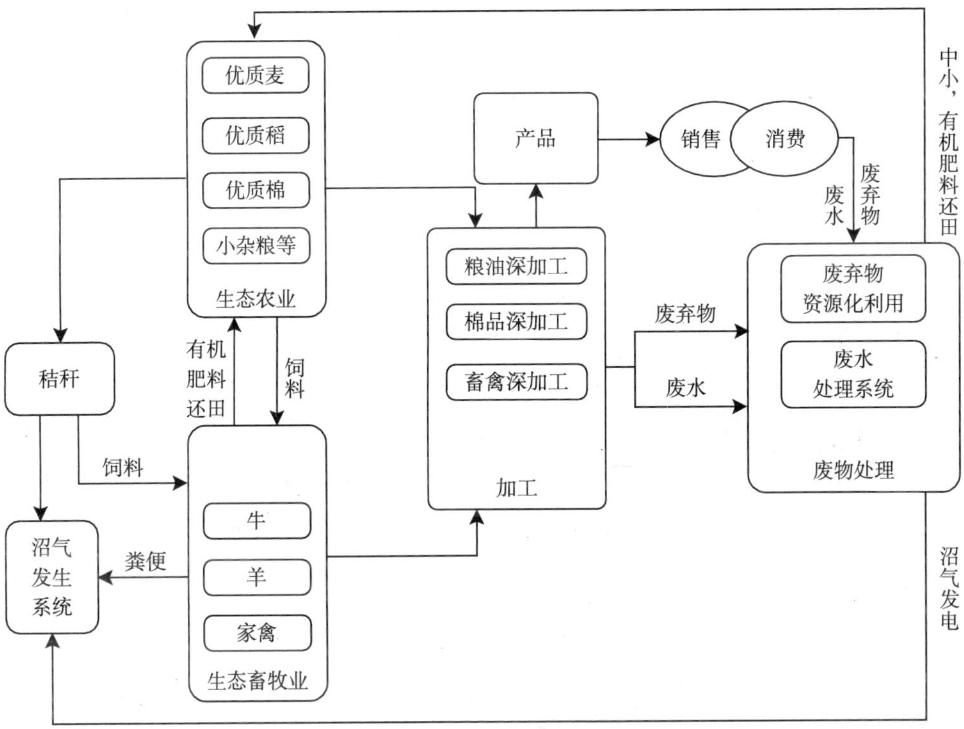

图 9–1 新蔡县生态循环农业发展示意图

二是着力强化科技支撑作用。加大农业先进技术推广力度，夯实生态农业发展基础。大力推广测土配方施肥技术，减少农业生产对生态环境的污染；加快推广病虫草害统防统治技术，提高农产品安全水平；着力完善农村公共技术服务体系，积极引导农业院校、龙头企业、农民专业合作社、民营科技推广服务机构等社会力量完善农技服务网络。

三是积极推广“三品一标”。以农业标准化生产、农业投入品监管、生态环境和农产品质量跟踪监测为重点，以“三品一标”重点项目为抓手，培育一批有品牌、有技术、有市场竞争力的农业产业化龙头企业，建设一批无公害、标准化、绿色、有机农业生产基地。

四是充分发挥试点示范效应。以重点项目、示范基地、生态园区等为重点，大力推广生态循环农业发展模式，以试点示范开展先行先试，以点带面，抓好示范引路，带动全县生态农业发展。

2. 生态畜牧业

(1) 生态畜牧业发展思路。运用生态系统的物质循环再生、食物链等原理，加快推动畜牧业发展方式转变，以循环经济为路径，以提高资源利用效率为目的，以废弃物循环利用为核心，以延伸产业链和建立耦合共生关系为切入点，以建立多元化、多层次、高效率的畜牧业循环经济产业链为手段，形成资源高效循环利用、生态环境有效保护、生态经济效益统一的生态畜牧业发展模式。

(2) 新蔡县畜牧业发展概况。新蔡县畜牧业发展基础良好，是全国秸秆养牛示范县、世行贷款肉牛发展项目县、河南省畜牧大县、河南省生猪调出大县、河南省养鹅重点基地县，畜产品加工已经成为新蔡县的重点支柱产业。目前，新蔡县畜牧业发展已经形成了规模养殖、龙头带动、集群发展的突出特点。近年来，全县建成的规模化生态养殖场超过 20 个，并不断调整畜牧业结构，在积极发展优质肉牛、羊的同时，稳定生猪、家禽生产，着力拉长畜牧业产业链条，逐步形成了以天龙禽业等企业为龙头的畜禽深加工产业集群，以港越食品等企业为龙头的生猪养殖深加工产业集群，在加快畜牧产业化进程的同时，逐步形成以畜禽养殖业、肉制品加工业、副产品资源化利用为产业链式发展方向的生态畜牧业发展模式。

(3) 新蔡县生态畜牧业发展措施。一是着力延伸畜牧业产业链、价值链。在稳步推进新蔡县畜禽养殖业规模化、标准化发展的同时，加快猪、牛、羊、鹅、禽、蛋、奶等主要畜产品和特色畜产品的产业化发展步伐；从养殖、初加工到精深加工等全产业链发展着眼，以畜牧龙头企业为依托，以肉制品加工带动养殖业发展，以副产品深加工拉伸肉制品加工产业链，从源头和全过程充分利用资源，减少废弃物的产生和排放，实现废弃物资源化再利用；在提高畜禽产品附加值的同时，推动新蔡县以冷却保鲜肉、低温肉制品及冷链流通、连锁经营等为导向的传统产业优化升级，培育以生物医药、皮毛加工等副产品或废弃物综合利用为导向的新兴产业，形成以产业链式延伸为特色的生态畜牧业发展模式，如图 9–2 所示。

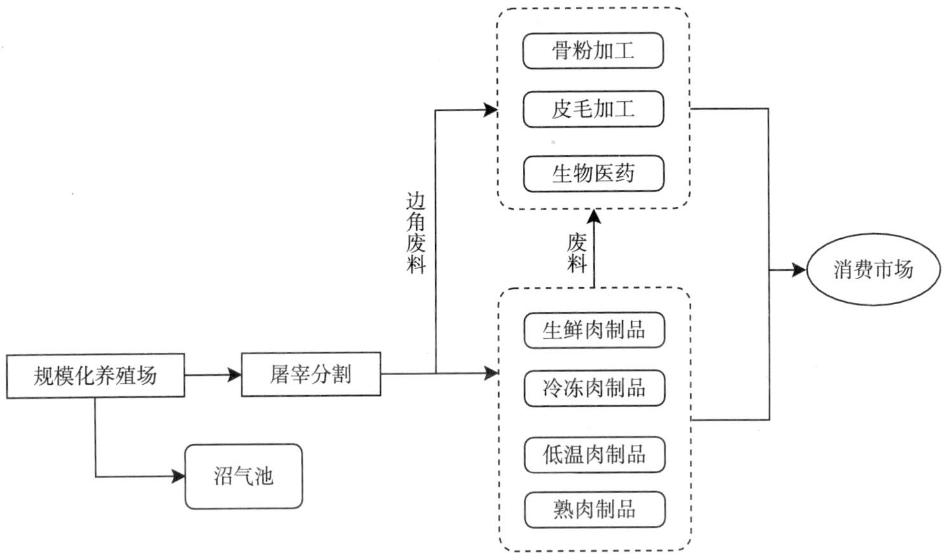

图 9–2 新蔡县生态畜牧业产业链示意图

二是积极推广先进畜禽养殖技术。加快转变传统落后的养殖方式，积极引进优良畜禽品种、科学管理模式、先进生产设备、先进防疫手段等现代养殖技术，加大试验、示范和科技推广力度。

三是严格落实污染减排目标。严格落实新改扩建养殖场环境影响评价和"三同时"制度，从源头上加强畜禽养殖污染物排放总量控制。加强对规模化养殖场污染物排放和粪污处理利用设施运行情况的监督管理，严格日常督查、定期核查和随机抽查。四是加强疫病防治工作。建立完善县、乡、村三级疫病防控网络，充实完善县畜禽疫病防控中心的监测检验设备，加大对重大动物疫病的严密防控力度。

3. 生态工业

（1）生态工业发展思路。发展生态工业应以加快工业结构调整和优化升级为主线，以加快推进新型工业化进程为核心，以绿色经济、循环经济、低碳经济为指导，以科技创新为动力，以清洁生产为基础，以生产过程清洁化、废弃物利用资源化、资源利用循环化为关键，以传统产业升级和新兴产业培育为抓手，壮大主导产业，延伸产业链条，提高产品档次，促进节能降耗减排，以生态工业发展全面增强整体竞争力和可持续发展能力。

(2) 新蔡县工业发展概况。新蔡县作为传统农业大县，工业发展目前正处在加快做大规模与加快优化升级并行的关键阶段。近年来，新蔡县已经形成了食品药品、纺织服装、机械电子、新型建材四大支柱产业。其中，以天龙禽业、亨通粮油、麦佳制粉、伟鑫药业、禹欣药业等龙头企业为依托，形成了食品药品加工产业集群；以锦黛尔服饰、石森棉业、利信纺织等龙头企业为依托，形成了纺织服装加工产业集群；以辉达机电、堂福电子等龙头企业为依托，形成了机械电子制造产业集群；以顶诺钢结构、新辉水泥等龙头企业为依托，形成了新型建材加工集群。同时，新蔡县工业发展也面临着食品、纺织、服装等传统产业亟待转型升级，电子、生物医药等新兴产业亟待发展壮大的严峻挑战。加快推动新蔡县由传统工业向生态工业的发展转型，是新蔡县强化产业支撑能力，实现科学发展、可持续发展的必然选择。

(3) 新蔡县生态工业发展措施。一是加快工业结构调整和优化升级。加快传统产业改造和升级步伐，着力延伸产业产品链条，积极发展壮大深加工行业，实现从粗加工向精加工转变，从粗放经营向集约化经营方向转变，切实提高质量和效益；以食品药品、纺织服装等传统产业升级为重点，培育壮大龙头骨干企业，发挥龙头带动作用。积极扶持堂福电子、石森棉业、爱迪亚生物制药等市场潜力大、发展前景好的新上企业，以机械电子等产业为基础，积极发展高新技术产业，推动工业结构实现存量优化和增量调整。强化创新驱动作用，提升引进、消化、吸收、再创新能力，提高产品档次和科技含量，增强市场竞争力。

二是着力培育生态型企业。充分发挥企业在生态工业发展中的主体作用，在新蔡县主导产业，尤其是食品药品、纺织服装、机械电子、新型建材等行业，努力创建一批“零排放”企业。以天龙禽业、锦黛尔服饰、亨通粮油、麦佳制粉、伟鑫药业等企业为重点，开展创建清洁生产示范企业活动，发挥龙头骨干企业的示范带动作用。引导扶持企业引进先进生产技术、工艺和成套设备，提高资源利用率、降低污染排放量，提高企业循环经济发展能力和水平。积极推进企业内部的产品生态设计和改造，促进企业全面推进清洁生产，鼓励企业开展环境管理体系认证。

三是推动生态工业集聚集约发展。以新蔡县产业集聚区为平台载体，以生态型园区建设为主线，加快推动企业集中布局、产业集群发展、功能集合构建，形成以集约发展、循环发展、高效发展为特色的新型工业生态链网，促进资源能源利用效率最大化、污染物排放最小化。发挥项目带动作用，积极引导重点企业、重点项目向园区集中，发挥集聚集约效应，提升综合承载能力。

四是全面推行清洁生产。在食品药品、纺织服装、机械电子、新型建材四大支柱产业内推动清洁生产审核，推广一批先进的清洁生产技术，培育一批清洁生产典型示范企业。积极引导企业开展ISO14000环境管理体系认证、环境标志产品认证和其他绿色认证，加快管理体系建设与标准的执行，提高清洁生产水平。加强对食品、纺织、建材等高资源消耗行业清洁生产实施的监督，推动企业围绕节能、节水、节地、节材和资源综合利用，实现企业生产的集约化、清洁化、再循环化。建立健全监督、考核和奖励制度，引导企业加大清洁生产投入。

4. 生态服务业

（1）生态服务业发展思路。服务业是构建现代产业体系、实现产业结构调整和优化升级的重点和关键。发展生态服务业，一方面，要把服务业做大规模作为加快产业结构调整的战略重点，通过完善基础设施，优化发展环境，提高服务水平，在服务业发展壮大的同时促进结构调整和民生改善；另一方面，要抓住新型城镇化、新型工业化加快推进、国家积极扩内需和居民消费结构升级的重要机遇，以推动服务业提质增效升级为核心，大力发展高效率、低污染、可循环的生态型服务业。

（2）新蔡县服务业发展概况。近年来，新蔡县住宿餐饮、商贸流通等服务业得到较快发展，交通运输、金融、保险、房地产、电信等在第三产业中的比重逐步增大。但总体来看，新蔡县服务业发展相对滞后，现阶段依然是以传统服务业发展为主，金融保险、房地产、文化旅游等现代服务业均有待培育壮大，住宿餐饮等传统服务业存在从发展规模到发展水平、服务能力都还总体偏低的问题，在做大规模的同时也面临优化升级的挑战。

（3）新蔡县生态服务业发展措施。一是优化提升传统服务业。以信息化改造提升传统商贸服务业，推行现代营销方式，鼓励发展连锁经营、电子商务等现代流通方式，加快传统百货业向购物中心、超级市场、仓储式商场和专卖店、精品店、连锁店发展。大力培育各类新型专业市场，促进住宿、餐饮、娱乐等行业规范有序发展。加强商贸基础设施建设，健全城乡商品流通网络，科学规划商贸网点布局，继续推进“万村千乡”市场工程。积极引进商贸服务大型龙头骨干企业，带动提升新蔡县服务业规模和集聚度。

二是发展壮大现代服务业。积极发展有利于民生改善的生活性服务业，加快推动公共服务、社区服务和家庭服务业等发展，完善城乡教育、医疗卫生等服务设施，提高服务能力。适应新型工业化发展要求，加快发展科技研发、金融保险、中介咨询等新兴服务业。以果品蔬菜批发市场、回民综合市场、华夏皮都、新蔡县综合商贸城、林产品市场等为重点，整合物流资源，培育物流市场，鼓励发展第三方物流，提高新蔡县现代物流业的社会化、专业化和规模化水平。

三是积极培育服务业新增长点。着力推动文化旅游业发展，依托新蔡县干宝公园、文庙、子路问津处、辛亥革命祠等历史遗迹，以及东湖公园、月亮湾公园、伊斯兰文化游乐园、吕源文化园和《搜神记》大观园等文化资源，塑造文化旅游品牌，健全旅游基础设施，增强承接能力，打造精品线路，形成新的经济增长点。着力推动生态旅游业发展，依托新蔡县良好的农业发展基础和资源优势，以生态农业示范园为平台，积极开发观光游、体验游、休闲游等生态旅游、绿色旅游项目。

第十章 立足城乡一体推进新型城镇化

推进新型城镇化，关键是要破除城乡二元结构，加快推进城乡一体化发展。在这一进程中，不能脱离农村，只考虑城市发展；而解决“三农”问题，也离不开与城市发展的互动协调。显然，城乡一体、城乡统筹是推进新型城镇化面临的最重大关系、最根本问题和最关键路径。党的十八届三中全会发布的《中共中央关于全面深化改革若干重大问题的决定》中，单独用了一章的篇幅来论述“健全城乡发展一体化体制机制”。在章下言中，第一句就强调了“城乡二元结构是制约城乡发展一体化的主要障碍”，并将农业、农村、农民问题，新型城镇化问题等都放在这一主题下。引人关注并发人深思的是，中央没有将新型城镇化道路探索问题单独作为一个主题来论述，而是将其放在城乡发展一体化的问题框架下，这也充分说明了推进城乡一体化发展的重大意义。显然，只有立足城乡一体推进新型城镇化，才能从根本上解决人的城镇化问题，真正提高城镇化发展质量。

第一节 推动城乡一体化发展的重要意义

从传统城镇化到新型城镇化，从城乡分割、二元化发展到城乡统筹、一体化发展，在城镇化发展方式加快转变的同时，对于城乡一体化发展也有了新的认识和把握。要走好具有中国特色的新型城镇化道路，推动城乡一体化进程是破解“三农”难题、激活内需潜力、促进区域协调发展的必然要求。

一、推动城乡一体化发展是推进新型城镇化进程的根本要求

《国家新型城镇化规划（2014~2020 年）》中明确了中国特色新型城镇化道路的内涵是以人为本、四化同步、优化布局、生态文明、文化传承，而城乡一体化

发展是进行这一道路探索的必然要求。第一，推进新型城镇化进程要坚持以人为本，核心是人的城镇化，也就是要通过推进城乡一体化发展统筹城镇和农村人口发展，在推进城镇化进程的同时加快农业转移人口市民化进程，不断改善农村居民生产生活环境，加快强农富农步伐。第二，城乡一体化发展是实现“四化同步”发展的核心构成，新型城镇化与新型工业化、农业现代化、信息化同步发展，也就是要推进城乡之间在产业发展、空间布局、资源配置等方面的一体化发展。第三，以优化布局为内涵的新型城镇化体现在城乡一体化发展中，就是要通过打破城乡分割、城乡分立的发展局面，通过统筹城乡规划布局，形成空间合理、功能优化、梯次发展、开放和谐的城乡空间格局。第四，推进生态文明建设，实现绿色发展、循环发展、低碳发展，既要求城乡共同在资源集约节约利用、加强环境治理等方面共同努力，也要求城镇发挥在节能降耗减排技术的研发利用、绿色低碳发展模式的引领示范等方面的先行作用，同时农村发挥在生态建设、环境保护以及降低农村面源污染等方面的关键作用。第五，走文化传承的新型城镇化道路，需要城乡之间协调推进传统文化保护与现代文化创新、区域特色文化相互交融发展，全面提升新型城镇化的文化内涵和综合实力。

二、推动城乡一体化发展是破解“三农”难题的根本路径

党的十八大明确指出，“解决农业、农村、农民问题是全党工作的重中之重，城乡发展一体化是解决‘三农’问题的根本途径”。具体来看，首先，随着我国城镇化率不断提高，每年将有相当数量的农村富余劳动力及人口转移到城市。与此同时在传统农业发展中，在我国突出的人多地少的现实条件下，以及一家一户分散经营的传统模式下，很难大幅度提高农业劳动生产率、增加农民收入。随着城乡一体化进程不断加快，农村富余劳动力和农村人口逐步向城镇转移，农村居民人均占有资源量会相应增加，有助于推进农业适度规模经营，从而提高农业生产效率和商品化率，加快农业现代化进程，全面推进传统农业向现代农业的转型升级。其次，城乡一体化发展意味着扭转了重城市轻农村的发展局面，城乡之间在基础设施、公共服务等方面的差距不断缩小，这方面的转变将直接体现在农村面貌的明显改善和农村生活条件的大幅提升上，农村“脏乱差”问题将得到根本解决。更为重要的是，随着一体化进程的推进，农村发展在吸引集聚人力资源、科技资源以及金融、信息服务等方面的突出劣势将得到有效缓解，这也将为农村

发展实力增强、发展水平提升提供持续动力，成为农村加快发展、持续发展的根本性转变因素。最后，从富裕农民来看，在城乡一体化进程中，以质量、效率、效益为核心内容的现代农业的加快发展将直接体现在农民收入的增加上。同时，城乡之间在社会保障等方面的一体化，既能通过均等化的教育、医疗水平减少农村居民在这方面的支出，同时有利于农民综合素质的提升，进而体现在就业能力、市场竞争能力等的提升上，这也都为富裕农民奠定了坚实基础。

三、推动城乡一体化发展是激活内需潜力的战略选择

目前我国已经进入经济新常态，与之相呼应的是要形成经济发展的新动力、新结构、新机制，核心内容也就是要从投资主导、外贸带动型经济增长模式，转向市场主导、内需带动型经济发展模式。从我国城镇化目前发展现状来看，加快推动城乡一体化发展，直接外在表征就是城镇化率的持续提升。目前我国城镇化率刚刚超过 50%，按户籍人口计算仅略高于 35%，不仅明显低于发达国家近 80%的水平，也低于许多同等发展阶段国家的水平。据有关部门预测，我国城镇化快速发展还能持续相当长时间，到 2030 年，城镇化率将达到 65%左右，各类城镇将新增 3 亿多人口，随之带来消费需求的同步增加，以及城镇基础设施、公共服务设施建设和房地产开发等多方面的投资需求，为扩大消费和投资需求提供强大、持久的动力。另外，在推进新型城镇化的过程中，核心是人的城镇化，也就是说城镇化不是简单的人口比例增加和城市面积扩张，而是要让广大农民平等参与现代化进程，共同分享现代化成果。城乡一体化不仅促进农民在身份上转变为市民，而且促进农村居民和农业转移人口从生产方式到生活方式的现代化转型，尤其是消费观念、消费方式、消费结构等的转变，这其中都蕴含着巨大的消费潜力。

四、推动城乡一体化发展是促进区域协调发展的必然要求

推进城乡一体化发展，就是要着力形成以工促农、以城带乡、工农互惠、城乡一体的新型工农城乡关系。而要推动区域协调发展，城乡一体化发展是必然要求。一方面，区域协调发展需要以产业协调发展为支撑，其中就需要农业发挥基础性作用，工业发挥主导性作用，服务业发挥优化升级作用，一二三产业相互促进、融合发展，为区域协调发展提供经济支撑和物质保障。从我国产业发展现状

来看，普遍存在一产弱势发展、二产粗放发展、三产滞后发展的突出特征，尤其是在长期以来推行的农业支持工业、重工轻农的发展导向下，农业劳动生产率、农业比较效益以及农业科技创新能力普遍偏低，稳定粮食生产、保障粮食安全面临较大挑战。只有形成以工促农、工农互惠的新型工农关系，才能以新型工业化带动现代农业发展，在工业转型升级的同时为农业强化科技支撑和提升装备保障水平；才能以现代农业发展为工业化推进提供优质高效的物质支撑，在新型工业化与农业现代化互动发展中提升区域协调发展水平。另一方面，城乡协调发展是区域协调发展的核心构成和根本要求，也就是要形成以城带乡、城乡一体化的新型城乡关系。城市是区域发展中的重要节点和枢纽，发挥着集聚人口、汇聚资源、发展产业的关键作用，城市的综合竞争力以及辐射带动力，是决定区域综合实力的核心因素。而城市发展实力的持续增强，需要依托农业发展提供物质基础、依托农村富余劳动力提供人力资源支撑。城乡二元发展下的城乡差距不断拉大，必然形成区域经济社会发展的最大威胁和不稳定因素；城乡之间要素不能自由流动和优化配置，区域发展也难以提高质量效益，尤其是制约了区域竞争力的提升。因此，在区域发展竞合关系日益重要的新阶段，不断缩小城乡差距、加快推动城乡一体化发展是必然要求。

第二节　城乡一体化发展面临的主要问题挑战

推动城乡一体化发展，面临的主要问题是要从计划经济体制下、政府主导的城乡二元化发展转型为社会主义市场经济体制下、以人为核心的城乡一体城乡统筹发展。这一问题的现实矛盾聚焦点是二元体制下的城乡户籍制度，以及附着于户籍之上的各种福利制度，进而形成一整套二元制度体系使城乡差距日益扩大。制度问题最终体现在民生问题上，进而严重阻碍着人的城镇化发展。具体来看，主要包括了城乡之间的身份差异问题、福利差异问题、机会均等问题、文化发展问题等。

一、消除身份二元化

在推进城乡一体化发展、加快新型城镇化进程中，民生关注热点和现实矛盾聚焦点就是城乡二元化户籍制度。经过多年的发展和固化，户籍已经成为城乡二元制的最显性符号。本来户籍只是对居住地、从业分类的一种类型划分，却由于长期二元化发展导致户籍上附着的城乡之间在就业、教育、医疗、社会保障、公共服务等方面的福利差异，进而使得户籍成为一种身份的象征、福利水平差异的象征，甚至成为一种身份歧视。因此，打破城乡分割、推动城乡一体化发展，面临的一个首要问题就是要消除城镇户口与农村户口在身份上二元化，其内在核心问题是要将附着在户籍制度之上的各种城乡福利差异剥除掉，使户籍制度回归统计类型划分意义上的本源作用。

二、消除福利二元化

推进城乡一体化发展要推进人的城镇化，使农村居民与城镇居民一起共享现代化发展成果。但是从统筹城乡发展与民生改善来看，城乡居民在收入水平、福利水平方面的差距却并没有有效消除，甚至有的还出现了不减反增的情况。21世纪以来，我国经济社会得到快速发展，已经成长为世界第二大经济体。但是从城乡居民收入来看，2001年，我国城乡居民收入差距为2.9：1。2013年，即使城乡居民收入差距已经出现了四年连降，依然达到了3.03：1。而城乡居民收入水平的显著差异，根源之一就是城乡二元体制下，农村居民不能公平有效地共享改革发展成果。另一个民生问题聚焦点就是城乡之间在以社会保障和公共服务为代表的福利水平上的显著差距，并且这一差距完全是由城乡二元体制使农村户籍人口不能与城镇户籍人口均等化享受各种福利待遇造成的。显然，消除福利二元化，是以人为本、推进城乡一体化发展需要解决的一个突出问题。

三、消除机会二元化

消除机会二元化是城乡一体化发展面临的一个突出挑战。在城乡分割的二元结构下，重城轻乡使得城市能够以相对低的成本更多更好地占有资源、快速发展，城镇居民也能够更充分更便利地分享城镇化发展带来的红利。但是对农村户籍人口而言，在资源获得方面的弱势和差异直接导致农村居民在发展机会上的不平等。其中，尤以城乡教育平等问题最有说服力和代表性。农村在教育经费、教育水平与城市的明显差异是影响农村人力资源水平提升的重要问题。从学校数量到学校基础设施、师资力量等的弱势化，使得城乡居民不能享受平等的教育资源。教育二元化导致在人才培养、能力提升等方面的差距，进而导致在就业机会、发展机会等方面的不平等。此外，城乡二元户籍制度阻碍着农村户籍人口的自由迁移、享受平等的政治权利，这些也都造成城乡之间在发展机会上的不平等问题。

四、消除文化二元化

首先应该说明的是，此处对于消除文化二元化的论述重点是从城乡之间的文化事业、公共文化服务等方面发展的二元化来分析问题，而绝不是机械地认为要消除城市与农村之间不同的文化特色、不同的文化传承、不同的文化氛围，绝不是认为要抛除传统文化积淀和文化底蕴而在这方面实现城里乡里一个样。消除文化二元化，是指在经过几十年城乡隔离的发展背景下，城市改革发展、开放发展、创新发展的步伐不断加快，现代文化思想意识已经成为主流。而农村在相对隔离的氛围中，还没有摆脱自给自足的小农经济以及相对封闭、相对落后的传统文化意识。二元体制下的城乡之间在文化发展方面的异质性已经成为推动城乡文化在融合共生中实现传承创新、推动城乡一体化发展的制约。

五、消除“最后一公里”

从党的十六大提出要加快统筹城乡发展以来，全国各地对于城乡一体化发展的探索不断深入。既有先行先试地区在城镇化率、城乡基本公共服务均等化、社会保障一体化等方面已经达到较高水平，也有发展中地区在推进改革试点上已经初见成效。在这种情况下，消除“最后一公里”就成为一个突出问题。以农业转移人口为例，从第一代农民工进城打工，到第三代农民工已经出生在城市、居住在城市、成长在城市，农业转移人口市民化问题已经聚焦在如何实现从户籍人口基本公共服务均等化到常住人口基本公共服务均等化，只有解决了这一步，农业转移人口市民化才能真正实现。又如统筹城乡发展中的城乡规划一体化，不仅要完成城镇与农村总体发展规划一体化的相互衔接，更需要进一步完成城乡在详细规划以及土地利用规划、产业发展规划等的一体化，从而真正统筹城乡功能布局，实现一体化发展。“最后一公里”往往是最难一公里，但是也往往是最见实效的一公里。推进城乡一体化，更需要关注“最后一公里”问题。

第三节 推进城乡一体化发展的重点举措

城乡分割、二元化发展涉及了经济、社会、文化、生态等各个领域，因此，推进城乡一体化发展，也需要针对不同领域存在的不同的主要矛盾和问题，进而选择相应的解决思路和实施办法，消除二元结构、统筹城乡发展。

一、统筹城乡规划布局

统筹城乡规划布局也就是要充分发挥规划引领作用，以城乡规划一体化促进城乡在空间布局、功能定位、发展重点等方面的一体化。首先，要建立完善城乡一体化规划体系。以城乡一体、城乡统筹为根本出发点，统筹完善城乡经济社会发展各总体规划和分项规划，形成从城市发展规划到村镇发展规划、新农村建设规划，从经济发展、产业布局、社会事业、土地利用到环境保护各类别相关规划的城乡全覆盖规划体系，为城乡建设发展提供系统、科学的规划支撑作用。其次，加快推进多规合一。要在编制完成区域经济社会发展规划以及城市总体规划、土地利用规划、产业发展规划、生态环境规划等的基础上，加强城乡各个规划之间的相互衔接，统一规划目标任务、统一规划功能定位、统一规划空间布局、统一规划技术标准，加强规划各要素的衔接和融合，切实提高“多规合一”的可行性和有效性。最后，建立规划监测协调机制。切实发挥城乡规划的引导作用，加强规划评估和监测考评工作，落实规划区内蓝线、绿线、紫线、黄线和基本农田的空间管制，确保城乡之间资源统筹优化配置、空间合理高效利用、基础设施一体化建设，实现城乡之间一体化规划、一体化建设、一体化发展。

二、统筹城乡产业发展

统筹城乡产业发展首先要解决农业发展弱势问题，加快推进现代农业发展。通过着力提高农业产业化水平，积极推广公司、合作社加农户等多种形式，完善企业和农户利益联结机制，全面提高农业综合生产能力。着力提高农业专业化水平，把小而散的农户组织起来，在一定区域范围内相对集中连片，进行专业化生产。着力提高农业规模化水平，积极引导扶持有一定规模、有科技含量、有产出能力、有示范作用的农产品生产基地建设发展，形成规模优势、提高规模效益。着力推动市场化发展，建设完善农产品流通体系，全面推动农业标准化工作，打造区域特色农产品品牌，提升市场知名度、占有率和竞争力。其次，要解决城乡产业发展相互分离的问题，加快推进城乡产业融合发展。以工业化思维谋划农业发展，以科技化、市场化、商品化等理念推动传统农业向现代农业转型。着力推动农业与二三产业融合发展，积极引导单一的农业生产向农副产品精深加工和涉农现代服务业转变，不断延伸农业产业链条，提高农业生产附加值，带动农业增效、农民增收。着力引导农业发展与新技术、新产业、新业态相融合，创新生产、流通、服务方式。着力形成互动"双赢"的以工补农利益驱动机制，由单纯的企业投资帮扶农村发展，转向以工带农、以工建农，真正提升农业、农民自身创造财富的能力。

三、统筹城乡公共服务

加快推动基本公共服务均等化：一是建立完善城乡一体化公共教育服务体系。全面增强对农村义务教育发展的支持力度，提高农村义务教育经费保障水平。加大农村薄弱学校改造力度，提高农村地区义务教育规范化学校覆盖率。提高农村教育师资水平，建立城乡教师长效交流机制，鼓励城市学校教师到农村任教。确保城市外来务工人员子女就近接受义务教育，促进城乡义务教育均衡发展。二是建立完善城乡一体化公共医疗卫生服务体系。着力深化医药卫生体制改革，完善新型农村合作医疗制度。加强城乡医疗卫生人才队伍建设，提高农村医疗技术水平。健全城乡基层医疗卫生服务机构，加大农村医疗卫生基础设施建设力度，推广完善社区卫生服务网络，提高农村公共卫生服务的可及性和公平性。整合利用各种资源，引导社会力量投入社会保障，建立完善多层次的城乡社会保障体系，全面提高城乡社会保障水平。全面改善农村预防保健和医疗救治条件，着力构建城乡一体的公共卫生服务体系、医疗服务体系、医疗保障体系和药品供应保障体系。三是建立完善城乡一体化就业服务体系。城市要加快推动现代服务业以及中小微企业发展，增强就业吸纳能力，促进农业富余劳动力有序转移。建立健全城乡一体的就业创业培训体系，加快发展城乡职业教育培训，重点推进农村劳动力转移就业技能培训工作。建立规范的城乡劳动力市场体系，完善就业登记制度，健全就业信息化服务平台，发挥市场对劳动力资源优化配置的重要作用。

四、统筹城乡基础设施

一是统筹城乡交通基础设施建设。针对乡村交通基础设施网络体系不健全、建设水平低、保障能力差等问题，加强农村交通基础设施投资建设力度，提高中小城市和小城镇公路技术等级、通行能力和铁路覆盖率。统筹城乡人口和产业分布、城镇体系建设对交通运输的需求，不断优化城乡交通网络体系空间格局。统筹城乡之间铁路、公路、水运、航空等多种运输方式的综合发展，建设完善城乡一体的多层次综合交通运输网络，促进城乡交通协调发展。二是统筹城乡能源基础设施建设。针对农村能源资源稀缺或是利用效率低、污染排放多等问题，加大技术和装备支持力度，引导扶持农村普及新能源、可再生能源等清洁能源，提高能源开发利用效率和效益，促进低碳发展。三是统筹城乡信息基础设施建设。积极推进电信网、互联网、广播电视网“三网”融合，加强农村综合信息服务平台建设，逐步普及农业信息应用服务，提高农村信息资源利用效率。

五、统筹城乡生态建设

坚持生态文明理念，推进城乡一体化进程。加强城乡环境污染防治和生态环境建设力度，增强生态环境承载能力。落实生态功能区划，合理确定生态红线，提高城乡生态涵养能力。开展农村生态环境综合整治工作，切实降低并治理农村面源污染，着力发展绿色农业、循环农业和生态农业，引导乡镇企业集中布局、集约发展，保护并优化小城镇生态环境。根据城乡资源环境承载能力、要素禀赋和特色优势，加快产业结构调整和优化升级步伐，淘汰落后产能，发展战略性新兴产业，严格落实节能降耗减排控制目标。着力推动生态环境良好、人居环境优美、资源集约利用、生态文化发展的美丽乡村建设。坚持资源节约、环境友好发展，积极增加森林、湖泊、湿地面积，努力扩大城乡生态空间，营造生态家园。

六、统筹城乡文化建设

着力推动城乡文化融合发展，统筹城乡文化发展。大力传承和弘扬传统文化，推动现代文化开放创新发展，着力打造以美丽乡村、人文城市为代表的历史文化底蕴深厚、文化特色鲜明的城市和乡村。以规划和建筑为抓手，在新城区建设和旧城区改造中注意保留文化风格和特色风貌，建设有地方特色和文化记忆的美丽城乡，避免千城一面、千村一面。着力健全城乡一体的文化服务体系，坚持贴近生活、贴近群众，营造良好的文化氛围。提高农村文化服务环境和水平，积极组织开展文化进村、进社区活动，服务城乡居民不断提高的精神文化生活需求。加强社会主义核心价值观的宣传和学习，提高城乡居民综合素质。科学有序地开展历史传统文化资源的挖掘和保护工作，统筹安排保护和利用工作。将文化资源优势转化为发展优势，培育发展文化产业体系和文化市场体系，推动多元开放的现代城市文化和乡村文化协调发展。

第四节 以户籍制度改革为突破口加快城乡一体化发展

《中共中央关于全面深化改革若干重大问题的决定》中明确要求要创新人口管理，加快户籍制度改革。此后，《国家新型城镇化规划（2014~2020 年）》在分析推进城镇化面临的突出矛盾和问题时，首先指出了受城乡分割的户籍制度影响，大量农业转移人口难以融入城市社会的问题，而户籍制度改革因其对消除城乡二元结构、推进新型城镇化的重要性和艰巨性，已经成为亟待破解的突出问题。2014 年 7 月，国务院发布了《关于进一步推进户籍制度改革的意见》，明确了区域户籍制度改革方案，以户籍制度改革为突破口，加快城乡一体化发展已经进入全面推进阶段。

一、我国户籍制度发展演进回顾

我国现行户籍制度是在计划经济体制下建立和发展起来的，而这种以城乡分割的二元制度为特征的户籍管理也正是我国人口自由迁移的主要限制和阻碍因素。总体上看，我国户籍制度在国家政策指引下，从严格限制到逐步放开、从无序流动到规范管理、从二元分割到逐步公平，经历了一系列的发展和演变。根据政策调控的导向与力度变化，大致可以分为五个阶段：

（一）1958~1978 年的严格控制期

在新中国成立之初，我国是允许自由迁移的。1955 年 6 月 22 日，国务院发布《关于建立经常户口登记制度的指示》，主要是建立户口簿以及进行人口统计，掌握实有人口和人口变动情况，对公民的自由迁移并没有限制。1958 年 1 月，我国第一个户籍管理法规《中华人民共和国户口登记条例》颁布实施，正式确立了户口迁移审批制度和凭证落户制度，首次以法规形式限制农村人口迁往城镇。同时，农业人口和非农业人口被明确划分，尤其在粮食统购统销制度建立后，户籍作为福利差异性分配载体的特征日益鲜明。1975 年，修正后的《宪法》中公民迁移自由的条文被取消。1958~1978 年这 20 年，人口自由迁移被严格限制。

（二）20 世纪 80 年代政策逐步松动

1978 年改革开放拉开序幕，随着农村家庭联产承包责任制的推行，农村剩余劳动力不断增加；同时，国有企业改革以及多种所有制经济成分和城市服务业的发展，为人口乡城迁移创造了空间。1984 年 10 月国务院颁布《关于农民进入集镇落户问题的通知》，允许农民自理口粮进入县镇。虽然“农转非”政策仅允许 1.5%的转移比例，但这一政策上的微调标志着由严格控制到逐步松动的转变。1985 年 1 月，中共中央、国务院《关于进一步活跃农村经济的十项政策》进一步指出，要扩大城乡经济交往，允许农民进城开店，兴办服务业，提供各种劳务服务。随着国家政策逐步松动，农村人口流入城市的规模日益扩大。

（三）20 世纪 90 年代推进规范管理

20 世纪 90 年代开始，中国经济进入快速发展期，人口乡城迁移调控在实现了从限制到放开的转变后，开始了从盲目流动到规范管理的转变。1993 年 11 月，中共中央出台《关于建立社会主义市场经济体制若干问题的决定》，鼓励和引导农村剩余劳动力逐步向非农产业转移和在地区间有序流动。1993 年 11 月，劳动部在《关于印发〈再就业工程和农村劳动力跨地区流动有序化——“城乡协调就业计划”第一期工程〉的通知》中要求，发展各种服务组织，完善信息网络，强化区域协调和部门配合，实现跨地区流动就业的有序化。1997 年 11 月，国务院办公厅《关于进一步做好组织农民工有序流动工作的意见》提出，要加快劳动力市场的建设，建立健全劳动力市场规则，维护劳动力市场的正常秩序。

（四）2000~2012 年的区域改革尝试

2001 年 5 月，国务院再次批转公安部《关于推进小城镇户籍制度改革意见》，将城乡户籍改革的权限下放到各地方政府。这一政策的出台激起了全国范围内放开户籍限制的改革热潮；改革范围不仅包括小城镇，而且波及各大中城市。例如，广东、上海、深圳等人口转移热点城市提出了积分入户的办法来推进人口管理制度创新，重庆市进行了在户籍制度与土地制度联动改革方面的探索，以及居住证政策、购房入户政策、投资入户政策等相关的区域改革尝试。2010 年、2012 年国家分别发布了《国务院关于转移农村劳动力保障农民工权益工作情况的报告》和《国务院办公厅关于积极稳妥推进户籍管理制度改革的通知》，对农业转移人口城镇落户及基本公共服务问题做出了相应规定。

（五）2012 年党的十八大以来进入深化改革阶段

2012 年以来，党的十八大、十八届三中全会以及中央召开的经济工作会议、农村工作会议、城镇化工作会议这三大会议都把推进新型城镇化及相关改革作为重点进行论述。从户籍制度专项改革来看，国务院 2014 年 7 月发布的《关于进一步推进户籍制度改革的意见》为全面深化户籍制度改革明确了方向、任务和重点。其中，统一城乡户口登记制度，全面实施居住证制度，明确建制镇和小城市、中等城市、大城市、特大城市的落户条件，尤其是明确提出取消农业户口与非农业户口性质区分等更是具有划时代的重大意义。

二、推进户籍制度改革面临的主要问题

1. 深化户籍制度改革迫在眉睫

随着改革开放的不断深入和市场经济体制的建立，城乡分割的二元户籍制度的负面效应充分暴露出来，成为人口乡城迁移最为突出的制度障碍，不仅阻碍了人口和劳动力的合理流动，损害了《宪法》赋予公民的自由居住和迁徙权，而且违背了市场经济运行的基本原则，难以实现生产要素的优化配置，并且在相当程度上延缓了城市化进程，[①] 阻碍了社会良性运行、和谐发展，成为推动城乡关系协调发展、加速新型城镇化进程的最大障碍，有悖于推进人的城镇化的发展目标，因此深化户籍制度改革迫在眉睫。

2. 城市公共服务资源未能同步发展

近年来不同地区在户籍制度改革方面或是徘徊不前，或是改革受阻，实质上大多是由于城市公共服务资源未能配套、城镇承载能力不足，同时也存在在城镇化建设发展过程中具有明显的观念滞后、规划滞后、发展滞后等原因。在面临汹

① 彭希哲，郭秀云. 权利回归与制度重构——对城市流动人口管理模式创新的思考［J］. 人口研究，2007（4）.

涌的农村转移人口时，由于过去计划经济体制下城市建设长期滞后，城市的基础设施等公共服务资源以及管理体制、财政负担等都经受了巨大考验。由于医疗、教育、就业岗位、住房等公共资源的有限性，就业机会紧缺、交通拥堵、环境卫生等凸显，各种“城市病”的爆发风险增大，人口迁移与城市的协调发展受到严重冲击。

3. 农业转移人口市民化进程严重滞后

农村人口向城市的单向迁移贡献了“城市化”，却没有得到“城市性”，也就是说市民数量和质量没有能够同步增长，进城农民获得并不断积累城市性、最终融入城市生活方式的过程严重滞后，数量（城市化）远远落后于质量（城市性）。[①]这其中，根本问题就是农业转移人口在进入城市后未能真正融入城市，与城镇居民的社会距离呈现扩大趋势。[②]农业转移人口市民化是城市化健康发展的必然要求，也是消除社会不稳定因素、融洽社会关系、构建和谐社会的内在要求。[③④]不难看出，农业转移人口的市民化问题是户籍制度改革、加快推进新型城镇化过程中面临的一个极为重要的问题。

4. 改革调控措施的实施策略问题

在推进户籍制度改革探索过程中，政府也面临着多难选择，既担心管理和服务得越好，对农业转移人口的吸引力越大，城市规模越发失控；又顾虑如何在不超出城市人口容量的条件下加快改革步伐，实现人口乡城转移与城市经济社会协调发展。既面临在模式策略选择上是“循序渐进”式的相对平稳，还是“全面推进”式的大刀阔斧；又面临在行动策略选择上是“捆绑式”改革还是“分离式”改革，进而剥离二元制度下诸多城乡差别巨大的政治、经济、文化利益。以上诸多难题都是推进相关领域改革时不得不考虑的问题。

三、户籍制度改革路径分析

2014 年 7 月 30 日，经过多次讨论的《国务院关于进一步推进户籍制度改革

① 王兴周. 农民工城市性及其影响因素研究［D］. 上海大学博士学位论文，2008.

② 卢国显. 差异性态度与交往期望：农民工与市民社会距离的变化趋势——以北京市为例［J］. 浙江学刊，2007（6）.

③ 郑月琴. 农民工市民化进程中的心理形态和社会文化环境分析［J］. 经济与管理，2006(9).

④ 钟水映，李魁. 农民工市民化过程中的现代式社会资本构建［J］. 东北大学学报（社会科学版），2007（6）.

的意见》发布。《意见》对户籍制度改革进行了系统布局，明确了全面推进户籍制度改革的总方针、总路线。理解并把握国家对推进户籍制度改革的路径要求，可以从以下六个方面切入。

（一）政策衔接

（1）与党的十八大、十八届三中全会和中央城镇化工作会议关于进一步推进户籍制度改革的要求相衔接。

（2）是对近年发布的《国务院办公厅关于积极稳妥推进户籍管理制度改革的通知》、《国务院关于转移农村劳动力保障农民工权益工作情况的报告》等相关政策措施的深化细化和创新拓展。

（二）改革重点人群

农业转移人口是《意见》提出相关改革措施的重点目标人群。

（三）改革目标明确

目标节点：2020 年。

重点目标：基本建立新型户籍制度；努力实现 1 亿左右农业转移人口和其他常住人口在城镇落户。

（四）户口迁移政策

对于户口迁移政策的把握，可以从这次《意见》中明确的不同类型城镇推进策略，以及各种新特点、新表述着手。对户口迁移政策重点内容归纳如表 10–1 所示。

表 10–1 户口迁移政策重点内容

类 型	规 模	政 策
建制镇和小城市	县级市市区、县人民政府驻地镇和其他建制镇	全面放开
中等城市	城区人口 50 万~100 万	有序放开
大城市	城区人口 100 万~300 万	合理确定
特大城市	城区人口 500 万以上	严格控制
特点：积极稳妥、分类有序		
策略：优先解决存量、有序引导增量		

资料来源：根据《国务院关于进一步推进户籍制度改革的意见》相关内容整理。

（五）人口管理政策

在人口管理政策创新方面，这次《意见》提出了新政策、新导向，可以通过“取消”、“建立”、“健全”这几个关键词来进行了解。

（1）取消：取消农业户口与非农业户口性质区分和由此衍生的蓝印户口等户口类型，统一登记为居民户口。

（2）建立：建立居住证制度。以居住证为载体，建立健全与居住年限等条件相挂钩的基本公共服务提供机制。

（3）健全：健全人口信息管理制度。建设和完善覆盖全国人口、以公民身份证号码为唯一标识、以人口基础信息为基准的国家人口基础信息库，逐步实现跨部门、跨地区信息整合和共享。

（六）统筹配套改革

统筹推进农村土地制度以及子女教育、就业失业、医疗卫生、养老保险、社会救助、住房保障等相关领域改革。

四、区域户籍改革探索的案例分析——以郑州市为例

改革开放30余年来，中国的城市化进程不断加快，农村人口向城市的转移成为推动城市化进程的最主要因素。河南是全国第一人口大省，同时也是全国第一农业人口大省，大批农业富余人口源源不断地从农村走向城市，为城市的经济社会发展做出了巨大贡献。郑州作为河南省会和中原城市群的核心，也是省内及周边省份农村外出打工人口流入的一个重要目的地。多年来，大规模的人口迁移、流入引起郑州市经济社会结构上的一系列重大影响与变化。尤其是2003年郑州叫停仅实施了不到三年的户籍放开政策，引起了广泛关注和分析，并成为了典型案例。

（一）郑州市近年来户籍制度改革政策探索

根据国务院和省委省政府有关规定，1992年10月，郑州市政府颁布了《郑州市外来劳动力管理办法》，加强对外来劳动力的管理，保障外来劳动力及使用外来劳动力的单位和个人的合法权益。但同时这一《办法》中也存在保护郑州市城市劳动人口的迹象，如招收临时工要优先招用市区城市人口，外来务工人员要持有《临时务工许可证》、《进郑许可证》，要缴纳城市容纳费、务工从业管理费等。1996年9月16日起施行的《郑州市城市外来从业人员管理办法》中，取消了征收城市容纳费和务工从业管理费的规定，增加了外来从业人员必须办领《暂住证》、整户暂住的申领《暂住户口簿》两项规定。显然，这一时期郑州市的人口乡城迁移调控也进行着从逐步放开到逐步规范的发展演变。

呼应中央户籍改革政策，郑州市人民政府〔2001〕13 号文件《关于进一步完善和落实户籍制度改革政策的通知》标志着郑州户籍改革开始实行。该规定从当天起，亲属投靠、新生儿入户、购房入户、投资纳税入户、工作入户、大中专院校毕业生入户、成建制迁入户七种情况可以办理郑州市区户口。这一在河南省内率先推行的以“降低入户门槛，吸引高层次人才”为主要内容的户籍制度改革，被媒体称为郑州市的“户籍新政”。2003 年 8 月，郑州市入户政策再次放宽，市政府〔2003〕19 号文件《关于户籍制度改革的通知》规定，从 2003 年 8 月 22 日开始，郑州市将取消现行的“农业户口”、“暂住户口”、“小城镇户口”、“非农业户口”，实行“一元制”户口管理模式，统称为“郑州居民户口”。同时规定了更加宽泛的入户政策，其中“凡与我市企事业单位签订劳动合同，并缴纳社会统筹金的人员，可办理迁郑户口”，将郑州市区户口门槛彻底打破。这一全面放开应该说是开了全国户籍制度改革的先河。① 此后三年之中，郑州市新增入户人口 25 万。2004 年 8 月 20 日，郑州市公安局发布规范户籍办理程序的通知，要求对入户手续进行规范，原因是全面放开后大量涌入的迁移人口给郑州市的交通、教育、社会保障等公共资源造成了极大压力。

改革是不断探索、不断完善的过程，郑州市在人口迁移调控及政策改革上的步伐不会也不能停止。郑州市新一轮改革充分认识到人口迁移优化调控的重要性、紧迫性，以公平为主旨，以城乡一体化为主线，着力维护改革发展稳定全局，逐步实行城乡平等的就业制度，积极稳妥地解决农民工社会保障问题，切实为农民工提供相关公共服务，健全维护农民工权益的保障机制，引导人口乡城迁移有序进行。2002 年 12 月 20 日，郑州市政府发布《外来就业人员管理办法》，规定劳动保障行政部门要对外来人员进行就业前培训、办理外来人员就业证，用人单位给外来人员的工资不得低于本市职工最低工资标准、为招用的外来人员办理社会保险手续、按时足额缴纳社会保险费等。2004 年 3 月 8 日，郑州市政府颁布《关于农村劳动力转移就业后参加我市社会养老保险工作的实施意见》，规定农民工应纳入社会养老保险范围，与同类型城镇企业职工享有同等的社会养老保险待遇；用人单位应按时足额缴纳社会养老保险费；参保缴费者，退休后按月

① 陈少克. 市场化进程中户籍改革的制度经济学分析——以 2001~2005 年郑州户籍改革为例［J］. 湖北第二师范学院学报，2008（10）。

享受基本养老待遇，使农民工真正实现老有所养。2006 年郑州市颁布了《实施农民工"平安计划"加快推进农民工参加工伤保险工作方案》，进一步落实和完善农民工参保、工伤认定、劳动能力鉴定、工伤待遇支付方面的有关政策，方便农民工参保和领取待遇，为推进农民工参加工伤保险营造了良好的社会氛围。2007 年 5 月 14 日，郑州市政府公布《城区农民工基本医疗保险办法》草案，规定郑州城区农民工将纳入医保体系；农民工医疗保险费将由用人单位缴纳，最高可报销 6 万元；农民工参保不但无须个人缴费，并且不设等待期等。

2012 年以来，党的十八大和十八届三中全会，以及中央城镇化工作会议、《国家新型城镇化规划（2014~2020 年）》明确了加快推进城乡一体化发展，探索有中国特色新型城镇化道路的总体部署。2014 年 5 月，河南省发布了《关于印发〈河南省科学推进新型城镇化三年行动计划〉的通知》，在总体要求中提出要解决农业转移人口"进得来"、"转得出"、"向哪转"、"落得下"和农村居民"过得好"五个问题，基本实现具有合法稳定就业和合法稳定住所（含租赁）、有意愿的农业转移人口落户城镇，在人口管理制度改革专项中明确提出要"推动郑州进一步完善居住证制度"。与此同时，随着城镇基本公共服务全覆盖专项行动等一系列相关举措陆续展开，郑州市新一轮户籍制度改革进入全面深化阶段。

（二）2001~2003 年郑州户籍制度改革对城市发展影响的动态分析

2001~2003 年，郑州市这次户籍制度改革探索从提出到叫停只有三年的时间，但是也引发了各方关注。本小节尝试分析这次户籍新政实施对郑州市经济社会发展的影响。考虑到各方面因素，现有分析仅以这次改革后五年的一些经济指标、人口指标、城镇化指标和公共服务指标作为分析对象，希望能对户籍制度改革实施后的一些即时影响和冲击作用有所体现，因此一些分析或结论的粗浅性在所难免。更为系统全面地探讨这次户籍制度改革带来的各种效应，对于剖析问题原因、总结经验教训进而为以后的改革探索提供借鉴具有重要意义，但留待今后进一步研究完善。

1. 经济实力不断增强

人力资源是推动经济社会发展的关键动力。户籍制度改革实际上就是打破农村户籍人口进入城市的制度界限，加速人口的转移流动。对郑州市这样一个人口大省的省会城市而言，这次户籍制度改革探索的直接影响就是人口数量的增加。考察相关年份的经济发展情况，如图 10-1 中曲线所示，郑州市 GDP 和人均 GDP

均保持连年增加，即使受到国际金融危机的冲击影响，但在 2008 年 GDP 总量超过 3000 亿元后，2009 年 GDP 达到 3300 亿元，相比 2008 年实现 12%的高速增长，在全国 287 个地级以上城市中居第 23 位，在中部六省的省会城市中居第 3 位。经济实力的不断增强，使得郑州市吸引和容纳农业转移人口的能力与水平也在持续增长。

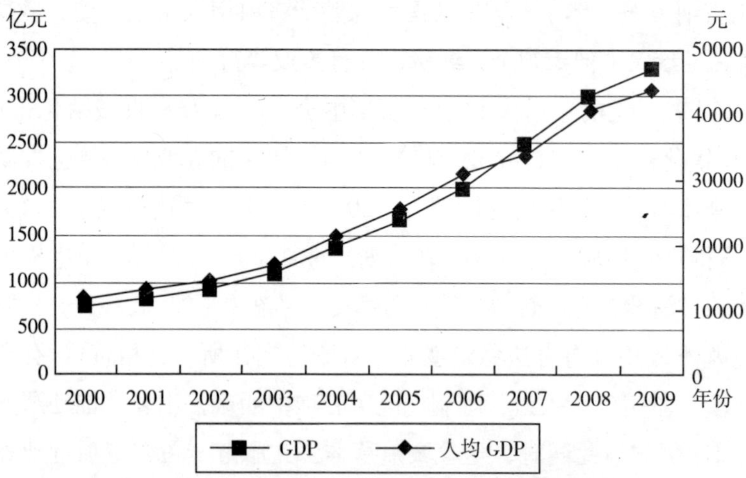

图 10-1 郑州市 GDP 和人均 GDP 变化曲线

资料来源：《河南统计年鉴》（2001~2010 年）和《郑州统计年鉴》（2001~2010 年）。

2. 城镇化水平快速提升

2004~2008 年这五年，郑州市的总人口数和城镇人口数保持了相近的、小幅的增长速率，同期农村人口数则以更快的速度逐年下降。如图 10-2 所示，城镇化水平在 2006 年突破 60%，到 2008 年已经达到 62.3%，2009 年达到 63.4%，持续保持每年提高一个百分点左右的水平，新型城镇体系建设发展势头良好。

3. 市区人口密度大幅增长

城市化进程的不断加快，农业转移人口规模的大幅增加，最直接的表现就是人口密度的增加。图 10-3 清晰表明，2000~2005 年，郑州市的人口密度和市区人口密度变化曲线均比较平缓，未出现明显波动。然而此后两条曲线的走势出现显著差异，其中，人口密度曲线依然保持了较为平缓的变化走势，但是市区人口密度在 2005 年后开始快速增长，考虑到同期郑州人口绝对总量与转移人口数均保持持续增长，显然，“十一五”时期，郑州市区，尤其是中心城区成为郑州外来人口涌入的主要目的地和密集区，在推动城区经济快速发展的同时，也给城市人口承载能力带来了较大冲击和考验。

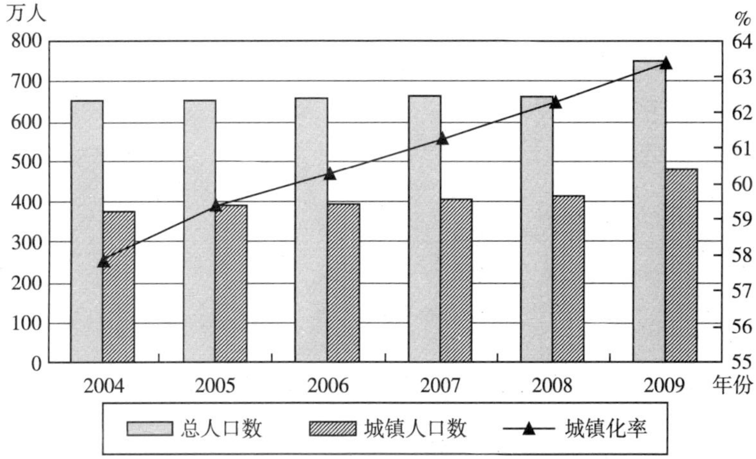

图 10–2　郑州市总人口数、城镇人口数和城镇化率变化曲线

资料来源：《河南统计年鉴》（2001~2010 年）和《郑州统计年鉴》（2001~2010 年）。

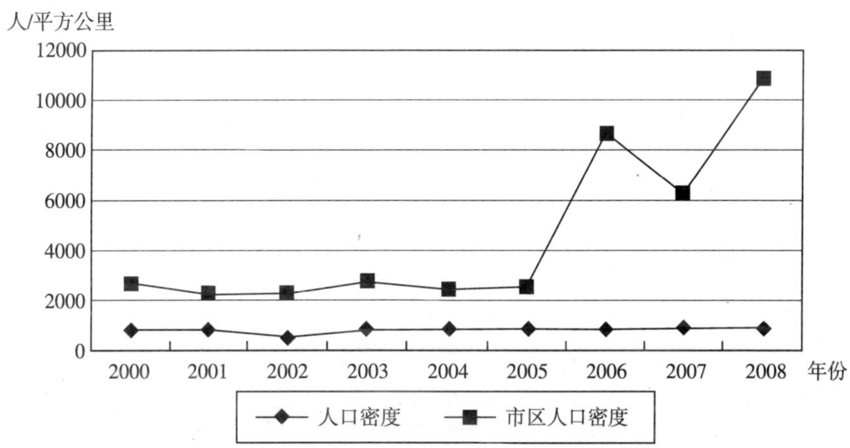

图 10–3　郑州市人口密度和市区人口密度变化曲线

资料来源：《河南统计年鉴》（2001~2010 年）和《郑州统计年鉴》（2001~2010 年）。

4. 人口红利优势明显

如图 10–4 所示，从郑州市 2002~2008 年人口年龄结构及抚养比的发展变化曲线中可以看出，近年来郑州市的抚养系数和少儿抚养比均逐年下降，而同期劳动年龄人口比例上升，人口红利优势日益明显。这其中，农业转移人口的积极影响不容忽视。由于人口迁移的选择性特征，以青年人口为主的大批农村富余劳动力涌入城市，直接增加了劳动年龄人口比例，同时城市人口生育率始终稳定保持在较低水平，由此也相应推迟了人口红利期的关闭时间，给郑州带来了一个相对延长的、劳动力资源相对丰富、抚养负担轻、于经济发展十分有利的“黄金时期”。

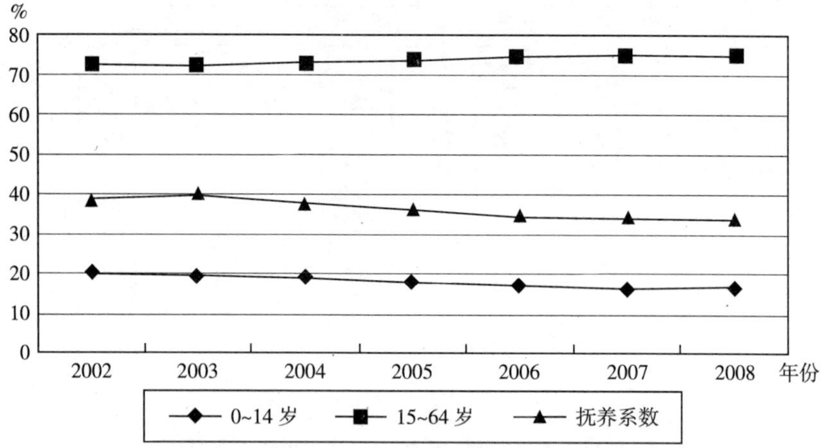

图 10-4 郑州市人口年龄结构和抚养系数变化曲线

资料来源：《河南统计年鉴》(2001~2010 年) 和《郑州统计年鉴》(2001~2010 年)。

5. 城市公共服务配置水平下降

一个比较现实的问题是，城市政府对公共产品的供给能力总体上是相对不足的。尤其是郑州市面临着快速增长的人口绝对数量、日益提升的生活质量与相对有限的财政实力、长期滞后的城市建设之间越来越突出的矛盾，城市公共服务供给设施不足的问题日益严峻。如图 10-5 所示，除了燃气普及率增长曲线相对平

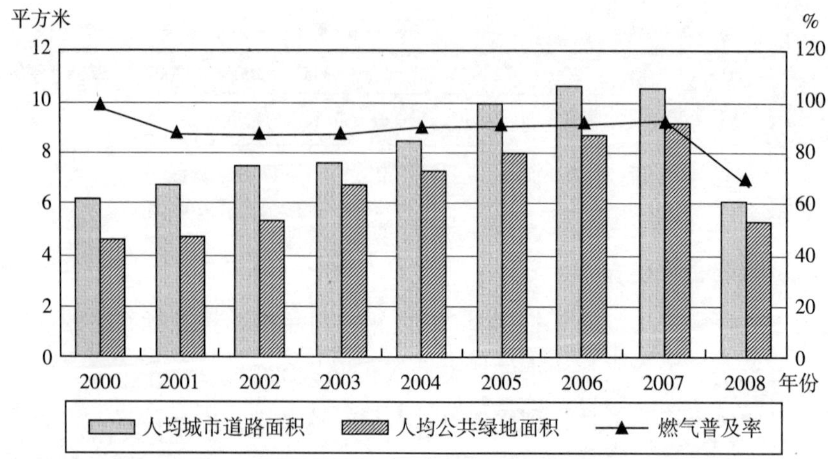

图 10-5 郑州市人均城市道路面积、人均公共绿地面积和燃气普及率变化曲线

资料来源：《河南统计年鉴》(2001~2010 年) 和《郑州统计年鉴》(2001~2010 年)。

稳，人均城市道路面积和人均公共绿地面积虽然在2004~2007年有所增长，但这两个指标在2008年均又一次出现明显下降。如何配套完善城市公共服务资源，在接纳大批转移人口的同时，保障城市生活质量和居民对公共服务的需求，是摆在郑州市面前的一个严峻问题。

（三）郑州市户籍制度改革探索的思考

随着近年来郑州城镇化进程不断加快，交通拥堵、环境恶化以及就学难、就医难、就业难等问题愈演愈烈，2004年郑州“入户大门敞开”叫停，实质上就是因为城市公共服务资源未能配套和政府财力难以承受，反映出地方政府和管理部门准备不足、对调控过程中出现的问题估计不足等问题。

但是同时也要看到，户籍制度改革的复杂性、困难性表明这是一个“牵一发而动全身”的改革。对这一改革的推进，绝不仅仅意味着农村户籍人口和城镇户籍人口数量的变迁。户籍制度改革对经济社会影响更多体现在附着于户籍制度之上的各种福利随之变化，进而对城镇化的空间布局、基础设施、承载能力乃至社会稳定、文化和谐等方面产生深刻影响。还应注意的是，户籍制度改革的影响是深远的。如我国推行的计划生育政策一样，其影响包括从短期效应到长期效应，从直接效应到间接效应，从积极效应到负面效应。显然，改革的复杂性、艰巨性、挑战性不言而喻，但是无论如何，“改革要敢于啃硬骨头，敢于涉险滩”。打破城乡二元户籍制度藩篱，进而打破各种利益藩篱，是推进城乡一体化发展、加快新型城镇化进程、促进民生改善的突破口和关键点，因此加快推进户籍制度改革探索势在必行。

第五节 加快推进城乡发展一体化体制机制创新

推动城乡一体化发展面临的主要问题和挑战就是要消除二元体制下的城乡发展差异，进而在一体化的基础上推动城乡协调发展。而要实现这一目标，就需要打破新中国成立以来逐渐形成的各种制度固化藩篱，摆脱二元体制路径依赖；就必须依靠全面深化改革，在新型城镇化体制机制创新中消除城乡二元结构，推进城乡一体化进程。这其中，在加快户籍制度改革的同时，还需要加快推进土地制度改革、加快构建新型农业经营体系、加快行政区划改革探索，这些都是激活新型城镇化发展动力的关键举措。

一、加快土地制度改革探索

从要素的视角看，在推进城乡一体化发展中矛盾聚焦点在于两个要素：人口和土地，这两个要素也因为直接影响着人的城镇化而成为改革的重点难点所在。由此不难看出，在以户籍制度改革为优先改革的同时，加快推进土地制度改革探索也是推进城乡一体化发展中的重要改革问题。根据十八届三中全会和《国家新型城镇化规划（2014~2020 年)》对土地制度改革的总体部署和工作要求，重点应推进以下几个方面的内容：要完善农村产权制度，加快推进农村土地确权、登记、颁证工作，为依法保障农民土地承包经营权、宅基地使用权、集体收益分配权奠定基础。探索建立城乡统一的建设用地市场，推动集体建设用地有偿流转。对于农村土地应坚持依法、自愿、有偿的原则推进进入市场流转，保障农民公平分享土地增值收益。要提高土地资源利用效率，着力提高节约集约利用土地水平，严格执行土地使用标准，制定措施盘活城镇低效建设用地，加强农村土地综合整治。推进城乡建设用地增减挂钩和城镇建设用地增加规模与吸纳农业转移人口落户数量挂钩的“双挂钩”试点工作，建立土地利用开发激励约束机制。建立健全耕地占补平衡、耕地保护激励约束、耕地保护共同责任制度，完善基本农田永久保护长效机制，确保国家粮食安全。要强化城镇土地管理，以严格控制新增城镇建设用地规模为重点实施总量控制，以严格执行用地分类与规划为重点实施用途管制，以增量供给与存量挖潜相结合为重点实施结构调整。建立健全城镇化融资机制，拓展城市建设融资渠道，放宽准入政策，鼓励社会资本参与城市公用设施建设。

二、加快构建新型农业经营体系

市场是农业产业化的起点和归宿，加快构建新型农业经营体系是推进现代农业市场化发展的组织保障。现代农业发展要求实现资源、生产要素组合、生产资料和产品购销等的市场化配置，要创新经营体制，引导扶持发展专业大户、家庭农场、农民合作社、农业企业流转等多种规模经营模式，改变传统小农经济自给自足、自我服务的封闭式状态，解决农业千家万户小生产和千变万化大市场之间的对接问题，促进农业生产提质增效。要建立健全产权制度，允许农民以土地承包经营权入股发展农业产业化经营。健全管理和监督制度，完善投入、经营和管理机制，按照生产规模化、经营产业化的要求，引导通过土地流转、农民合作、统一服务等形式，提高现代农业规模经营运行质量与效益。要加强规划引领和政策引导，促进农业生产布局集中和资源配置优化，提高农业规模化、集约化水平。要建立健全规模经营机制，在探索农企利益联结方式上，由松散型联结逐渐向产权式的紧密型联结转变，确保农户由最初的卖出农产品获得一次性收益，逐步发展到与龙头企业共同分享加工、销售环节的利润。

三、加快行政区划改革探索

《中共中央关于全面深化改革若干重大问题的决定》中，针对县改市和扩权强县问题提出了相应的改革要求。综合来看，行政区划改革的出发点主要包括三个方面的内容：首先，推动区域协调发展；其次，推动城镇体系空间布局合理优化；最后，促进城市行政管理效能提升。我国城镇化、工业化经历了 30 多年的快速增长期，尤其是东南沿海发达地区经济社会发展综合实力大幅提升，城镇快速扩张，城镇常住人口集聚增加，同时区域经济一体化进程不断加快，现有的行政区划在行政分割、层级管理等方面已经表现出行政管理效能偏低等问题，成为城乡一体化发展、区域协调发展的制约因素。以经济区、城市群等新的发展模块为代表，区域发展新格局也对行政区划格局提出了新的改革要求，科学、合理、有序地推进行政区划改革探索，进而形成空间优化、管理高效、协调发展的新的区划格局，是区域协调发展的必然要求。从县改市、扩权强县相关改革探索来看，首先需要解决的关键问题包括两个方面：其一是必须尽快制定符合现实发展需求的设市或是设县标准，这也是推进相关改革的一项基础性工作；其二是必须尽快出台规范化的审批程序，按照从严、有序、合理的原则，对符合相关条件、确有发展需求的县、镇赋予更大的行政管理权限。

第十一章　以人为核心推进新型城镇化

新型城镇化是最大的民生工程，推进以人为核心的新型城镇化，是抓住制约经济社会发展的突出短板和各种矛盾的聚焦点，全面提高城镇化发展质量和发展水平的现实选择。李克强总理在政府工作报告中明确提出要“坚持走以人为本、四化同步、优化布局、生态文明、传承文化的新型城镇化道路”，并把“推进以人为核心的新型城镇化”、“着重解决好现有‘三个1亿人’问题”作为今后一个时期的工作重点，凸显了民生民本在推进新型城镇化中的核心地位。随着我国城镇化推进进入新的发展阶段，相关研究不断涌现，人的城镇化成为讨论和分析的重点。[①] 但从现有研究来看，主要集中在对以人为核心的新型城镇化进行背景和意义分析，而包括了问题分析、路径分析、重点难点和对策建议的系统化论述比较少见。在此背景下，要发挥新型城镇化在激活内需潜力、促进结构调整、加快生产生活方式转变，进而破解诸多现实难题中的重要作用，就需要遵循发展规律、把握主要问题，抓住民生这一推进新型城镇化的核心，切实做好路径分析和策略构建，明确重点领域和关键环节，进而积极稳妥地推进以人为核心的新型城镇化健康快速发展。

第一节　以人为核心推进新型城镇化面临的主要问题

改革开放以来，在二元制度下城镇化粗放式快速扩张，虽然推动城镇数量、城镇规模都得到快速增长，大批农业转移人口进入城市，推动城镇产业发展、经济增长，但是同时也产生了城乡二元结构与城市二元结构并存等新问题、新挑

① 辜胜阻. 推进新型城镇化　人是核心　钱是关键［J］. 中国合作经济，2013（12）.

战，农业转移人口虽然就业在城市、生活在城市，却难以享受到与城镇居民同等的教育、医疗、就业、住房、养老等基本公共服务，难以真正融入城市社会生活；城乡差距并没有能够随着经济社会发展而逐步缩小，城乡一体化发展、统筹城乡发展、全面建成小康社会的现实要求等问题，都成为摆在转变城镇化发展方式、提高城镇化质量效益等目标面前的突出挑战。

一、如何统筹协调城镇化发展速度与城镇化质量效益

新型城镇化是对传统城镇化的突破与创新，其核心是围绕城镇化发展质量的提高，致力于城镇结构的优化、城镇功能的增强、城镇环境的改善、城镇个性和特色的塑造，以及城镇各种资源的集约节约使用等。2013 年，我国城镇化率已经超过了 53%，与世界平均水平基本相当，但是距成熟城镇化 70%的水平还有较大发展空间，并且要达到成熟城镇化水平，还有近 3 亿农业转移人口要进城。在这种情况下，加快推进城镇化是现实要求。另外，推进新型城镇化的核心是提高城镇化发展质量，如何在稳定城镇化发展速度的同时，有效提升城镇化质量，是实现科学发展、协调发展的必然选择。进入发展新阶段，推进城镇化进程不仅仅意味着城镇空间扩张和城镇人口增长，更重要的是如何提升城镇发展的质量，使城镇发展与经济增长、民生改善、生态和谐、文化发展相同步，也就是在城镇化加速推进的同时，实现经济效益、社会效益、生态效益等综合效益的最大化。

要统筹协调好城镇化规模速度与城镇化质量效益的关系，需要抓住几个关键环节，即更加注重城镇化发展质量与内涵的提升，更加注重城乡统筹、城乡一体化发展，更加注重经济社会全面、协调、可持续发展等。尤其是目前发展中不平衡、不协调、不可持续问题依然突出，在城乡区域发展差距和居民收入分配差距依然较大、社会矛盾明显增多的情况下，要加速城镇化步伐，让近半数的农村人口真正能够与城镇居民一起，融入生产方式、生活方式和文化文明从传统到新型、从落后到现代的变迁当中，共享改革发展成果，实现全面小康，就必须摒弃传统模式、创新发展思路，把实现内涵式发展作为基本要求，在坚持以人为本，推进“四化同步”，优化城镇体系布局，着眼农业农村农民，加强生态文明建设，促进文化传承创新中推进新型城镇化进程。

二、如何处理好发挥城镇化引领带动作用与城乡统筹城乡一体发展的关系

城市的发展离不开农村的基础支撑，农村的发展离不开城市的辐射带动。新时期推进新型城镇化，体现在城乡发展关系上，核心是如何推动城乡统筹、城乡一体、以城带乡、互促共进。与传统城镇化“重城轻乡”的二元发展模式不同，新型城镇化强调现代城镇体系与新农村建设协调发展，促进城乡居民共享发展成果。而要统筹城乡发展、破除二元结构，既要大力推进城乡一体化进程，也必须充分发挥城镇化的引领带动作用。只有加快城镇化进程，才能为农业农村发展提供产业、技术、资金等要素支撑，才能增强对转移人口的吸纳承接能力，将大量农村富余劳动力从土地上解放出来，推动农业现代化进程，并在耕地不减少的同时提高农业生产效率和综合生产能力，推动传统小农经济向现代农业转型，以现代农业的发展实现稳粮保粮目标，为城镇化快速发展提供基础保障。

要处理好城镇化引领带动发展与统筹城乡、城乡一体的关系，就要在加速城镇化进程的同时着力破除城乡二元结构，引领基础设施向农村延伸、公共服务向农村覆盖、现代文明向农村辐射，建立健全以城带乡、以工促农的长效机制，实现工业反哺农业、城市带动农村，形成统筹协调、共同发展的城乡关系，这样才能真正促进农业增效、农民增收，破解“三农”难题。要在城镇和农业农村发展之间形成良性互动关系，坚持统筹城乡规划、产业发展和社会管理，促进城乡之间要素合理流动和优化配置，推动区域协调发展和城乡共同富裕。要充分发挥城市的集聚辐射带动作用，积极推进城乡统一的基础设施、社会保障、要素市场、户籍与就业等方面的改革创新，促进城乡经济社会协调发展。

三、如何正确认识土地城镇化、人口城镇化与人的城镇化

城镇化具有两个直接表征：一个是土地城镇化，主要指城镇占用土地空间规模的扩张；另一个是人口城镇化，主要指城镇人口占总人口比重的增加。显然，土地城镇化与人口城镇化更多表征的是城镇化的量化增长状态；而人的城镇化主要指通过城镇化给居民带来的生活水平、生活质量、生活环境的变迁，更加关注民生民本，更多表征的是城镇化的质量效益，是以人为本的现实体现。改革开放以来，中国城镇化保持快速增长，大批农村富余劳动力进入城市，为推进工业

化、城镇化做出了巨大贡献。但是总体上看，我国的土地城镇化快于人口城镇化，人口城镇化快于人的城镇化。2000~2010 年，我国城市的建成区面积扩张了 78.5%，但是包括农民工在内的城镇人口只增加了 45.9%。虽然按照常住人口基数的城镇化率已经达到 50%，但享受均等公共服务的城市户籍人口仅有 35%。① 同时，根据国家人口计生委统计，2011 年我国流动人口总量已接近 2.3 亿。由于二元体制下户籍制度限制，以及附着在户籍之上的城乡之间在社会保障和公共服务等方面的差别待遇，农业转移人口虽然实现了就业从第一产业向二三产业的转换、居住地从农村到城市的转换，作为常住人口的重要组成部分也被纳入了城镇人口统计范围并体现在城镇化率指标数据的提升中，但是，大多数这部分城市新增人口都还没有享受到与城市居民同样的市民待遇，进而在城乡二元结构尚未消除的同时，出现了新的城市二元结构。随着这一问题衍生的经济问题乃至社会问题、文化问题等日益凸显，以农业转移人口市民化为核心的人的城镇化问题备受关注。

推进城镇化，核心是人的城镇化，要在土地城镇化和人口城镇化的基础上通过推动人的全面发展，让城镇化成为最大的民生工程。既要通过城镇生产、生活环境的不断改善、公共服务水平与能力的不断提升，促进城镇功能不断完善、人口承载能力不断提升；还要切实保护人民群众的根本利益，以农民工市民化、农民工本地化、农民工家庭化为基本途径，② 尤其是要以加快推动农民工市民化为抓手和突破口，让大批城镇新增转移人口与城市居民过上同样的生活，真正全面落实人的城镇化。

四、如何在城镇化进程中推动人口与经济、社会、文化、生态全面协调发展

新型城镇化作为最大的民生工程，核心主体是人，根本目标是促进人的全面发展。尤其是我国目前正处在增速换挡期、结构调整期和改革攻坚期并存的阶段，面临更加严峻的风险挑战，保障和改善民生的要求更为紧迫、任务更为艰巨。随着经济社会快速发展，城乡居民要求提高生活水平和质量的要求越来越强

① 倪鹏飞. 新型城镇化的基本模式、具体路径与推进对策 [J]. 江海学刊，2013 (1).

② 赵雪芳. 新型城镇化的发展路径——访国家发改委国土开发与地区经济研究所所长肖金成 [J]. 中国金融，2013 (4).

烈。要推进以人为核心的新型城镇化，必然要求从战略高度把握好人口发展问题，一方面，要解决好人口数量与素质、结构问题，促进城镇经济发展、社会发展与人口发展相协调，把人民群众的切身利益和经济发展、社会进步、文化繁荣联系起来，让人民群众从新型城镇化发展中得到更多实惠，不断满足人民群众日益增长的物质文化生活需求，进而从根本上提高城镇化的质量和效益，有效促进各项事业的发展和人的全面进步，实现人民群众的新期待。另一方面，要解决好现阶段人口流动、人口转移与城镇体系发展及空间布局之间的互动协调关系，立足人口分布的新趋势、新变化，如流动人口、农业转移人口在年龄构成、教育水平乃至转移意愿等方面的新要求、新特征，不断优化大中小城镇体系构成和空间布局，在新型城镇化健康、有序推进的同时促进人口全面发展。

随着城镇化的推进和人民生活水平的提高，对城市环境和生态质量的要求也越来越高。在城镇化进程中，如何破解资源能源“瓶颈”制约，如何减少城市环境污染，如何建设生态宜居城市，都是事关全局的重大问题。尤其是目前我国正处于经济社会发展的转型期、环境问题的高发期、资源环境矛盾的集中期，如何让老百姓喝上干净水、呼吸上新鲜空气、生活在良好的环境之中，是推进城镇化进程、提高城镇化质量面临的重要课题，必须把生态文明理念和原则全面融入城镇化全过程，以集约、智能、绿色、低碳为引导，建设资源节约、环境友好、生态宜居型城市，努力走出一条不以牺牲生态和环境为代价的新型城镇化道路。

第二节　以人为核心推进新型城镇化的总体思路

在《国家新型城镇化规划（2014~2020 年）》中明确提出要以人的城镇化为核心，有序推进农业转移人口市民化，稳步推进城镇基本公共服务常住人口全覆盖，促进人的全面发展和社会公平正义，并将户籍人口城镇化率与常住人口城镇化率的差距缩小作为城镇化水平和质量提升的重要指标，从推进符合条件的农业转移人口落户城镇、推进农业转移人口享有城镇基本公共服务、建立健全农业转移人口市民化推进机制等方面提出了推进新型城镇化的重点任务和举措，为以人为核心推进新型城镇化明确了思路和路径。

一、以人为本为根本出发点

新型城镇化，是以人为核心的城镇化，即城镇化的根本出发点和着眼点就是以人为本。在推进新型城镇化进程中落实以人为本，就要坚持服务人民群众的发展需求，依城促产、产城融合，产业为基、就业为本，在产业优化升级的同时提高就业吸纳水平；通过加强城镇基础设施和公共服务设施建设，提高城市管理水平，增强城镇综合服务功能和综合承载能力，让人民群众共享城镇化发展成果；坚持推动人的全面发展，不断提升城乡教育文化、医疗卫生、娱乐体育等发展水平，建设覆盖城乡、公平公正的社会保障体系，营造和谐、文明、绿色的生产生活环境，提高人口素质和生活质量，不断增进人民福祉；坚持维护人民群众的根本利益，以全面深化改革为重大契机，以促进有能力在城镇稳定就业和生活的常住人口有序实现市民化为抓手和突破口，从户籍制度改革、土地改革等着手，稳步推进城镇基本公共服务常住人口全覆盖，让大批城镇新增转移人口与城市居民享受同等权利、过上同样生活，真正全面落实人的城镇化。

二、推进农业转移人口市民化为重点

推进以人为核心的新型城镇化，现实矛盾聚焦点和突破口是农业转移人口市民化问题。国家提出今后一个时期要着重解决好的“三个1亿人”问题中，包括约1亿农业转移人口落户城镇和约1亿人在中西部地区就近城镇化，这也就意味着近几年要重点解决约2亿农业转移人口的市民化问题。对这一大批城市新生人口而言，市民化的过程也就是要在完成两个转变——就业结构从第一产业向第二、第三产业的转变，生活空间从农村向城镇的转变之后，进一步获得市民化的两个表征——以获得城镇居民户籍身份为核心的身份表征和以享受到与城镇户籍居民同等的教育、医疗、卫生、社会保障、住房保障等公共服务为核心的质量表征。显然，推进农业转移人口市民化需要多领域、多层面的配套改革，其中，既需要户籍制度改革使转移人口获得城镇居民的户籍身份，同时剥离城乡二元结构下户籍上附着的各种城乡福利差异；又需要保障转移人口能够平等享受政府为城镇户籍居民提供的教育、医疗、卫生、就业扶持、社会保障、住房保障等公共服务，使农业转移人口不仅能够进入城市，而且能够真正融入城市，并实现社会、文化融合。

三、促进就业为关键

实现人的城镇化，推进农业转移人口市民化，现实体现就是要让转移人口能够进得来、留得住、过得好。这其中，户籍身份、居住地点由城到乡的变化，只是人的城镇化的初始阶段和外延意义上的表现。真正让转移人口能够留住、过好，促进就业是关键。相对稳定的就业意味着相对稳定的收入，这样才能为转移人口在城市稳定居住、稳定生活进而真正融入城市提供物质保障和经济基础。将促进就业作为以人为核心的新型城镇化的关键点和工作抓手，就应推动城镇发展与人口集聚相协调，产业发展与吸纳就业相协调，以城镇化促进企业集聚发展、产业集群发展，随之提供更多的就业岗位吸纳农村劳动力向城镇转移。随着城镇化水平不断提升，就业促进体系不断完善，就业制度保障不断强化，就业结构不断优化，从而形成转移人口市民化与城镇发展、产业发展之间的良性循环。

四、增强城镇综合承载能力为基础

着力增强城镇综合承载能力是推进新型城镇化的发展基础。从城镇自身建设发展来看，增强承载能力的核心是建立健全基础设施、提升公共服务水平和城镇管理水平。通过加强道路交通、通信网络、给排水、电力等基础设施建设，建立健全城市管理长效机制，推动城市建设管理向规范化、精细化、智能化转变，重点抓好城市道路、给排水、信息化等基础设施建设，着力解决城市交通拥堵、水电管网发展滞后等突出问题。从城镇体系发展来看，增强承载能力的核心是推动形成大中小城镇之间合理分工、功能互补、协同发展的城镇体系，统筹协调体系内部和城市之间的空间布局、资源配置及产业结构，要在大中小城镇协调发展的同时，分类、合理、有序地承接不同转移意愿、不同转移能力的农业人口进入城市，切实提高城镇体系综合承载能力。

五、不断提升公共服务和社会保障水平为支撑

不断提升公共服务和社会保障水平是着力提高城镇化发展质量的必然要求和重要支撑。十八届三中全会提出要稳步推进城镇基本公共服务常住人口全覆盖，把进城落户农民完全纳入城镇住房和社会保障体系，把在农村参加的养老保险和医疗保险规范接入城镇社保体系。其中，解决转移人口的住房、教育和社保三大

问题是重点难点所在。要不断强化住房保障，深入推进保障性安居工程建设，建立健全公共租赁住房供给体系，推进棚户区和城中村改造，着力解决城市贫困家庭和农业转移人口的居住问题；着力优化供给结构，努力形成多元化供给、能满足多层次需求的住房供给体系。着力扩大城镇学前和义务教育资源，把农民工随迁子女义务教育纳入城镇教育发展规划和财政保障范畴，以公办学校为主保障转移人口随迁子女接受义务教育。加强社会保障服务，有序推进相关领域改革，保障农业转移人口与城镇居民享有平等的基本医疗卫生、计划生育等社会保障待遇。

第三节　以人为核心推进新型城镇化的路径选择

从以人为核心推进新型城镇化的路径选择来看，需要坚持产业为基、就业为本，使城镇产业集聚集群发展与集聚人口、扩大就业实现互动协调发展；通过深入实施创新驱动战略，全面提高人口素质，增强城镇化发展内生动力；加强生态保护和环境治理，促进城镇化向绿色、低碳发展转型，让人民群众能喝上干净的水、呼吸上新鲜的空气、居住在优美的生态环境中；通过人文城市建设，加快文化产业和公共文化事业发展，提升城市品位，丰富群众文化生活。

一、立足产业富民，推进新型城镇化

产业富民也就是通过不断强化城镇产业支撑能力，坚持以产兴城、依城促产、产城融合发展，以产业结构调整和优化升级为主攻方向，在加快产业集聚和转型升级的同时促进城市经济繁荣、就业空间拓展，进而形成产业发展、就业扩大、人口集聚的互促并进城镇化发展新格局。

首先，要加强产业优化升级与扩大就业的统筹协调，大力发展服务业、劳动密集型产业，充分发挥政府投资和重大项目带动就业的作用，支持中小企业和非公有制经济发展，鼓励返乡农民工、高校毕业生积极创业，广开就业渠道，切实增强产业富民能力。其次，要坚持走新型工业化道路，围绕科技含量高、经济效益好、资源消耗低、环境污染少、人力资源优势得到充分发挥的转型升级要求，推动信息化和工业化深度融合，加快用高新技术和先进适用技术改造提升传统产业，淘汰落后产能；加强政策支持和规划引导，积极有序发展新一代信息技术、

高端装备制造、新材料、新能源、生物、节能环保、新能源汽车等新兴产业，培育壮大龙头骨干企业，带动产业集群发展、链式发展，抢占发展制高点。最后，要提升现代服务业发展水平。着力发展高增值生产性服务业，加快提升现代物流、金融、信息等服务业的市场化、专业化、社会化水平，积极推进研发、设计、营销、物流和售后服务等新兴服务业发展；大力发展消费性服务业，加快实施批发零售、住宿餐饮等传统服务业优化升级，推进规模化、品牌化、网络化经营，积极发展旅游、教育、卫生、体育等服务业，提高居民生活水平和生活质量，满足人的全面发展要求。

二、促进就业安民，推进新型城镇化

坚持就业为本，把促进就业作为推进以人为核心的新型城镇化的关键点和着力点，从发展产业吸纳就业、创业带动就业、优化环境促进就业等环节着手，不断增强城镇吸纳就业能力和就业规模。

着力提高城镇吸纳就业能力。充分发挥服务业作为最大的就业容纳器的作用，着力提升服务业发展规模和水平，促进新型城镇化与现代服务业互动协调发展，在城镇化加快推进的同时促进市场需求扩大，通过城镇综合功能完善和环境优化为服务业提供发展土壤，在服务业不断壮大的同时促进城镇综合承载力的提升。加强政策引导、资金扶持力度，大力发展劳动和技术密集型产业及中小微型企业，支持中小企业和民营企业发展，努力扩大就业容量。着力促进创业带动就业，积极培育创业主体，建立健全创业培训体系，不断提高劳动者创业能力，发挥创业带动就业的倍增效应。加大创业扶持力度，鼓励自主创业，进一步优化创业政策环境，加强针对创业者的资金、场地、技术等创业扶持，完善和落实创业优惠政策。建立健全创业服务体系，以信息服务、融资服务、咨询服务、人力资源服务等为重点，加强创业服务平台建设。着力完善就业促进体系，加强就业引导，搭建就业信息对接平台，努力缓解就业结构性矛盾。建立统一、开放、竞争、有序的城乡一体的劳动力市场，规范招人用人制度，创新体制机制，着力消除影响平等就业的制度障碍和就业歧视，保障农业转移人口的合法权益。多渠道开发公益性服务岗位，建立针对就业困难人员、零就业家庭和农业转移人口的就业援助机制。

三、深化科教强民，推进新型城镇化

党的十八大把科技创新摆在国家发展全局的核心位置，强调要实施创新驱动发展战略，这也是提高城市核心竞争力、促进民生改善的重要举措。一方面，在创新型城市建设发展中，通过加强创新体系建设，建立依靠科技创新促进产业增效、居民增收的长效机制，尽快摆脱依靠廉价劳动力和大量消耗资源获得发展的低端循环，逐步形成以科技创新为核心的竞争新优势。另一方面，科技创新的新技术、新成果催生了新产品、新产业、新业态，不仅为新型城镇化推进提供技术支撑，而且对促进人民群众生活水平的提升、生活环境的改善、生活质量的提高起着决定性作用。

加强技能培训推动教育强民，全面提高劳动者素质。劳动技能是影响就业的重要因素，要特别重视职业技能培训和素质提高，围绕城镇建设、产业发展需求，统筹利用各类培训资源，以全民技能振兴工程、职业技能提升计划等为工作抓手，引导推动产教融合、校企联合，构建新型职业教育体系，优化培训课程、创新培训方式，推行订单式、定向式培训，增强农村人口职业技能和转移就业能力。

四、强化生态惠民，推进新型城镇化

一段时期以来雾霾天气频发，生态环境质量和群众日益强烈的环保诉求之间的矛盾凸显，如何让人民呼吸上洁净的空气、饮用安全的水、生活在优美的环境中，成为推进新型城镇化进程中的一个焦点问题。新型城镇化的核心是要提高城镇化的发展质量，探索绿色、低碳城镇化道路是必然选择。强化生态惠民，就是要以集约、智能、绿色、低碳为指引，把生态文明理念全面融入城镇化进程。大力推进节能减排，坚持资源节约和污染治理并举，大力发展循环经济，提高资源利用效率和保障水平，加快建立资源节约型、环境友好型技术体系和生产体系。坚持集群集聚集约发展，合理控制城镇扩张，优化城镇体系。构建资源节约、环境友好的生产方式和消费模式，加快建设绿色低碳、生态宜居型城镇。

寓生态环境建设和保护于城镇发展和民生改善之中，在进一步加大生态环境建设投资、监管、维护力度的同时，加强公众参与，引导群众积极融入生态环境建设，促进思想意识、生活方式的绿色化、低碳化转变，在提升经济效益、社会效益、生态效益的同时，有效改善环境质量、节约能源资源、建设优美生态、提高生活水平，推进生态型城市建设，切实提升人居环境质量，真正让人们享受到空气清新、水质优良、舒适宜居的绿色、美好生活。

五、坚持文化乐民，推进新型城镇化

文化是凝聚和激励人心的重要力量，是新型城镇化的活力和亮点所在。推进城镇化与文化发展相融合，不仅可以传承文化精髓、塑造城市形象，还能够提升城市品位、增强凝聚力和竞争力。

坚持文化乐民，一是要在城镇化进程中，将文化传承、保护与发展创新相结合，既要突出个性和形象，又要展示独特建筑风格和传统民居特色，挖掘历史文化资源，丰富建筑文化内涵，彰显传统文化特色和魅力，避免千城一面、万楼一貌。二是要着力提升文化凝聚力，立足悠久的历史文化资源和璀璨的文化艺术，加强历史文化名城、名镇、名村建设和保护，同时以满足居民文化需求为导向，大力发展社区文化、企业文化、商业文化等社会文化事业，繁荣群众文化生活。三是要以营造人民群众的精神家园为目标，大力完善公共文化服务设施，积极构建覆盖城乡、惠及全民的公共文化服务体系。四是要将文化资源优势转化为现实产业优势，不断延伸文化产业链条，衍生出更大的消费市场，更好地带动文化创造财富，使文化成为推进新型城镇化的新动力、新亮点和新增长点，提升文化生产力。

第十二章 加快推进农业转移人口市民化进程

目前，中国已经进入结构深度调整期和深层次矛盾凸显期。从城镇化发展情况看，改革开放以来，我国城镇化取得了显著成就，但是也积累了一些突出矛盾和问题。尤其是大批农村富余劳动力进入城市后，在为推进现代化进程做出了重要贡献的同时，由于城乡二元结构制约而难以真正融入城市，形成新的城市二元结构，给经济社会和谐稳定发展带来了日益突出的压力和挑战。《中共中央关于全面深化改革若干重大问题的决定》明确提出要推进农业转移人口市民化，逐步把符合条件的农业转移人口转为城镇居民。十八届三中全会之后紧接着召开的中央城镇化工作会议，把推进农业转移人口市民化作为推进城镇化的六项任务之首。进入新的发展阶段，面临新的发展形势，要探索走好具有中国特色的新型城镇化道路，科学、合理、有序地推进农业转移人口市民化进程，给新时期农业转移人口市民化的策略制定以及相应的机制创新提出了新挑战、新要求。

第一节 农业转移人口市民化的形势分析

从城镇化发展演进的阶段性特征来看，当城镇化率在30%~70%时，城镇化进入快速发展阶段。仅21世纪头十年，中国城镇化率就提高了超过11个百分点，城镇人口增加了近2亿。大批农村富余劳动力进入城市，成为对城市基础设施和公共服务的巨大考验。2011年，我国城镇化率历史性地突破了50%，在这种发展态势下，即使保持十年来平均1个百分点左右的增速，每年也有超过1000万人口涌入城市。对这一大批城市新生人口而言，如何从进入城市到融入城市，如何从完成身份、职业转换到实现社会、文化融合，各种新老问题与矛盾叠加，加快推进农业转移人口市民化已经成为城镇化面临的严峻挑战。

一、加快农业转移人口市民化进程的现实意义

在城镇化进程中，农业转移人口市民化主要指农村富余劳动力在完成了两个转变——就业结构从第一产业向第二、第三产业的转变，生活空间从农村向城镇的转变之后，进一步获得市民化的两个表征——以获得城镇居民户籍身份为核心的身份表征和以享受到与城镇户籍居民同等的教育、医疗、卫生、社会保障、住房保障等公共服务为核心的质量表征。目前，虽然中国城镇化率已经过半，但是由于户籍人口城镇化率明显低于常规统计口径下的常住人口城镇化率，那么在进入成熟城镇化阶段之前，中国将面临涉及大约 4 亿农业转移人口的市民化问题，不仅关系到城镇化、工业化、农业现代化进程，关系到全面建成小康社会目标的实现，更关系到发展与改革、和谐与稳定的全局，对探索中国特色新型城镇化道路具有重要意义。

（一）加快现代化进程的必然要求

工业化、城镇化、农业现代化是人类文明进步的重要标志，是现代化建设的核心内容。而城镇化是中国现代化进程中的一个大战略、大问题，是现代化应有之义和基本之策。[①] 从我国现代化发展进程来看，虽然已经实现了由农业大国向工业大国的转变，城镇规模不断扩大，现代化进程全面加速，但是作为拥有 13 亿人口的世界上最大的发展中国家，在新的发展形势、发展阶段下，工业化、城镇化和农业现代化均面临着结构调整、优化升级、模式转变等现实难题，实现“三化”之间的互动、协调、同步发展依然面临严峻挑战。在城乡二元结构制约下，由于城镇化模式粗放并且明显滞后于工业化和农业现代化发展，使得农业人口向城镇人口的转化，尤其是农民向市民的转化明显滞后于现代化进程。显然，以农业转移人口市民化为核心，推进农村人口合理有序地向城镇转移是实现工业化、提高城镇化、推进农业现代化的必然要求。

（二）加快转变经济发展方式的现实路径

以加快转变经济发展方式为主线，是坚持科学发展的必由之路。扩大内需是加快转变经济发展方式的基本要求和首要任务，而扩大内需的最大潜力在于城镇

---

① 李克强. 协调推进城镇化是实现现代化的重大战略选择［J］. 行政管理改革，2012（11）.

化。[①] 2011 年，中国农村居民消费水平为 5633 元，而城镇居民消费水平为 18750 元，达到农村居民的 3.3 倍。由此看来，增加 1 个城镇人口，就可以带动 3 倍于农民的消费支出，同时通过相应的城镇基础设施和公共服务建设还可以产生巨大的投资和消费需求，成为拉动经济增长的重要引擎。但是也要看到，激活并释放这一内需潜力的前提是要使进城农业转移人口真正实现生产方式和生活方式的转变，成为城镇居民中的平等一员，享受一样的就业、住房、医疗、教育等公共服务和社会保障，才能产生有效消费需求，而不是游离于城市体制之外，在城乡二元结构尚未破除的同时，又形成城镇内部二元结构，成为经济社会和谐稳定发展的新障碍。可以说，要激活内需潜力的原动力和主引擎，加快经济发展方式转变，加快推进农业转移人口市民化是重中之重。

（三）全面建成小康社会的目标要求

十八大指出，随着世情、国情、党情继续发生深刻变化，我国已经进入全面建成小康社会的决定性阶段。要实现这一目标蓝图，重要途径之一就是要走新型城镇化道路，而这个“新型”的集中体现就是以人为本的城镇化，关键是要在城镇化进程中提高城镇化的质量，重点是要解决农村迁移人口在进入城市后，由于与城镇居民在就业收入、身份地位、社会保障、公共服务等方面的显著差异，而导致的农业转移人口在城市的生存与发展出现日益突出的边缘化、弱势化等问题。农业转移人口难以融入城市生活，就难以实现从生产方式、生活方式到社会文化、思想意识的转变，不仅影响着经济持续健康发展、人民生活水平全面提高，而且会导致一系列更为严重的社会和谐稳定问题，全面建成小康社会的目标也难以实现。显然，要促进经济社会与人的全面发展，要让发展的成果惠及全体人民，积极有序地把符合条件的农业转移人口逐步转为城镇居民，是推进城镇化的重要任务，也是实现全面建成小康社会的目标要求。

（四）破解“三农”问题的必然选择

农民何处去、农村怎么办、农业怎么保是阻碍发展的突出难题。只有减少农民，才能富裕农民。[②] 1978 年改革开放开始时，中国城镇化率只有 17.9%，有超过 8 亿人口在农村。城乡收入的显著差异推动大批农村富余劳动力进入城市打工，

---

① 李克强. 在改革开放进程中深入实施扩大内需战略［J］. 求是，2012（4）.
② 李克强. 关于调整经济结构促进持续发展的几个问题［J］. 求是，2010（11）.

为工业增长、城市发展做出了突出贡献。但是由于城乡分割的二元制度所限，进城农业转移人口的市民化进程严重滞后。2011 年，中国户籍人口城镇化率仅有 35%，比常住人口城镇化率低了 16 个百分点。农业转移人口难以真正融入城市安居乐业，而呈现出在城市与农村之间候鸟迁移式的生产、生活状态，难以在实质上减少农村人口，不利于推动土地流转和集约利用，不利于推动农业由分散家庭经营向适度规模经营转变，也就难以从根本上提高农业现代化水平和综合效益。显然，只有加快农业转移人口市民化进程，有效提高城镇化发展质量，从根本上减少农民、改善城乡资源配置，才能切实改善农村生产生活条件，提高农业生产效率和综合生产能力，才能实现农业增效、农民增收、农村发展，破解“三农”难题。

二、农业转移人口市民化面临的新形势、新变化

（一）城镇化发展方式转变

从中国城镇化发展演进及其阶段性特征来看，城市发展形态和发展路径都正在从粗放发展向集约发展、可持续发展加速转变，尤其是从主要依靠土地等资源的粗放消耗、劳动力廉价供给来推动城镇化快速发展，向土地集约节约利用、提高资源利用效率转变；从城乡二元结构与提供低水平基本公共服务推动城镇化快速发展，向城乡一体化发展、提升城市综合承载能力和居民生活水平转变。总的来看，城镇化发展方式转变的核心是提高城镇化发展质量效益，根本目标是实现全面、协调、可持续发展，通过构筑现代城镇体系、建设绿色生态、优化人居环境、完善公共服务等，在加快城镇化进程的同时满足民生改善需求。

（二）城镇化目标任务转变

从传统城镇化向新型城镇化的转变，是新时期中国经济社会转型发展的重要组成部分。李克强总理提出，“我们强调的新型城镇化，是以人为核心的城镇化”。也就是说，与传统城镇化更加注重城镇规模扩张、速度提升不同，新型城镇化的根本出发点和着眼点是以人为本，立足于推进以人为核心的城镇化，重点是加快农业转移人口市民化进程，把促进有能力在城镇稳定就业和生活的常住人口有序实现市民化作为首要任务，着力破除城乡二元结构和城市内部二元结构，让大批农业转移人口不仅能够转得出、进得来，而且能够在城市留得住、过得好，真正融入城市经济社会生活，共享改革发展成果。

（三）农业转移人口的主体特征变化

从改革开放初期开始，大批农业富余劳动力离开农村进入城市打工，形成了日益庞大的农业转移人口群体。经过30多年的发展变迁，这一群体的主体构成已经发生了明显变化。全国总工会新生代农民工问题课题组的研究报告指出，2009年，全国农民工总量为2.3亿人，外出农民工数量为1.5亿人，而其中新生代农民工占外出农民工的六成以上。新生代农民工不仅延续了上一代农民工面临的城乡户籍分割、二元化社会保障和公共服务等共性问题，而且对来到城市后的工作就业、居住生活等方面有了更高要求，融入城市并真正获得市民化的期望值更高、要求也更迫切。

（四）全面深化改革带来的发展形势变化

推进农业转移人口市民化面临的最大制约因素，就是以户籍制度为代表的二元化制度障碍，包括了就业制度、土地制度、社会保障制度等，涉及经济社会的多层面、多领域。要打破利益藩篱、破除多种体制机制障碍，需要统筹协调推进经济领域、社会领域等多领域的综合改革，这也成为多年来推进农业转移人口市民化难以取得突破性进展的症结所在。党的十八届三中全会对深化改革进行了全面、系统部署，改革重点从以往的主要着重于某一领域的改革，转变为包括了经济、社会、政治、文化、生态等各领域的全面改革。深水区全面改革的深化攻坚，为加快推进农业转移人口市民化提供了前所未有的重大机遇。

三、农业转移人口市民化面临的主要问题

（一）制度性障碍亟待破除

随着改革开放的不断深入和市场经济体制的建立，城乡分割的二元户籍制度的负面效应充分暴露出来，成为推进农业转移人口市民化面临的最为突出的制度障碍，不仅阻碍了人口和劳动力的合理流动，损害了宪法赋予公民的自由居住和迁徙权，而且违背了市场经济运行的基本原则，难以实现生产要素的优化配置，难以发挥市场在资源配置中的决定性作用，并且在相当程度上延缓了城市化进程，阻碍了社会良性运行、和谐发展，成为新时期加快推动农业转移人口市民化、促进城乡关系协调发展的最大障碍，有悖于全面建成小康社会的发展目标，因此，各种城乡二元化制度性障碍亟待破除。

（二）城市承载能力不足问题日益凸显

户籍制度改革探索近年来已经在多地展开，但是不少尝试的收效并不尽如人意。例如，2004 年郑州“入户大门敞开”后叫停，就是由于短期内大量农业转移人口涌入，但城市公共服务资源未能配套，导致供需矛盾更加尖锐。在面临汹涌的农业转移人口时，由于过去计划经济体制下城市建设长期滞后，城市的基础设施等公共服务资源以及管理体制、财政负担等都经受了巨大考验，农业转移人口在住房、医疗、子女教育等方面对公共服务的需求迅速增加，而城市公共资源有限且发展滞后，就业机会紧缺、教育资源严重不足以及交通拥堵、环境卫生等问题凸显，各种“城市病”的爆发风险增大，人口转移与城市的协调发展受到严重冲击。

（三）农业转移人口市民化进程滞后

农业转移人口市民化主要指转移人口在完成了就业结构从第一产业向第二、第三产业转变，生活空间从农村向城镇的转变之后，进一步获得以城镇居民户籍身份为核心的身份表征和以享受到与城镇户籍居民同等的教育、医疗、卫生、社会保障、住房保障等公共服务为核心的质量表征。而目前，大多数农业转移人口只是在由农村向城市的迁移中成为量化指标核算的构成部分，居住半年以上即可成为城市常住人口，在数字上贡献了“城市化”，但是却没有得到“城市性”，普遍存在就业不稳定、社会保障不健全、教育医疗难以享受平等公共服务等问题，市民化进程明显滞后。

（四）调控措施的实施策略选择问题

随着农业转移人口群体日益扩大，市民化问题也备受重视。虽然近年来在相关调控改革中取得了一定经验，但也暴露出不少问题，一方面是政策过渡和管理措施方面准备不足，另一方面是相关的综合配套改革未能及时协调。在推进农业转移人口市民化进程中，政府也面临着多难选择，既面临在模式策略选择上是“循序渐进”式的相对平稳，还是“全面推进”式的大刀阔斧；又面临在行动策略选择上是“捆绑式”改革还是“分离式”改革，进而剥离二元制度下诸多城乡之间在政治、经济、文化等方面的利益不平等。在这种情况下，如何加强总体设计、顶层规划，科学有序、积极稳妥地制定并实施各项改革及推进策略就显得尤为重要。

第二节　农业转移人口市民化的推进机制

推进农业转移人口市民化，重点难点问题之一就是要消除阻碍人口转移和社会融入的体制机制障碍，不仅需要推进人口管理、土地管理、财税金融、城镇住房、行政管理、生态环境等重点领域和关键环节的体制机制改革，而且需要制定目标明确、路线清晰、重点突出的推进策略，逐步形成推进农业转移人口市民化的城市融入机制、推进协调机制以及支撑保障机制等，以推动农业转移人口尽快融入城市、共同分享城镇化发展成果。

一、新时期农业转移人口市民化的推进策略

（一）坚持民生为本

新时期新阶段推进农业转移人口市民化，必须坚持民生为本，推进以人为核心的城镇化，促进有能力在城镇稳定就业和生活的转移人口有序实现市民化，不断缩小户籍人口城镇化率与常住人口城镇化率的差距，稳步推进城镇基本公共服务常住人口全覆盖，让人民共享现代化成果。同时，着力消除农业转移人口在进入城市后面临的文化差异、制度差异以及身份隔离和福利隔离，尽快实现农业转移人口的生产生活方式转变以及社会角色转变和城市文化融入，成为城镇化的参与者和受益者。

（二）突出就业导向

要让目前数以亿计的农业转移人口实现落户城镇，并且能够稳定生活、融入城镇的目标，必须坚持就业为本、生计为先，突出就业导向。只有让农业转移人口实现稳定就业，才能稳定收入，进而才能实现在城市留得住、过得好。一方面，要通过加快二、三产业的发展，依托产业发展创造就业岗位，不断增强就业吸纳能力，扩大城镇承载能力；另一方面，通过加强农业转移人口的职业技能培训，形成更具针对性、可操作性的农业转移人口就业培训长效机制，完善就业服务体系，切实提高农业转移人口的就业能力，为实现市民化强化能力支撑。

（三）善用底线思维

新型城镇化作为最大的民生工程，着力于统筹城乡发展、全面改善民生。当

前，推进新型城镇化的首要任务是加快农业转移人口市民化进程。而农业转移人口在城镇化发展与自身发展过程中，由于低资源占有和二元制度制约，面临着就业区隔、收入水平差异、社会保障缺失等多方面的待遇差异与生活差距，成为新型城镇化进程中的弱势群体和发展短板。这就需要倡导底线思维，构建兜底制度，抓住制约市民化进程的民生焦点问题，防守底线、破解矛盾，最大限度地维护、保障农业转移人口发展权益。

（四）加快制度创新

农业转移人口市民化涉及包含户籍、土地、财税、住房、教育、社会保障等在内的诸多体制、政策、利益调整，其中，在农村退出阶段，包括土地所有、经营、使用、流转、征用、补偿等土地制度改革；[①] 在城市融入阶段，包括户籍制度、就业制度、社会保障制度等影响、阻碍农业转移人口市民化进程的制度改革。只有全面深化改革、加快制度创新、消除制度壁垒、打破利益藩篱，才能切实保障农业转移人口的各种权益，消除城市二元结构。

（五）遵循规律，因地制宜

推进农业转移人口市民化具有突出的系统性、复杂性和长期性，不能急于求成，更不能放任自流。必须立足现实基础和发展条件，把握城镇化发展规律、人口流动规律以及产业发展规律、资源利用规律，实事求是、因势利导，综合考虑不同城镇的发展规模、产业规模和就业吸纳能力，根据不同类型农业转移劳动力群体的市民化意愿和市民化能力，选择相应不同的政策和支持关注重点，[②] 因地制宜推进农业转移人口市民化进程。

（六）试点先行，有序推进

推进农业转移人口市民化，一方面，要通过试点先行先试，发挥示范带动作用，选取重点领域或关键环节作为深化改革试点，对于有能力、有意愿进城落户的转移人口，在户籍政策、随迁子女教育等方面加快改革创新步伐，鼓励积极探索和改革尝试；另一方面，要坚持有序推进，也就是量力而行、循序渐进，有重点、有步骤地推进农业转移人口市民化进程。

---

① 简新华. 新生代农民工融入城市的障碍与对策 [J]. 求是学刊，2011 (1).

② 刘传江. 迁徙条件、生存状态与农民工市民化的现实进路 [J]. 改革，2013 (4).

二、创新农业转移人口市民化的城市融入机制

农业转移人口能否获得市民待遇、融入城市生活，在多大程度上融入城市生活，不仅关系到这部分人群的合法权益能否得到保障，还直接影响着新型城镇化的水平和质量。解决这一问题，首先就要着力构建城市融入机制。

（一）加强制度融合

通过改革户籍制度、劳动就业制度、农村土地承包制度、社会保障制度等相关制度，有效地增加制度供给，为农业转移人口与城市的融合发展提供有力的制度保障和良好的制度环境。

（二）加速就业融合

消除就业歧视，打破农业转移人口在正规行业的进入壁垒和职业隔离，保护农业转移人口平等就业。通过推进城乡劳动力市场的一体化，确保农业转移人口的充分就业。通过加强基础教育和职业教育、再就业培训等，直接提升农业转移人口的就业竞争能力。通过完善就业登记制度、签订就业合同等，作为依法管理、服务和保障的依据，保障农业转移人口在劳动报酬等方面与城市居民享有同等待遇。

（三）推动福利融合

将农业转移人口纳入城市总体规划和日常管理体系当中，逐步实现农业转移人口在子女就学、住房租购、公共卫生等方面与城镇居民享有同等待遇，逐步缩小农业转移人口与户籍人口之间的福利差距。尤其在子女教育方面，通过调整学校布局，均衡配置教育资源，促进农业转移人口子女能够享受同等程度的城市教育资源，重点保障农业转移人口子女的义务教育入学率。在住房方面，设立专门管理机构负责提供、分配针对农业转移人口的廉租房、经济适用房，规范申请程序、明确申请标准，确保符合工作条件、居住条件以及时间限度等标准的农业转移人口通过保障性住房等途径解决住有所居的难题。同时，为农业转移人口建立城市最低生活保障，逐步扩大农业转移人口的工伤、医疗、养老保险等的覆盖面，多层面同时着手推动农业转移人口在城市的福利融合。

（四）促进社会融合

增强农业转移人口与城市居民相互之间的心理认同感和接受度，建议以社区为重要的平台和载体，充分发挥社区组织的功能和作用，拓展交流渠道与形式，

加强外来人口与本地市民之间在思想、理念、情感等方面的联系与沟通，促进在文化意识、生活模式等方面的相互接纳与认可，推动农业转移人口逐渐由边缘地带进入城市主流社会并获得身份认可、情感支持、文化趋同与社会融合。

三、创新农业转移人口市民化的推进协调机制

（一）梯次有序推进

按照大中小城镇各自发展特点，由中心城区、城市郊区、县城新区到中心镇的分层次、分类型、梯次化推进农业人口转移，既符合目前的发展水平和现实需求，又有利于促进和谐发展。应超前做好城市发展规划，在大力推进中心城区和县城新区建设，提升城市辐射带动作用的同时，积极推进城郊村合村并城，因地制宜推进中心镇新镇区建设与合村并镇、中心村合村建镇，探索新的城乡一体化发展模式，确保农业转移人口迁入城市后的社会和谐稳定、经济健康发展，并为农业转移人口的后续发展提供更加良好的发展基础和发展环境。

（二）建立利益调节机制

推动农业转移人口市民化进程，促进农业转移人口在融入城市过程中获得更好发展和更高福祉，消除二元结构，就必然面临如何统筹协调城市与农村、城镇新增人口与户籍人口以及区域之间、阶层之间等多方利益的挑战。这就需要建立健全利益调节机制，统筹考虑多方主体之间的利益调整，统筹推进存量改革与增量改革，通过资源配置机制、权益保障机制等方面的制度创新、机制创新，逐步打破阻碍农业转移人口市民化进程的思想壁垒、制度壁垒、户籍壁垒、就业壁垒等“瓶颈”制约，保障农业转移人口在市民化过程中的各项权益，真正获得机会公平、权利公平。

（三）推动公众参与

在农业转移人口市民化进程中，需要坚持公众知情、公众参与，不仅是转移人口，而且包括城镇居民在内，都应正确认知推进农业转移人口市民化的重要性与必要性，塑造公平、包容、和谐的文化氛围，充分发挥公众的积极性、主动性、创造性，提高相关政策措施的落实效果。

四、创新农业转移人口市民化的支持保障机制

（一）加强组织保障

可以通过整合人力资源与社会保障部门、公安部门、青年组织、妇女组织、工会、社会工作机构及其他非政府组织的与农业转移人口有关的相关职能，建立各级相关机构，加强组织协调，专门负责农业转移人口相关事宜。

（二）加强资金保障

针对农业转移人口的社会保障、管理、服务等相关资金费用存在着基础差、底子薄、来源少的问题，同时存在着需求人员数量大、需求项目多的突出供需矛盾，因此，应建立包括中央财政、地方财政以及企业、个人、社会组织在内的多元化的资金筹集、投入体系，科学合理地构建农业转移人口市民化的成本分担机制。

（三）加强信息保障

提升信息化水平，借助先进的信息化技术，在建立数字化模拟、数字化管理平台的基础上，通过研究开发专业的农业转移人口管理信息系统、城市协调发展信息系统、优化调控决策支持系统、协调发展风险预警系统等，确保各种相关信息能够得到有效管理和应用，使针对农业转移人口的各项管理和服务能够高效、准确进行。

第三节　农业转移人口市民化的成本分担机制

党的十八大明确提出，要“积极稳妥地推进城镇化”，所谓积极，就是要充分有效地发挥城镇化作为扩大内需新引擎的重要作用；所谓稳妥，就是要以人的城镇化为核心，把立足点放在提高城镇化发展质量和水平上。由此看来，如何把符合条件的农业转移人口逐步转为市民，让农业转移人口也能同样享受到与城镇居民一样的基本公共服务，缩小城乡差距，促进城乡一体，已经成为我国加快城镇化进程面临的重要任务。而要实现这一任务，不仅要破除城乡二元结构下的制度制约、政策制约，而且面临的一个突出问题就是如何构建农业转移人口市民化的成本分担机制，以解决农业转移人口市民化的巨额成本与发展中人口大国承担

能力之间的矛盾。

一、推进农业转移人口市民化面临的主要制约因素

在城镇化进程中，农业转移人口市民化主要指农村富余劳动力在完成了两个转变——就业结构从第一产业向第二、第三产业的转变，生活空间从农村向城镇的转变之后，进一步获得市民化的两个表征——以获得城镇居民户籍身份为核心的身份表征和以享受到与城镇户籍居民同等的教育、医疗、卫生、社会保障、住房保障等公共服务为核心的质量表征。应该说，农业转移人口市民化的过程实质上就是农业转移人口从进入城市到融入城市的过程。从根本上看，农业转移人口市民化的主要困难与障碍，也就是制约“两个转变”实现和“两个表征”获得的三大因素是制度制约、成本制约和能力制约。

（一）制度制约

不少研究指出，制度制约是影响农业转移人口市民化的主要因素。在城乡分割的二元结构下形成的以户籍制度为代表的城乡制度壁垒是特定历史条件下的产物，从当时的经济社会发展来看，有其合理性，也曾经对中国发展做出了贡献。但是随着时代变迁、经济转型和社会进步，二元制度体系在限制城乡之间资源优化配置，尤其是人口自由迁移流动等方面的弊端日益凸显，直接导致城乡之间的差距不断扩大，进城农业转移人口的利益难以得到保障，影响城镇化发展质量和水平。

从农业转移人口市民化的重要表征来看，获得城镇户籍进而享受到以户籍为载体附加的教育、医疗、就业、社会保障等城乡有别的各种社会福利，是衡量农业转移人口市民化的程度和水平的重要标志。大批农业转移人口在进入城市、完成职业转变之后，由于难以获得城镇户籍，被隔离在城市管理体制和服务体系之外，与城镇户籍人口相比，在社会福利和权利利益方面存在明显落差，形成城市内部的二元结构。由此看来，二元户籍制度显然是制约农业转移人口市民化的制度核心，而其他附着在户籍制度上的一系列社会福利制度对农业转移人口产生了限制与排斥，对市民化中的关键环节——城市融入有着根本性的影响。

从农业转移人口市民化的演进阶段来看，在农村退出阶段，主要制约因素是农村土地制度的障碍。其中，包括土地所有、经营、使用、流转、征用、补偿等

制度在内的土地制度的不完善，[①] 使得农业转移人口的农村土地承包权和宅基地使用权难以得到应有的收益保障或补偿，也就难以真正退出农业和农村。在城市进入阶段，实际上在改革开放以后，户籍制度已经不再直接对农村人口迁移流动产生约束，而是在下一个阶段，也就是城市融入阶段，由于与户籍制度相挂钩的教育制度、住房制度、就业制度、社会保障制度等对农业转移人口过上与城市居民一样的生活、享受与城市居民一样的权利构成制约，所以阻碍了农业转移人口市民化的进程。

（二）成本制约

从前述研究中可以发现，城乡二元户籍制度是制约农业转移人口市民化的主要因素。从改革开放初期到现在，由于在统筹城乡发展、解决“三农”难题等方面的阻碍效应日益扩大，户籍制度改革的呼声也越来越高、越来越迫切。而改革步伐之所以相对较慢，正是由于户籍制度改革并非单一的以人口管理为核心的制度改革，而是由于户籍已经成为身份和福利的象征，相应的改革也就涉及了附着在户籍之上的多个领域的福利剥离与福利补偿。而要将原本只覆盖城镇本地户籍居民的基本公共服务扩展到农业转移人口并保障其特殊权益，需要额外的投入，这可以视为农业转移人口市民化的成本。[②] 由于农业转移人口市民化的成本涉及公共卫生、就业扶持、子女教育和住房保障、社会保障等多项公共服务，且长期以来城乡之间的公共服务能力与水平上的差距不仅没有缩小反而有扩大趋势，再加上我国正处于城镇化加速发展阶段，农业转移人口群体规模庞大，农业转移人口市民化的巨额成本显然成为阻碍这一进程的主要制约因素。

有研究测算，在 2030 年前，全国大约有 3.8 亿农业转移人口需要实现市民化，而市民化成本平均每人为 10 万元左右，因此，要将这些进城农民全部实现市民化，需要支付近 40 万亿元的成本。[③] 虽然农业转移人口市民化的核心是要在获得城镇居民身份的基础上，平等享受政府为城镇居民提供的各种福利待遇，但是作为依然处于社会主义初级阶段的发展中的人口大国，显然不可能单纯依靠政府来承担这一巨额成本。在这种情况下，如何合理构建农业转移人口市民化的成

① 简新华. 新生代农民工融入城市的障碍与对策［J］. 求是学刊，2011（1）.

② 申兵. “十二五”时期农民工市民化成本测算及其分担机制构建——以跨省农民工集中流入地区宁波市为案例［J］. 城市发展研究，2012（1）.

③ 魏后凯. 构建多元化的农民市民化成本分担机制［N］. 中国社会科学报，2013-03-01（7）.

本分担机制，就成为推进农业转移人口市民化进程的症结所在。

（三）能力制约

前述的制度制约和成本制约基本上都是农业转移人口市民化的外部制约因素，从内部制约因素来看，则主要体现为农业转移人口自身存在的影响其向市民转变的相关能力制约，主要包括了就业能力、市场竞争能力和生活适应能力的制约。其中，就业能力制约主要指农业转移人口在脱离农业生产，转而从事第二、第三产业时的职业转换能力会受到来自自身劳动技能水平的影响；市场竞争能力制约主要指农业转移人口进入城市后，在面临新的生产方式和市场竞争环境的挑战下，对于竞争、风险和压力的承受能力状况对其市民化进程的制约；生活适应能力制约主要是指农业转移人口从农村传统生活方式转向城市现代生活方式，以及从村落文化氛围转向社区文化氛围，由于不同个体在开放度、认可度、接受度方面的差异性，进而对城市融入程度产生的制约。进一步分析可以发现，实际上农业转移人口市民化的能力制约与农业转移人口的受教育状况直接相关。通常情况下，受教育水平与劳动就业技能呈正相关，并且受教育程度越高，对现代思想观念的接受程度也越高，越有利于融入城市。从我国发展现状来看，城乡之间教育资源配置上的不均衡是造成农业转移人口受教育水平偏低的直接因素，进而导致农业转移人口进入城市后出现明显的在就业领域和收入水平上的边缘化、弱势化，给农业转移人口市民化带来严峻挑战。而要消除这一制约因素，一方面需要增加教育投入，另一方面需要均衡在就业、医疗、养老等方面的保险保障水平。那么综上分析，归根结底还是需要解决农业转移人口市民化的成本分担问题。

二、农业转移人口市民化的成本分担机制构建原则

（一）注重公平，务实求效

构建农业转移人口市民化成本分担机制必须兼顾效率与公平，既要考虑到这一分担机制的建立与完善是一个长期复杂的系统工程，又要从提高城镇化质量出发积极、合理、有序推进；既要加强农业转移人口权益保护，逐步消除城镇内部二元结构，又要坚持权利与义务对等原则，引导农村人口有序转移；既要努力满足农业转移人口市民化的现实需求，又要考虑目前发展基础、发展阶段的现实承受能力；既要充分发挥政府在构建成本分担机制中的主要作用，又要充分发挥企业、个人和社会的应有作用。

（二）承认差异，分类改革

农业转移人口市民化问题本身具有突出的复杂性、层次性和差异性，农业转移人口群体包括了具有不同的成长背景、教育水平和思想观念的第一代农业转移人口和新生代农业转移人口，农业转移人口特征包括了离土又离乡、离土不离乡以及城郊失地农业转移人口等多种特征，市民化过程包括了农村退出、城市进入和城市融入三个阶段，市民化区域包括了大、中、小以及城和镇等经济社会综合实力差异显著的不同区域，解决不同阶段、不同类型、不同特点、不同区域的农业转移人口市民化问题，其成本分担就应建立在不同发展基础、不同能力水平、不同经济成本之上，就需要立足实际、承认差异，采取分类有别的制度改革与政策调整措施，建立相应的农业转移人口市民化成本分担机制。

（三）整体谋划，渐次推进

农业转移人口市民化本身就是一个长期渐进的过程，不仅涉及与公共服务、社会福利等相关的差距与欠账弥补所产生的巨额成本，而且分担主体包括了政府、个人、企业和社会等多元化主体，部门领域涉及了教育、卫生、住建、社保等多行业、多部门，尤其在体制转轨和经济转型的矛盾凸显期，在经济社会和城市发展的总体承受能力相对不足的情况下，构建农业转移人口市民化成本分担机制需要坚持整体谋划和统筹协调相结合，坚持重点领域突破与渐进式改革相结合，既要积极，也要稳妥，分类型、分步骤，有先行先试，有梯度推进，确保农业转移人口市民化成本分担机制构建的科学性和可行性。

三、农业转移人口市民化的成本分担主体

（一）农业转移人口市民化的成本分析

作为人口大国和农业大国，随着城镇化进程不断加快，我国进城农业转移人口数量日益庞大，同时在长期城乡二元结构下，城乡居民在社会福利、公共服务、基础设施等方面的差距逐步扩大，因此，农业转移人口市民化的成本不仅数额巨大，而且主要是产生于弥补在公共服务和社会保障等方面的历史欠账。解决农业转移人口市民化问题不可能一蹴而就，这一巨额成本也不可能一步到位，而应该是一个逐步到位、不断完善的过程。同时，这一巨额成本不可能单纯依靠政府或是农业转移人口个人来承担，而应从公平与效率、权利与义务出发，构建农业转移人口市民化成本的多元化分担主体。

（二）“一主二层三辅”的分担主体

“一主”：政府为主。由于农业转移人口市民化的成本主要产生于农业转移人口的权利待遇和福利保障水平得到提升，享受到与城镇居民同等的公共产品和服务所需要的成本，从具体构成上看，无论是用于城市功能完善和承载能力提升的交通运输、能源供应、环境卫生等基础设施的投资成本，还是用于农业转移人口社会福利水平提升的公共教育成本、公共卫生成本、住房保障成本、社会保障成本等，均属于社会成本范畴，因此，在农业转移人口市民化的成本分担机制中，应该是以政府公共财政支出承担为主。

“二层”：中央政府与地方政府各负其责。在以政府为主的同时，进一步按照中央政府与地方政府的职能权责划分，发挥中央政府在农业转移人口市民化成本分担机制中的引导扶持作用，突出地方政府的主要分担主体作用。其中，中央政府主要通过“区域统筹、增量挂钩、专项扶持”，也就是统筹考虑区域发展差异，对农业转移人口集中流入地区、中西部相对落后地区加大投入；在财政投入增量调整的基础上，与城镇化推进速度和质量挂钩，对增长快、压力大的地区加大支持力度；设立农业转移人口市民化专项资金，在转移支付中对义务教育、基本养老、医疗卫生、就业保障等支出进行重点扶持。地方政府作为农业转移人口市民化成本分担主体，一方面，要与中央政府一起分担具有社会公平和基本保障意义的以社会保障等为重点的相应投入成本；另一方面，要作为涉及地方发展的水、电、路以及文化体育、环境卫生等城市基础设施投入成本的主要承担者。

“三辅”：个人、企业、社会三方参与成本分摊。其中，农业转移人口个人承担进入城市后的基本生活成本，也就是说农业转移人口作为市民化的受益者，应该承担在城市的衣食住行等基本生活成本，以及在养老、医疗、失业等社会保障成本中的个人支出部分。农业转移人口所在企业在获得农业转移人口劳动价值和经济利益的同时，有责任、有义务参与分摊农业转移人口市民化成本，主要包括按照相关政策规定，为农业转移人口缴纳养老、医疗、工伤等企业分担的相应社会保障费用，以及劳动技能培训等人力资本投资。同时，随着经济发展和社会进步，在构建农业转移人口市民化成本分担机制时，还应积极引导社会慈善和福利机构在推进农业转移人口市民化进程中的积极作用，作为有益的补充与支持，重点在法律维权、社会救助等方面提供人、财、物支持，参与成本分担。

四、农业转移人口市民化成本分担机制的支撑保障

（一）深化综合协调

农业转移人口市民化成本分担的机制构建及其有效运行，不仅需要明晰权责、界定主体，而且需要建立综合协调机制，在涉及中央政府、地方政府以及农业转移人口、企业、社会等多主体、多部门、多层次的利益博弈中，发挥综合全局、统筹协调与利益调整等作用，通过优化体制机制、制定相关政策等措施，促进资源优化配置、成本合理分担，加快推进农业转移人口市民化进程。

（二）实行动态互补

农业转移人口市民化成本分担机制的构建及完善是一个长期渐进的过程，也是一个对分担主体、分担比例持续进行动态调整与均衡的过程。建立动态互补机制是考虑到随着现代化演进和城镇化不断发展，政府的综合实力、企业的社会责任承担能力、农业转移人口市民化水平等都会随之发展变化，对于成本分担机制的优化调整是保持这一机制的科学性、持续性、公平性的必然要求。

（三）加强监督考核

通过建立监督考核机制，对农业转移人口市民化的巨额投入、资金到位及使用情况进行监督检查和绩效考核，对农业转移人口市民化的落实程度和满意度进行跟踪调查，以确保各级政府部门及各方参与力量能够各司其职、各尽其力，保障成本分担机制的有效运行，避免各种扯皮推诿、衔接脱节或是违法违纪情况发生。

同时还应关注的是，科学合理地构建农业转移人口市民化成本分担机制是坚持以人为本、走中国特色城镇化道路的重要任务，在机制本身构建与完善的同时，还需要积极有序地推进人口政策、土地政策、财政政策、福利政策等相关社会经济政策配套改革，同时可以考虑通过设立实验区、示范区，发挥先行先试体制机制创新以及示范带动作用。

参考文献

[1] 姜爱林. “城市化”和“城镇化”基本涵义研究述评 [J]. 株洲师范高等专科学校学报，2003 (4).

[2] 谢文蕙，邓卫. 城市经济学 [M]. 北京：清华大学出版社，1996.

[3] 简新华. 城市化道路与中国城镇化——中国特色的城镇化道路研究之一 [J]. 学习与实践，2003 (10).

[4] 赵春音. 城市现代化：从城镇化到城市化 [J]. 城市问题，2003 (1).

[5] 孙雅静. “城镇化”与中国特色的“城市化”道路 [J]. 中共中央党校学报，2004 (2).

[6] 俞宪忠. 是“城市化”还是“城镇”化”——一个新型城市化道路的战略发展框架 [J]. 中国人口·资源与环境，2004 (5).

[7] 辜胜阻. 非农化与城镇化研究 [M]. 杭州：浙江人民出版社，1991.

[8] 辜胜阻. 非农化及城镇化的理论与实践 [M]. 武汉：武汉大学出版社，1993.

[9] 费孝通. 小城镇、大问题 [M]. 南京：江苏人民出版社，1984.

[10] 冯尚春，周振. 论中国特色城镇化道路 [J]. 中共中央党校学报，2011 (2).

[11] 刘志军. 论城市化定义的嬗变与分歧 [J]. 中国农村经济，2004 (7).

[12] 李晓莉. 河南省城镇化支撑体系研究 [D]. 河南大学博士学位论文，2008.

[13] 李明. 城市化定义界定探析 [J]. 安徽农学通报，2009 (15).

[14] 朱翔. 城市地理学 [M]. 长沙：湖南教育出版社，2003.

[15] 陆益龙. 多元城镇化道路与中国农村发展 [J]. 创新，2010 (1).

[16] 朱宇. 51.27%的城镇化率是否高估了中国城镇化水平：国际背景下的

思考 [J]. 人口研究，2012 (2).

[17] 代合治，刘志刚，于伟. 城镇化测定方法的理论思考与案例研究 [J]. 人文地理，2011 (6).

[18] 赵旭，胡水炜，陈培安. 城镇化可持续发展评价指标体系初步探讨 [J]. 资源开发与市场，2009 (10).

[19] 黄向梅，何署子. 转型时期我国农村城镇化模式研究 [J]. 调研世界，2011(8).

[20] 朱杰堂，席雪红. 城镇化战略与城市化战略取向研究 [J]. 郑州航空工业管理学院学报，2005 (4).

[21] 吴盛汉. 中国农村城镇化四大实践模式及经验启示 [J]. 长春理工大学学报 (高教版)，2008 (4).

[22] 刘文静，郭宁，李美荣. 我国内地城镇化模式对新疆城镇化的启示 [J]. 改革与战略，2009 (7).

[23] 平欣光. 对推进中国特色城镇化的思考 [J]. 中共济南市委党校学报，2010 (3).

[24] 国家发展和改革委员会国土开发与地区经济研究所课题组. 改革开放以来中国特色城镇化的发展路径 [J]. 改革，2008 (7).

[25] 仇保兴. 国外模式与中国城镇化道路选择 [J]. 人民论坛，2005 (6).

[26] 建设部城乡规划司，中国城市规划设计研究院. 国外城镇化模式及其得失 (一) ——政府调控下的市场主导型的城镇化 [J]. 城乡建设，2005 (5).

[27] 建设部城乡规划司，中国城市规划设计研究院. 国外城镇化模式及其得失 (二) ——受殖民地经济制约的发展中国家的城镇化 [J]. 城乡建设，2005 (7).

[28] 李枫. 国外城镇化模式及其得失 (三) ——以美国为代表的自由放任式城镇化 [J]. 城乡建设，2005 (9).

[29] 丁宇. 国外城镇化建设道路及启示 [J]. 学习月刊，2011 (2).

[30] 以西欧、日本为代表的政府调控下的市场主导型的城镇化模式及其得失 [J]. 城市规划通讯，2005 (19).

[31] 孙鸿志. 拉美城镇化及其对我国的启示 [J]. 财贸经济，2007 (12).

[32] 刘娟. 城镇化进程中警防陷入“拉美陷阱”[J]. 临沂大学学报，2011

(4).

[33] 肖万春. 美国城镇化发展启示录 [J]. 城乡建设，2003 (5).

[34] 喻新安，谷建全，王玲杰. 新型城镇化引领论 [M]. 北京：人民出版社，2012.

[35] 王富喜，孙海燕. 对改革开放以来中国城镇化发展问题的反思——基于城乡协调视角的考察 [J]. 人文地理，2009 (4).

[36] 潘家华. 从规模扩张向品质提升：中国城镇化进程的战略转型 [J]. 东吴学术，2010 (1).

[37] 黄学贤，吴志红. 建国以来我国农村的城镇化进程——兼论行政规划的发展 [J]. 东方法学，2010 (4).

[38] 陈锋. 改革开放三十年我国城镇化进程和城市发展的历史回顾和展望 [J]. 规划师，2009 (1).

[39] 杨风，陶斯文. 中国城镇化发展的历程、特点与趋势 [J]. 兰州学刊，2010 (6).

[40] 项继权. 城镇化的“中国问题”及其解决之道 [J]. 华中师范大学学报 (人文社会科学版)，2011 (1).

[41] 石忆邵，朱卫锋. 中国城镇化的地域组织模式及其发展研究 [J]. 中国工业经济，2004 (10).

[42] 邹农俭. 中国农村城市化研究 [M]. 南宁：广西人民出版社，1998.

[43] 简新华，黄锟. 中国城镇化水平和速度的实证分析与前景预测 [J]. 经济研究，2010 (3).

[44] 张红宇. 城镇化进程中农村劳动力转移：战略抉择和政策思路 [J]. 中国农村经济，2011 (6).

[45] 席娟，张毅，杨小强. 陕西省城市土地利用效益与城市化耦合协调发展研究 [J]. 华中师范大学学报 (自然科学版)，2013 (1).

[46] 吕健. 城市化驱动经济增长的空间计量分析 [J]. 上海经济研究，2011 (5).

[47] 靖学青. 城镇化进程与中部地区经济增长——基于 1978~2011 年省级面板数据的实证分析 [J]. 财贸研究，2014 (1).

[48] 李晔，秦梦，王娜. 城镇化进程评价及省际比较研究 [J]. 农业技术经

济，2013（10）.

［49］陈明，张云峰. 城镇化发展质量的评价指标体系研究［J］. 中国名城，2013（2）.

［50］刘艳军，李诚固. 城市化综合水平测度初探——以我国15个副省级城市为例［J］. 世界地理研究，2005（2）.

［51］余欢. 城市化质量综合评价——以陕西省为例［J］. 知识经济，2013（19）.

［52］张贡生，罗登义. 城市化质量评价指标体系：框架设计［J］. 青岛科技大学学报（社会科学版），2013（4）.

［53］任跃文，蒋国洲，许夏冰童. 城市化水平综合测度与空间格局分析［J］. 商业时代，2014（9）.

［54］徐秋艳. 城市化水平测度方法研究综述［J］. 安徽农业科学，2007（29）.

［55］范宏杰，胡红红. 城市化评价模型及其应用研究［J］. 河北经贸大学学报，2013（3）.

［56］唐壬艺，何林. 长江经济带城市化发展水平综合评价——以长江经济带6个中心城市为例［J］. 时代金融，2013（6）.

［57］吴文佳，高斯瑶，吴殿廷. 北京市城市化水平演变进程的综合测度［J］. 经济研究导刊，2013（22）.

［58］刘鸽，刘复友，储金龙，夏永久. 安徽省新型城镇化发展水平测度［J］. 池州学院学报，2014（2）.

［59］周翔. 安徽省各地区城市化水平综合评价研究［J］. 农村经济与科技，2009（2）.

［60］郤英角，许铭，张小平. 安徽省城市化水平综合分析评价［J］. 国土与自然资源研究，2005（2）.

［61］张荣天，焦华富，张小林. 1990年以来江苏省县域城镇化测度及空间格局演化［J］. 池州学院学报，2013（3）.

［62］吴国玺，曹志刚. 河南省城市化水平综合测度及评价研究［J］. 资源开发与市场，2009（5）.

［63］李晔，秦梦，王娜. 河南省18市城镇化进程测度研究［J］. 河南农业大学学报，2013（5）.

[64] 李爽，贾士靖. 河北省城市化质量评价及其障碍度诊断 [J]. 网络财富，2009 (12).

[65] 王建康，汤小华. 海西经济区城市化水平综合测度研究 [J]. 山西师范大学学报（自然科学版），2013 (2).

[66] 王礼刚. 贵州省各地市州城市化水平综合评价——基于主成分、聚类和 GIS 分析方法 [J]. 西北民族大学学报（哲学社会科学版），2011 (2).

[67] 韩兆洲，肖峰. 广东新型城市化进程评价研究 [J]. 产经评论，2013 (3).

[68] 廖海燕. 我国发达地区新型城市化评价指标体系研究——以广东省为例 [J]. 湖南社会科学，2013 (4).

[69] 景普秋，张复明. 工业化与城市化关系研究综述与评价 [J]. 中国人口·资源与环境，2003 (3).

[70] 毛智勇，李志萌，张宜红. 工业化、信息化、城镇化、农业现代化同步发展研究——基于中部地区“四化”发展的分析 [J]. 农业考古，2013 (4).

[71] 黄安胜，许佳贤. 工业化、信息化、城镇化、农业现代化发展水平评价研究 [J]. 福州大学学报（哲学社会科学版），2013 (6).

[72] 吴振明. 工业化、城镇化、农业现代化进程协调状态测度研究——以中国西部地区为例 [J]. 统计与信息论坛，2012 (7).

[73] 寇娅雯，张耀东. 甘肃省城镇化水平区域差异实证研究——基于泰尔指数的测度 [J]. 西北师范大学学报（自然科学版），2013 (3).

[74] 张锦玲. 福建省县域城镇化与工业化关系量化测度与分析[J]. 武汉职业技术学院学报，2007 (1).

[75] 罗瑞雪，蔡雪雄. 福建省城市化水平综合评价动态研究——基于全局主成分分析 [J]. 福建论坛（人文社会科学版），2013 (12).

[76] 塔西甫拉提·特依拜，张伟. 分形理论在城市化评价中的应用——以乌鲁木齐市为例 [J]. 新疆大学学报（理工版），2001 (3).

[77] 李林杰，王金玲. 对工业化和城市化关系量化测度的思考——兼评我国的工业化与城市化进程 [J]. 人口学刊，2007 (4).

[78] 袁晓玲，王霄，何维炜，陈跃. 对城市化质量的综合评价分析——以陕西省为例 [J]. 城市发展研究，2008 (2).

[79] 梁振民，陈才，刘继生，梅林. 东北地区城市化发展质量的综合测度与层级特征研究 [J]. 地理科学，2013 (8).

[80] 夏南凯，程上. 城镇化质量的指数型评价体系研究——基于浙江省的实证 [J]. 城市规划学科，2014 (1).

[81] 郝华勇. 城镇化质量的差异评价与提升对策——以东部 10 省市为例 [J]. 唯实，2012 (6).

[82] 刘涛，曹广忠，边雪，郜晓雯. 城镇化与工业化及经济社会发展的协调性评价及规律性探讨 [J]. 人文地理，2010 (6).

[83] 马世骁，许萍，孙彦. 城镇化水平综合评价方法研究 [J]. 沈阳建筑大学学报（社会科学版），2012 (3).

[84] 万春林，贾敬全，殷李松. 农业现代化、工业化和城镇化协调发展测度研究——以皖北地区为例 [J]. 池州学院学报，2014 (1).

[85] 覃春烨，宋书巧. 南宁市城市化水平综合评价研究 [J]. 广西师范学院学报（自然科学版），2013 (1).

[86] 王春枝，刘燕. 内蒙古区域城镇化发展质量综合评价 [J]. 经济论坛，2013 (11).

[87] 内蒙古城镇化研究课题组. 内蒙古城镇化进程与发展趋势研究报告之二——内蒙古城镇化发展质量评价及发展思路 [J]. 内蒙古统计，2013 (4).

[88] 张新乐，张树文，李颖，刘焕军. 辽中南城市化水平评价与区域环境影响的时空演变 [J]. 干旱区资源与环境，2009 (4).

[89] 王艳军，王利，王红燕. 辽宁省城镇化发展水平测度及其差异研究 [J]. 安徽农业科学，2013 (12).

[90] 侯学英. 可持续城市化及其评价指标体系研究 [J]. 商业研究，2005 (4).

[91] 李鑫，李兴校，欧名豪. 江苏省城镇化发展协调度评价与地区差异分析 [J]. 人文地理，2012 (3).

[92] 国家城调总队，福建省城调队课题组. 建立中国城市化质量评价体系及应用研究 [J]. 统计研究，2005 (7).

[93] 臧锐，张鹏，杨青山，李林山，张栩嘉. 吉林省城市化水平综合测度及时空演变 [J]. 地理科学，2013 (10).

[94] 刘欣英，安树伟. 基于主体功能区的西部城市化地区评价及发展研究 [J]. 经济问题，2014 (3).

[95] 郝华勇. 基于主成分法的湖北省市域城镇化质量评价与对策 [J]. 湖北省社会主义学院学报，2012 (1).

[96] 王富喜，毛爱华，李赫龙，贾明璐. 基于熵值法的山东省城镇化质量测度及空间差异分析 [J]. 地理科学，2013 (11).

[97] 耿海清，陈帆，詹存卫，仇昕昕，刘磊. 基于全局主成分分析的我国省级行政区城市化水平综合评价 [J]. 人文地理，2009 (5).

[98] 任璐，苏根成. 基于模糊综合评判法的城镇化发展质量评价——以内蒙古 12 个盟市为例 [J]. 西部资源，2013 (6).

[99] 郭月婷，徐建刚. 基于模糊物元的淮河流域城市化与生态环境系统的耦合协调测度 [J]. 应用生态学报，2013 (5).

[100] 袁晓玲，梁鹏，曹敏杰. 基于可持续发展的陕西省城镇化发展质量测度 [J]. 城市发展研究，2013 (2).

[101] 王晓欢，王晓峰，张晖，常俊杰. 基于灰色关联投影的陕南县域城镇化水平评价及对策研究 [J]. 宁夏师范学院学报（自然科学），2010 (6).

[102] 石培基，杨银峰. 基于复合系统的区域城市化综合发展水平评价研究——以甘肃省为例 [J]. 城市发展研究，2009 (10).

[103] 刘盾，胡培，何鹏. 基于粗集与聚类分析的中国城市化评价模型 [J]. 西南交通大学学报（社会科学版），2009 (1).

[104] 李国成，肖庆宪. 基于粗糙集的城镇化质量评价研究——以安徽省为例 [J]. 科技与管理，2014 (2).

[105] 张思锋，廖园园. 基于层次分析法的西安城市化水平测度 [J]. 西安交通大学学报（社会科学版），2006 (2).

[106] 王洪祥，韩之俊，李晓萍. 基于 MTS 的县级市城市化评价 [J]. 城市发展研究，2009 (7).

[107] 秦青. 基于 DEA 交叉评价的新型城镇化水平研究——以河南省为例 [J]. 湖北农业科学，2014 (8).

[108] 郝华勇. 县域城镇化质量评价及与数量的 Granger 因果检验——以湖北省为例 [J]. 广东行政学院学报，2014 (3).

[109] 赵雪雁. 西北地区城市化质量评价 [J]. 干旱区资源与环境，2004 (5).

[110] 杨惠珍. 我国新型城镇化形势下城镇化质量评价指标体系的构建 [J]. 经济研究导刊，2013 (20).

[111] 王家庭，唐袁. 我国区域间城市化水平不平衡的测度研究 [J]. 城市发展研究，2009 (10).

[112] 孙云霞，叶金国. 我国区域城市化与农业现代化协调性评价研究 [J]. 社会科学论坛，2009 (5).

[113] 朱子明，郁鸿胜. 我国东南沿海经济发达地区城市化质量评价——以长三角为例 [J]. 兰州学刊，2013 (11).

[114] 梁振民. 我国东北地区城市化质量测度与评价——基于社会、经济、空间三维视角 [J]. 北华大学学报（社会科学版），2013 (4).

[115] 张建新，段禄峰. 我国城镇化与工业化发展关系测度 [J]. 生态经济，2009 (12).

[116] 王家庭，唐袁. 我国城市化质量测度的实证研究 [J]. 财经问题研究，2009 (12).

[117] 张樨樨. 我国城市化水平综合评价指标体系研究 [J]. 中国海洋大学学报（社会科学版），2010 (1).

[118] 郑谷蕊. 沈阳经济区城市化水平综合评价及区域差异分析 [J]. 辽宁经济，2013 (8).

[119] 王剑锋. 山东半岛城市群城镇化发展质量测度研究 [J]. 重庆交通大学学报（社会科学版），2014 (3).

[120] 董嘉明，庞亚君，王琳. 准确把握新型城市化的内涵与特征——浙江省新型城市化评价指标体系研究 [J]. 浙江经济，2008 (7).

[121] 陈耀，周洪霞. 中国工业化与城镇化协调性测度分析 [J]. 经济纵横，2014 (6).

[122] 魏佩瑶. 中国工业化、城镇化和农业现代化协调度的测度 [J]. 平顶山学院学报，2013 (2).

[123] 中国社会科学院《城镇化质量评估与提升路径研究》创新项目组. 中国城镇化质量综合评价报告 [J]. 经济研究参考，2013 (31).

[124] 陈明星，陆大道，张华. 中国城市化水平的综合测度及其动力因子分

析［J］. 地理学报，2009（4）.

［125］郝华勇. 中部六省新型工业化与城镇化协调发展评价与对策［J］. 湖南行政学院学报，2012（1）.

［126］喻金田，娄钰华，李会涛. 中部地区“三化”协调发展评价模型构建及其分析——基于农业现代化、工业化和城镇化的考察［J］. 企业经济，2014（2）.

［127］许明娟. 浙江省新型城市化进程综合评价分析［J］. 统计科学与实践，2013（12）.

［128］吕振儒，闫琳. 循环经济视角下的我国城市化水平综合评价［J］. 晋中学院学报，2012（1）.

［129］李伯华，陈佳，袁敏，杨婷，陈方圆. 新型工业化、城镇化与农业现代化协调发展动态评价——以湖南省为例［J］. 衡阳师范学院学报，2012（6）.

［130］戚晓旭，杨雅维，杨智尤. 新型城镇化评价指标体系研究［J］. 宏观经济管理，2014（2）.

［131］刘全，张勇，李苏宇. 新型城镇化的统计评价［J］. 中国统计，2014（4）.

［132］王公达，王建军. 新疆城市化进程综合评价与特征分析［J］. 新疆财经，2007（4）.

［133］牛文元. 中国新型城市化发展报告 2009［M］. 北京：科学出版社，2009.

［134］倪鹏飞. 中国城市竞争力报告 NO.3［M］. 北京：社会科学文献出版社，2005.

［135］厉以宁. 论城乡二元体制改革［J］. 北京大学学报（哲学社会科学版），2008（2）.

［136］陈锡文. 应准确把握农村土地制度改革新部署［J］. 中国党政干部论坛，2014（1）.

［137］陈锡文. 当前农村改革发展的形势和总体思路［J］. 浙江大学学报（人文社会科学版），2009（4）.

［138］郑振源. 中国土地改革未能厘清的五个问题［J］. 经济导刊，2014（1）.

［139］郑振源. 新型城镇化与土地制度改革［J］. 科学发展，2014（64）.

[140] 房国坤，王咏，姚士谋. 快速城市化时城市形态及其动力机制研究 [J]. 人文地理，2009 (2).

[141] 陈波翀，郝寿义，杨兴宪. 中国城市化快速发展的动力机制 [J]. 地理学报，2004 (6).

[142] 朱庆芳. 社会指标的应用 [M]. 北京：中国统计出版社，1993.

[143] 邱东，宋旭光等. 观念创新与政策实施之桥：现代可持续发展指标 [M]. 北京：中国财政经济出版社，2002.

[144] 张尧庭. 指标量化、序化的理论和方法 [M]. 北京：科学出版社，1999.

[145] 邱东. 多指标综合评价方法的系统分析 [M]. 北京：中国统计出版社，1991.

[146] 胡永宏，贺思辉. 综合评价方法 [M]. 北京：科学出版社，2000.

[147] 郭亚军. 综合评价理论与方法 [M]. 北京：科学出版社，2002.

[148] 姜启源，谢金星，叶俊. 数学模型 [M]. 北京：高等教育出版社，2003.

[149] 曾珍香，顾培亮. 可持续发展的系统分析与评价 [M]. 北京：科学出版社，2000.

[150] 李祚泳，汪嘉杨，熊建秋，徐婷婷. 可持续发展评价模型与应用 [M]. 北京：科学出版社，2007.

[151] 王玲杰，孙世群，田丰. 不确定性数学分析方法在河流水质评价中的应用 [J]. 合肥工业大学学报（自然科学版），2004，27 (11).

[152] 潘峰，付强，梁川. 模糊综合评价在水环境质量综合评价中的应用研究 [J]. 环境工程，2002，20 (2).

[153] 中国 21 世纪议程管理中心，中国科学院地理科学与资源研究所编译. 可持续发展指标体系的理论与实践 [M]. 北京：社会科学文献出版社，2004.

[154] [美] 科尔曼. 生态政治：建设一个绿色社会 [M]. 梅俊杰译. 上海：上海译文出版社，2002.

[155] 赵颖智. 中国城镇化与农业现代化发展的协调度研究 [J]. 宏观质量研究，2013 (3).

[156] 《中国信息化水平评价研究》课题组. 中国信息化水平评价研究报告

[J]. 统计研究，2006 (2).

[157] 杜方冬，孙振球，饶克勤. 信息化水平评价研究进展 [J]. 情报杂志，2008 (5).

[158] 冯献，崔凯. 中国工业化、信息化、城镇化和农业现代化的内涵与同步发展的现实选择和作用机理 [J]. 农业现代化研究，2013 (3).

[159] 张兰婷，洪功翔. 信息化推动工业化城镇化农业现代化发展实证研究 [J]. 安徽工业大学学报（社会科学版），2013 (3).

[160] 崔凯，冯献. 建国以来工业化、信息化、城镇化和农业现代化同步推进的历史进程与发展趋势探析 [J]. 广东农业科学，2013 (16).

[161] 蓝庆新，彭一然. 论“工业化、信息化、城镇化、农业现代化”的关联机制和发展策略 [J]. 理论学刊，2013 (5).

[162] 李仕波. 工业化、信息化、城镇化和农业现代化的互动关系与同步发展 [J]. 湖北农业科学，2014 (7).

[163] 高拓，王玲杰. 构建农民工市民化成本分担机制的思考[J]. 中州学刊，2013 (5).

[164] 河南省社会科学院课题组. 实现“三化”协调发展的战略抉择 [N]. 河南日报，2012-08-17 (4).

[165] 李克强. 在改革开放进程中深入实施扩大内需战略 [J]. 求是，2012 (4).

[166] 周毅，罗英. 以新型城镇化引领区域协调发展 [N]. 光明日报，2013-01-06 (7).

[167] 辜胜阻. 推进新型城镇化　人是核心　钱是关键 [J]. 中国合作经济，2013 (12).

[168] 倪鹏飞. 新型城镇化的基本模式、具体路径与推进对策 [J]. 江海学刊，2013 (1).

[169] 赵雪芳. 新型城镇化的发展路径——访国家发改委国土开发与地区经济研究所所长肖金成 [J]. 中国金融，2013 (4).

[170] 吴江，王斌，申丽娟. 中国新型城镇化进程中的地方政府行为研究 [J]. 中国行政管理，2009 (3).

[171] 张占斌. 新型城镇化的战略意义和改革难题 [J]. 国家行政学院学报，

2013（1）.

［172］宋林飞. 中国特色新型城镇化道路与实现路径［J］. 甘肃社会科学，2014（1）.

［173］沈超. 新型城镇化发展的科学内涵及推进途径——基于城乡一体化发展的视角［J］. 南方论坛，2014（4）.

［174］胡际权. 中国新型城镇化发展研究［D］. 西南农业大学博士学位论文，2005.

［175］杨晓东. 我国新型城镇化发展道路探讨——以陕西省榆林市新型城镇化发展为例［J］. 中国市场，2010（42）.

［176］詹运洲，陈琳. 关于推进新型城镇化健康发展的思考［J］. 科学发展，2014（64）.

［177］杨重光. 新型城镇化是必由之路［J］. 中国城市经济，2009（11）.

［178］刘进辉，王殿安. 我国新型城镇化的科学内涵及其发展道路［J］. 农业经济，2014（1）.

［179］马永欢，张丽君，徐卫华. 科学理解新型城镇化 推进城乡一体化发展［J］. 城市发展研究，2013（7）.

［180］李晓燕. 中原经济区新型城镇化协调度评价及地区差异分析［J］. 区域经济评论，2013（6）.

［181］仇保兴. 如何转型：中国新型城镇化的核心问题［J］. 时代建筑，2013（6）.

［182］李程骅. 新型城镇化战略下的城市转型路径探讨［J］. 南京社会科学，2013（2）.

［183］李程骅. 服务业推动城市转型的"中国路径"［J］. 经济学动态，2012（4）.

［184］张占仓. 河南省新型城镇化战略研究［J］. 经济地理，2010（9）.

［185］彭红碧，杨峰. 新型城镇化道路的科学内涵［J］. 理论探索，2010（4）.

［186］耿明斋. 新型城镇化引领"三化"协调发展的几点认识［J］. 河南工业大学学报，2011（4）.

［187］霍利斯·钱纳里，莫伊思·赛尔昆. 发展的型式 1950~1970［M］. 北京：经济科学出版社，1988.

[188] 张颖，赵民. 论城市化与经济发展的相关性 [J]. 城市规划汇刊，2003 (4).

[189] 郑风田，普蓂喆. 新型城镇化：制度桎梏与破局路径 [J]. 学术前沿，2014 (3).

[190] 张永岳，王元华. 我国新型城镇化的推进路径研究 [J]. 华东师范大学学报（哲学社会科学版），2014 (1).

[191] 张军扩. 深化改革，推进新型城镇化建设[J]. 科学发展，2014 (64).

[192] 蔡泽昊，俞贺楠. 新型城镇化与农民工市民化：制度保障、障碍及政策优化 [J]. 河南社会科学，2014 (3).

[193] 牛文元. 中国新型城市化报告 2010 [M]. 北京：科学出版社，2010.

[194] 王发曾. 中原经济区的新型城镇化之路 [J]. 经济地理，2010，30 (12).

[195] 曾志伟，汤放华，宁启蒙等. 新型城镇化与城市规划思变 [J]. 中外建筑，2011 (4).

[196] 汪斌锋，郭强. 新型城镇化的"中镇"模式——中国城镇化的第三条道路 [J]. 湖南城市学院学报，2014 (1).

[197] 朱杰堂. 新型城镇化：中国未来发展的必经之路 [J]. 河南社会科学，2014 (3).

[198] 王守智. 从传统城镇化走向中国特色新型城镇化——基于科学发展观的分析视角 [J]. 河北科技大学学报（社会科学版），2014 (1).

[199] 赵永平，徐盈之. 新型城镇化发展水平综合测度与驱动机制研究——基于我国省际 2000~2011 年的经验分析 [J]. 中国地质大学学报（社会科学版），2014 (1).

[200] 徐林，曹红华. 从测度到引导：新型城镇化的"星系"模型及其评价体系 [J]. 公共管理学报，2014 (1).

[201] 魏后凯，关兴良. 中国特色新型城镇化的科学内涵与战略重点 [J]. 河南社会科学，2014 (3).

[202] 杜忠潮，杨云. 区域新型城镇化水平及其空间差异综合测度分析——以陕西省咸阳市为例 [J]. 西北大学学报（自然科学版），2014 (1).

[203] 张占仓. 中国新型城镇化的理论困惑与创新方向 [J]. 管理学刊，2014

(1).

[204] 李克强. 协调推进城镇化是实现现代化的重大战略选择 [J]. 行政管理改革，2012 (11).

[205] 李克强，开启中欧城镇化战略合作新进程 [N]. 人民日报，2012-05-04 (2).

[206] 积极稳妥引导城镇化健康发展 [N]. 人民日报，2013-12-15.

[207] 王永苏. 试论中原经济区工业化、城镇化、农业现代化协调发展 [J]. 中州学刊，2011 (3).

[208] 孙政才. 在工业化、城镇化、农业现代化进程中加快发展农业农村经济 [J]. 农村工作通讯，2009.

[209] 赵鹏. 同步推进中国工业化、城镇化、农业现代化 [J]. 中共中央党校学报，2011 (4).

[210] 黄磊，朱洪兴，杨叶. 中原经济区新型城镇化质量综合水平研究 [J]. 资源开发与市场，2014 (1).

[211] 张占斌. 经济中高速增长阶段的新型城镇化建设 [J]. 国家行政学院学报，2014 (1).

[212] 中国金融 40 人论坛课题组. 加快推进新型城镇化：对若干重大体制改革问题的认识与政策建议 [J]. 中国社会科学，2013 (7).

[213] 韩康. 中国城镇化最大风险：城乡矛盾内化 [J]. 国家行政学院学报，2013 (3).

[214] 孟凯. 新型城镇化：以市场力量促科学发展 [J]. 河南社会科学，2014 (3).

[215] 吴敬琏. 我国城市化面临的效率问题和政策选择 [J]. 新金融，2012 (285).

[216] 徐君. 中原经济区新型工业化、新型城镇化、农业现代化协调发展评价 [J]. 技术经济，2012 (3).

[217] 黄汉权，李华刚，胡拥军. 四大体制障碍制约新型城镇化发展 [J]. 中国发展观察，2013 (9).

[218] 徐君，高厚宾，王育红. 新型工业化、信息化、新型城镇化、农业现代化互动耦合机理研究 [J]. 现代管理科学，2013 (9).

［219］芮宏. 安徽 17 市工业化进程测度和评价［J］. 江淮论坛，2009（1）.

［220］张宇，靳晓雯. 以工业化率比照城镇化率来判断中国城市化水平不尽科学［J］. 统计与决策，2009（19）.

［221］夏春萍. 工业化、城镇化与农业现代化的互动关系研究［J］. 统计与决策，2010（10）.

［222］路甬祥. 打造中国版智慧城市［J］. 计算机光盘软件与应用，2013（21）.

［223］牛文元. 创新、绿色、大力推进智慧城市建设［J］. 计算机光盘软件与应用，2013（21）.

［224］陈畴镛，周青，王雷. 在借鉴中提升——谈中国智慧城市建设［J］. 信息化建设，2013（11）.

［225］丁国胜，宋彦. 智慧城市与"智慧规划"——智慧城市视野下城乡规划展开研究的概念框架与关键领域探讨［J］. 城市发展研究，2013（8）.

［226］胡冬雪. 智慧城市研究现状评价及建议［J］. 世界科学，2013（12）.

［227］李健. 新城发展中的智慧城市建设战略与框架［J］. 南京社会科学，2013（11）.

［228］刘笑音，郑淑蓉. 基于主成分方法的我国智慧城市发展潜力评价——根据东部 11 个城市的数据［J］. 科技管理研究，2013（22）.

［229］"北京市东城区智慧城区评价指标体系研究"课题组. 智慧城市发展指数研究——北京市智慧城市发展指数测算与实证分析［J］. 调研世界，2013（11）.

［230］沈国琴. 推进宁夏新型城镇化建设的战略对策［J］. 中共银川市委党校学报，2014（11）.

［231］李刚，魏佩瑶. 中国工业化与城镇化协调关系研究［J］. 经济问题探索，2013（5）.

［232］段禄峰，张沛. 我国城镇化与工业化协调发展问题研究［J］. 城市发展研究，2009（7）.

［233］袁海，周晓维. 中国工业化与城市化协调分析［J］. 统计与决策，2008（20）.

［234］王海峰，杨萍. 就地城镇化：新型城镇化战略的路径趋势［J］. 扬州职

业大学学报，2013（4）.

［235］陈诗波，李伟，唐文豪. 中国新型城镇化发展的路径选择与对策探讨［J］. 理论月刊，2014（4）.

［236］张国玉. 中国新型城镇化的推进路径："就地城镇化"与行政区划调整［J］. 四川行政学院学报，2014（1）.

［237］李卫忠，尚进. 智慧城市助推新型城镇化——专访北京大学教授、中国区域科学协会会长杨开忠［J］. 中国信息界，2014（1）.

［238］牛文元. 智慧城市是新型城镇化的动力标志［J］. 中国科学院院刊，2014（1）.

［239］刘国斌，王轩. 基于信息化建设的新型城镇化发展研究——以吉林省为例［J］. 情报科学，2014（4）.

［240］牛晓春，杜忠潮，李同昇. 基于新型城镇化视角的区域城镇化水平评价——以陕西省 10 个省辖市为例［J］. 干旱区地理，2013（2）.

［241］徐选国，杨君. 人本视角下的新型城镇化建设：本质、特征及其可能路径［J］. 南京农业大学学报（社会科学版），2014（2）.

［242］丘小维. 人本取向的中国新型城镇化建设研究［J］. 改革与战略，2014（1）.

［243］闫海龙，胡青江. 新疆新型城镇化发展指标体系构建和评价分析［J］. 改革与战略，2014（2）.

［244］张改素，丁志伟，胥亚男，王发曾. 河南省城镇体系等级层次结构研究——基于河南省新型城镇化战略分析［J］. 地域研究与开发，2014（1）.

［245］李强，陈宇琳，刘精明. 中国城镇化"推进模式"研究［J］. 中国社会科学，2012（7）.

［246］刁述军，吴平. 成都市温江区城郊旅游引导新型城镇化的实践效果评价［J］. 新疆农垦经济，2014（2）.

［247］孙丽姗. 新型城镇化发展评价指标体系构建及实证分析［J］. 商业时代，2014（6）.

［248］滕海燕. "以人为本"理念下甘肃省新型城镇化建设研究［D］. 西北民族大学硕士学位论文，2011.

［249］曾志伟，汤放华，易纯，宁启蒙. 新型城镇化新型度评价研究——以

环长株潭城市群为例［J］. 城市发展研究，2012（3）.

［250］吴江. 重庆新型城镇化推进路径研究［D］. 西南大学博士学位论文，2010.

［251］梁斌. “新型城镇化、新型工业化、农业现代化”协调发展的绩效评价与对策研究——以河南省为例［D］. 东北财经大学硕士学位论文，2013.

［252］衡杰. 安徽省新型城镇化与农业现代化关系研究［D］. 安徽财经大学硕士学位论文，2014.

［253］刘若愚. 安徽省新型工业化和新型城镇化关系的实证研究［D］. 安徽大学硕士学位论文，2014.

［254］王军. 甘肃省城镇化与新型工业化耦合关系实证研究［D］. 西北师范大学硕士学位论文，2013.

［255］田鑫. 河北省新型城镇化与经济发展互动关系研究［D］. 河北经贸大学硕士学位论文，2014.

［256］李哲. 河南省新型城镇化进程评估与发展预测［D］. 华中师范大学博士学位论文，2014.

［257］朱芳芳. 黑龙江省新型城镇化发展水平评价研究［D］. 哈尔滨理工大学硕士学位论文，2014.

［258］汤美芳. 关于新型城镇化几个问题的最新观点综述［J］. 当代社科视野，2013（12）.

［259］徐榕栎. 发展新型城镇化的探讨［J］. 发展研究，2013（10）.

［260］汪大海，张玉磊. 从运动式治理到制度化治理：新型城镇化的治理模式选择［J］. 探索与争鸣，2013（11）.

［261］陈宝兰，王园. 安徽省新型城镇化与农业现代化协调发展研究［J］. 合肥工业大学学报（社会科学版），2013（6）.

［262］屠启宇. 全球城市发展新趋势与中国新型城镇化［J］. 时代建筑，2013（6）.

［263］孙长青，田园. 经济学视角下新型城镇化评价指标体系的构建［J］. 河南社会科学，2013（11）.

［264］胡小武. 江苏新型城镇化与城乡一体化“空间落点”协同战略［J］. 南京社会科学，2013（9）.

[265] 郑新立. 坚持走中国特色新型城镇化道路 [J]. 全球化，2013 (12).

[266] 余欣荣. 坚持走中国特色农业现代化和新型城镇化协调发展道路 [J]. 农村工作通讯，2013 (18).

[267] 何忠祥，欧向军，叶磊. 基于空间自相关的江苏省县域新型城镇化水平分析 [J]. 江苏师范大学学报（自然科学版），2013 (4).

[268] 张书成. 基于“大数据”战略的信息化与新型城镇化发展 [J]. 中国建设信息，2013 (12).

[269] 蒙永胜，李琳，夏修国. 新疆新型工业化、农牧业现代化与新型城镇化协调发展研究 [J]. 新疆社会科学，2013 (6).

[270] 安晓亮，安瓦尔·买买提明. 新疆新型城镇化水平综合评价研究 [J]. 城市规划，2013 (7).

[271] 李爱民. 我国新型城镇化面临的突出问题与建议 [J]. 城市发展研究，2013 (7).

[272] 姚士谋，张艳会，陆大道，余成. 我国新型城镇化的几个关键问题——对李克强总理新思路的解读 [J]. 城市观察，2013 (5).

[273] 曾超，钱晓颖. 我国农业现代化与新型城镇化发展关系研究 [J]. 农村金融研究，2013 (11).

[274] 黄桂婵，胡卫东. 我国传统城镇化的特征与新型城镇化的路径探讨 [J]. 农业现代化研究，2013 (6).

[275] 周天勇. 推进新型城镇化的若干重大问题 [J]. 唯实，2013 (9).

[276] 黄永兴，刘佩. 新型工业化与新型城镇化协调发展的空间计量分析 [J]. 安徽工业大学学报（自然科学版），2013 (10).

[277] 钟群英. 新型城镇化与农业现代化融合发展模式初探 [J]. 科技广场，2013 (11).

[278] 尹成杰. 新型城镇化与国家粮食安全 [J]. 农村工作通讯，2013 (18).

[279] 陈伯庚，陈承明. 新型城镇化与城乡一体化疑难问题探析 [J]. 社会科学，2013 (9).

[280] 许经勇. 新型城镇化有赖于户籍、土地制度改革同步推进 [J]. 学习论坛，2013 (7).

[281] 张丽琴，陈烈. 新型城镇化影响因素的实证研究——以河北省为例

[J]. 中央财经大学学报，2013（12）.

[282] 蓝庆新，陈超凡. 新型城镇化推动产业结构升级了吗？——基于中国省级面板数据的空间计量研究 [J]. 财经研究，2013（12）.

[283] 陈宏卫，朱迪星. 新型城镇化潜力、路径选择与资金需求结构——基于湖北省县级区域的实证研究 [J]. 金融发展评论，2013（10）.

[284] 王博宇，谢奉军，黄新建. 新型城镇化评价指标体系构建——以江西为例 [J]. 江西社会科学，2013（8）.

[285] 魏人民. 新型城镇化建设应解决七个失衡问题 [J]. 经济纵横，2013（9）.

[286] 李淑霞. 新型城镇化建设的新内涵及配套改革研究 [J]. 商业时代，2013（35）.

[287] 李振京. 新型城镇化发展思路探讨 [J]. 中国经贸导刊，2013（10）.

[288] 赵永平. 新型城镇化的核心内涵及其评价指标体系探讨 [J]. 怀化学院学报，2013（12）.

[289] 吴殿廷，赵林，高文姬. 新型城镇化的本质特征及其评价 [J]. 北华大学学报（社会科学版），2013（6）.

[290] 陶友之. 新型城镇化：目标、步骤、措施 [J]. 社会科学，2013（9）.

[291] 彭轶丽. 中心城市推动新型城镇化的策略探讨 [J]. 特区经济，2013（12）.

[292] 李泉. 中心城市（区）带动新型城镇化发展研究 [J]. 开发研究，2013（5）.

[293] 张鸿雁. 中国新型城镇化战略面临的十大难题及对策创新 [J]. 探索与争鸣，2013（11）.

[294] 许德友. 以“产城融合”推进中国新型城镇化 [J]. 长春市委党校学报，2013（5）.

[295] 沈体雁，郭洁. 以人为本、集聚创新：中国特色新型城镇化研究 [J]. 城市发展研究，2013（12）.

[296] 王兴平，李迎成. 中国新型城镇化门槛标准的量化研究 [J]. 规划师，2013（12）.

[297] 全国总工会新生代农民工问题课题组. 关于新生代农民工问题的研究

报告［N］. 工人日报，2010-06-21（1）.

［298］李克强. 关于调整经济结构促进持续发展的几个问题［J］. 求是，2010（11）.

［299］简新华. 新生代农民工融入城市的障碍与对策［J］. 求是学刊，2011（1）.

［300］刘传江. 迁徙条件、生存状态与农民工市民化的现实进路［J］. 改革，2013（4）.

［301］申兵. "十二五"时期农民工市民化成本测算及其分担机制构建——以跨省农民工集中流入地区宁波市为案例［J］. 城市发展研究，2012（1）.

［302］魏后凯. 构建多元化的农民市民化成本分担机制［N］. 中国社会科学报，2013-03-01（7）.

后 记

这本书能够完成，首先得益于河南省社会科学院提供的研究条件和研究氛围，尤其是近年来组织的各种实地调研、谋划的重大理论文章、开展的应用对策研究，一直引导、带动着我，在一点一滴中积累，在潜移默化中提高，都在不停地给这本书提供营养。印象最深刻的是每次团队大讨论时的思路碰撞乃至“颠覆性”意见，很多启发、灵感都由此而来，并为这本书成形奠定了坚实基础。

书稿写作期间，正是党的十八届三中全会及中央城镇化工作会议召开、《国家新型城镇化规划（2014~2020 年）》发布等具有关键节点意义的重大事件发生之时，其中的新问题、新目标、新要求，不仅引发了新的思考，而且拓展了研究空间。书稿的框架几经调整，内容由最初确定的新型城镇化水平评价，到新型城镇化与新型工业化、信息化、农业现代化“四化”综合评价；由开始的新型城镇化推进策略建议三章内容，到把“城乡一体”、“以人为核心”单列成章。虽然全书的框架思路比开始时有了完善提升，但是书稿付梓之时，并没有动笔之初想象完稿时的那么如释重负。反而越是往下写，越是觉得需要解决的问题还很多，也越是觉得需要深化的地方还很多。学海无涯，确实当勉！

此时此刻，我要感谢院领导和同事们。无论是在工作上还是学术研究中，他们都给予我诸多指点、引导和支持，让我有平台去学习成长、有机会去锻炼提高，来院里的这几年，也是我获益良多的几年。

要感谢我的父母，尤其是老母亲，给了我无尽的爱和最大的支持。感谢我的兄嫂，一直默默关心帮助我，在我需要的时候一次次奔波郑洛之间。家人们的殷殷目光，给了我最温暖的力量。

最后，还要感谢经济管理出版社申桂萍和侯春霞等编辑在本书出版过程中付出的辛苦工作和支持帮助。

王玲杰

2014 年国庆节